中国跨国企业干中学研究

Research on Learning by Doing in Chinese Multinational Enterprises

单宇 许晖◎著

中国经济出版社
CHINA ECONOMIC PUBLISHING HOUSE
·北京·

图书在版编目（CIP）数据

中国跨国企业干中学研究 / 单宇，许晖著 . —北京：中国经济出版社，2021.10

ISBN 978-7-5136-6643-5

Ⅰ . ①中… Ⅱ . ①单… ②许… Ⅲ . ①跨国公司 – 企业管理 – 研究 – 中国 Ⅳ . ① F279.247

中国版本图书馆 CIP 数据核字（2021）第 188577 号

责任编辑　张梦初　陈宇慧
责任印制　巢新强
封面设计　任燕飞装帧设计工作室

出版发行　中国经济出版社
印 刷 者　北京九州迅驰传媒文化有限公司
经 销 者　各地新华书店
开　　本　710mm × 1000mm　1/16
印　　张　17.25
字　　数　240 千字
版　　次　2021 年 10 月第 1 版
印　　次　2021 年 10 月第 1 次
定　　价　78.00 元
广告经营许可证　京西工商广字第 8179 号

中国经济出版社 **网址** www.economyph.com **社址** 北京市东城区安定门外大街 58 号 **邮编** 100011

本版图书如存在印装质量问题，请与本社销售中心联系调换（联系电话：010-57512564）

序　言

历经了动荡的2020年，世界各国都遭受严峻复杂的疫情形势、外部环境不确定性高企等多重挑战，全球经济尚未走出新冠肺炎疫情的阴霾，世界政治格局和全球秩序正面临着重塑，全球化发展也面临着历史性的大转折。与此同时，新一轮科技革命不断颠覆传统经济、产业模式，数字化转型正在加速。从通信、互联网、人工智能到智能制造、共享经济，数字化已经成为全球最重要的产业基础、商业模式、新型经济形态。数字经济大放异彩，引发经济社会各领域“数字蝶变”，正以澎湃的驱动力成为各国经济复苏的新引擎。

我国作为当前世界第二大经济体、最大的制造业国家，货物贸易稳居世界第一，拥有庞大的经济体量，与世界之间的经济联系已悄然改变。一方面，中国已融入全球技术价值链，在数字化、自动化和人工智能技术逐渐普及的时代，持续创新已成为中国经济发展的核心动力。另一方面，中国消费市场正逐渐与全球高度整合。随着越来越多的跨国企业进入中国市场，中国本土企业和品牌的发展也被带动起来。但面向未来，中国经济仍存在与世界进一步融合的空间。

2021年是具有特殊意义的一年。一方面，2021年是中国共产党成立100周年。我国将全面建成小康社会，实现第一个百年奋斗目标。另一方面，2021年也是“十四五”的开局之年，开启全面建设社会主义现代化国家、向第二个百年奋斗目标的新征程，这标志着中国进入了一个新发展阶段。中国发展环境面临深刻复杂的变化，在此背景下，党中央提出了“构建国内大循环为主体、国内国际双循环相互促进的新发展格局”。站在“两个一百年”历史交汇点上，面对复杂多变的外部环境和新冠肺炎疫情的长期影响，面对中国经济转型升级的挑战，中国应如何紧紧抓住可以大有作为的重要战略机遇期，如何立足新发展阶段、贯彻新发展理念、构建新发展格局，将是向全世界展现“中国智慧”的重要历史关头。

构建双循环新发展格局是我国应对百年大变局、主动开拓新局面、推动经济高质量发展的重大战略部署。同时，数字经济新一轮红利释放周期，将推动中国由全球化受益者向全球化贡献者和引领者转变，继续为世界经济发展提供“中国机遇”。越来越多的中国企业在“中国智慧”的指引下发挥中国企业的能动性，不断提升企业国际市场竞争力，为世界经济持续发展注入新的动力，以实际行动重塑全球化。

在构建双循环新发展格局进程中，中国跨国企业“天然”嵌入国内和国际两个市场，能够有效打通国内国际市场边界，促使要素、产品和服务在两个市场循环畅通，因此，在新发展格局中扮演着重要的战略角色：一方面，中国跨国企业凭借创新能力强、业务分布广泛、综合实力雄厚等优势，在畅通国内经济大循环中扮演“引领者”角色；另一方面，中国跨国企业具备利用国际化赋能国内大循环的能力，通过跨国并购、绿地投资、全球研发等方式拓展海外市场，并将海外优质资源转移到国内市场，实现外循环赋能内循环。

基于此，本丛书围绕“在新发展格局下中国跨国企业如何基于以内循环为主、外循环赋能的发展格局，重视国内市场和国际市场的整合，提升自身整合能力，继而在国际市场培育新型竞争优势”这一研究主题，揭示基于环境特征与资源属性互动条件下中国国际化企业创新发展的理论逻辑和科学规律，提炼有助于中国国际化企业在全球市场实现由追赶向超越转变的理论构建与实践总结，同时为国家制定相关战略、出台相关政策、优化创新环境、完善创新生态系统提供事实依据与理论支撑。

该丛书由南开大学商学院市场营销系许晖教授负责主编，许晖教授及其所指导的博士生研究团队长期以来针对中国国际化企业的相关问题进行了系列探索，并取得了一系列卓有成效的研究成果。其中，我们参考并借鉴了国内外相关领域学者的大量研究成果，尤其是得到在国际营销研究领域享有盛誉的邹绍明教授（The University of Missouri-Columbia, Robert J. Trulaske, Sr. College of Business）的大力支持与帮助，邹绍明教授在国际商务、国际营销等研究领域的突出成就为我们的研究奠定了坚实的理论基础。该丛书是在我和邹绍明教授共同申请的国家自然科学基金项目“中国跨国企业复合式营销能力的理论模型与构建机制：基于从资源端到客户端的动态演化逻辑（项目编号:71972110）”的基础上完成的阶段性研究成果。邹教授作为丛书的总顾问，对课题的研究及丛书的写作给予了很多有价值的建议。在此我代表个人及研究团队的成员向邹教授表示由衷的感谢!

本丛书目前共包括三部著作：

著作一:《中国跨国企业干中学研究》

本书基于效果逻辑构建并检验了“知识搜索—干中学—国际市场适应性”的理论框架，揭示了中国跨国企业国际市场适应性的实现机理。与以往的研究相比，本书的价值和创新之处主要体现在以下方面：第一，对知识搜索与干中学交互视角下中国跨国企业国际市场适应性实现机制的研究，解释了在面对资源与制度双重约束的情境下，中国跨国企业如何通过知识搜索与干中学的迭代提升国际市场适应性，拓宽了传统国际商务理论框架的解释边界；第二，基于中国跨国企业资源禀赋的组织间搜索与组织内搜索的研究，分析中国跨国企业知识搜索的动因与模式以及对国际市场适应性的作用，在一定程度上补充了西方知识搜索理论合理性与本土适应性考虑不足所造成的理论缺口；第三，对中国跨国企业干中学的研究，解释了中国跨国企业如何快速转化知识搜索所获取的知识并作用于国际市场适应性，基于过程观视角，提炼了干中学在标杆瞄准、试错和快速响应三方面的内容表现，推动了干中学理论向国际商务领域的迁移与深化；第四，对资源约束和制度复杂性的情境研究，解释了不同情境下中国跨国企业知识搜索、干中学与国际市场适应性的差异，将抽象的情境因素予以量化检验，纠正了因对中国跨国企业国际市场拓展情境因素考量不足所造成的理论误差。

著作二：《中国国际化企业复合式营销能力研究》

制度环境较弱但经济增长潜力巨大的新兴市场逐渐成为跨国企业的“角斗场”，在面临资源约束的情况下，新兴市场跨国企业如何在激烈的竞争角逐中生存和发展，仍未得到充分的理论解释。市场复杂性的加速和有限组织能力之间的差距要求企业重新思考营销职能，在此情境下无疑增加了跨国企业营销管理的成本与协调难度，需要一种能够处理复杂跨境活动和资源组合过程的复合式营销能力，以体现出较快的整合速度、更高的生产效率以及更优的产品性价比特征，以增强对本土需求的响应性。基于此，针对中国跨国企业国际营销的独特模式，本书开展的主要研究内容包括：①对中国国际化企业文化嵌入的内涵维度进行深度解构；②剖析市场洞察、跨文化互动与竞争性适应三个过程的复合式营销能力构建机制；③探讨复合式营销能力对市场响应性的作用机理及跨境共享的调节作用。本书将文化嵌入理论，引入复合式营销能力研究中并拓展至跨境共享情境，能够弥补营销能力研究中对文化因素考量所造成的理论缺口，同时对国际化企业制定有效的市场响应性策略提供实践指导。

著作三：《中国新创企业国际机会构建研究》

在“VUCA”（乌卡时代）特征愈加突显的新全球化时代，企业赖以生存的海外市场环境与发展路径遭到破坏，这就给中国企业，尤其是新创企业的海外市场拓展带来了新的挑战。由于新创企业“新生弱小”的特性，当海外市场出现新机会时，会被在市场上耕耘已久且资源丰富的发达经济体或本土企业优先占据。因此，为打破原有的竞争规则，新创企业只有不断地监测、审视外部环境变化，积极地搜寻信息，才能有效识别并构建海外市场机会来激活已“锁定”的市场与客户资源，进而促进其国际化成长。基于此，本书针对中国新创企业国际化的独特实践，主要从以下几个方面展开研究：①基于中国新创企业特质，对其国际化过程所需信息来源、搜寻模式进行探讨；②梳理信息搜寻与机会构建之间的内在逻辑关系以及两者对新创企业国际化成长的影响机制，并基于机会构建过程特征来提炼机会构建模式；③检验组织风险承担性以及环境动荡性的调节效果。本书以国际创业理论为基础，以企业机会构建为切入口，打开了中国新创企业实现国际化快速成长的“黑箱”，为中国企业如何更好地进行海外市场拓展提供新的见解和启示。

许 晖

南开大学商学院

教授、博士生导师

富布赖特（Fulbright）高级研究及驻学访问学者

2021年8月12日于南开园

前言

伴随着全球经济和政治格局的深刻变化，国际社会正处于变革和发展的关键时期：一方面，逆全球化现象、逐渐抬头的单边主义和保护主义冲击着国际秩序和多边贸易体制，世界经济整体增速放缓，新冠肺炎疫情、澳大利亚火灾、东非蝗灾、国际股市动荡等突变事件频发，国际市场运营环境的易变性、不确定性、复杂性和模糊性特征日益显著；另一方面，新一轮科技和产业革命方兴未艾，人工智能、机器人技术、虚拟现实及量子科技等蓬勃发展，数字经济与工业经济交替更迭，国际分工体系加速演变，全球价值链深度重塑，世界处于百年未有的大变局中。随着中国跨国企业国际化进程从“走出去”“走进去”阶段逐渐向“走上去”阶段跃迁，其所面临的国际市场运营环境更为复杂，投资区位空间分离程度更大且目标客户消费习惯也更为多元化。因此，面对国际市场不确定性、技术变革动态性及制度环境复杂性的挑战，中国跨国企业如何获取和整合知识，成为其在国际市场实现由“跟跑”向“并跑”“领跑”转变的关键。

现有研究探讨了知识搜索与整合对于跨国企业国际化绩效的影响，为理解跨国企业进行国际市场扩张提供了有益的理论洞见。然而，国际商务的传统理论都是基于对欧美等发达国家市场（也称“发达市场”）跨国企业的研究提炼出来的。由于所处的制度环境、自身的资源禀赋及国际化成长路径的极大差异性，现有理论对于中国跨国企业国际市场拓展行为的解释力度有限。在知识搜索方面，现有研究强调了知识搜索在中国跨国企业海外市场拓展过程中所扮演的重要角色，但对于以中国跨国企业特有资源禀赋和属性特征来探索知识及内在机理的研究仍然缺失，尤其是知识及的动因、所搜索的知识类型及如何在不同的搜索方式之间作出选择和资源配置等问题有待进一步明确；在知识整合方面，现有研究指出中国跨国企业缺乏知识整合能力方面的天赋，将从海外获得的知识资源在国内进行转移、整合和传播的能力很弱。

本书基于效果逻辑构建并检验了“知识搜索—干中学—国际市场适应性”的理论框架，揭示了中国跨国企业国际市场适应性的实现机理。通过研究发现：第一，面对国际市场拓展过程中的知识差距，知识搜索为中国跨国企业实现国际市场适应提供了必要的资源支撑与保障，组织内搜索和组织间搜索对国际市场适应性的作用存在差异性。第二，中国跨国企业通过干中学的标杆瞄准、试错和快速响应，将搜索所获取的知识快速内化到企业的知识系统中，在知识搜索与国际市场适应性之间起到重要的中介作用。第三，资源约束在知识搜索与干中学之间具有重要的调节效果且呈现出较大的差异性，当资源约束程度较高时，中国跨国企业更愿意通过干中学的试错和快速响应对组织间搜索所获取的知识进行转化，尽管资源约束会刺激组织间搜索与干中学的互动，却弱化了组织内搜索与干中学的试错和快速响应之间的关系。第四，制度复杂性对于中国跨国企业的干中学与市场反应性之间的调节效果不显著，但是对于干中学与市场绩效之间的调节效果显著且具有较大差异性。

本书的理论贡献主要体现在以下四个方面：第一，对知识搜索与干中学交互视角下中国跨国企业国际市场适应性实现机制的研究，解释了在面对资源与制度双重约束的情境下，中国跨国企业如何通过知识搜索与干中学的迭代提升国际市场适应性，拓宽了传统国际商务理论框架的解释边界。第二，基于中国跨国企业资源禀赋的组织间搜索与组织内搜索的研究，分析了中国跨国企业知识搜索的动因与模式及对国际市场适应性作用，在一定程度上弥补了西方知识搜索理论合理性与本土适应性考虑不足所造成的理论缺口。第三，对于中国跨国企业干中学的研究，解释了中国跨国企业如何实现获取知识的快速转化。基于过程观视角，提炼了干中学在标杆瞄准、试错和快速响应三个方面的内容表现，推动了干中学理论向国际商务领域的迁移与深化。第四，对资源约束和制度复杂性情境的研究，解释了不同情境下中国跨国企业知识搜索、干中学与国际市场适应性的差异，量化检验了抽象的情境因素，纠正了对于中国跨国企业国际市场拓展情境因素考量不足所造成的理论误差。

作为新兴市场的典型代表，中国正处于中国特色社会主义新时代，世界政治经济格局正发生深刻变革，数字经济处于新一轮红利释放周期，这推动了中国由全球化受益者向全球化贡献者和引领者的角色转变。面对全新的历史机遇与环境挑战，中国跨国企业必须在不确定的国际市场环境中保持对国际市场机会的高度警觉，在有限的时间内，通过干中学升级企业能力，以应对来自发达市场跨国企业和其他新兴市场跨国企业的“围追堵截”，在全球市场竞争中获得与中国经济实力相匹配的企业地位。本书对于中国跨国企业干中学的研究，立足于中国企业国际化实践，尝试提炼指导实践的工具性框架和措施，既是百年未有的大变局下对中国企业参与全球竞争的新思考，也是在理论上应对逆全球化挑战的努力与尝试。

单　宇

2020年12月12日

目　录

第一章 绪论

本章聚焦中国跨国企业在海外市场运营过程中，在国际市场战略、经营决策和行动方案上所展现出来的独特特征，阐述本书的现实背景与理论背景，凝练科学的研究问题，明确研究目标与研究框架，选择研究方法并设计科学合理的技术路线，提炼本书的理论意义、现实意义与研究创新点。

第一节　研究背景

本节将基于国际商务理论研究的现实情况，比对中国跨国企业国际化实践情况，阐述本书的现实背景和理论背景。

一、现实背景

（一）中国跨国企业逐渐成为全球贸易发展的新引擎

伴随着全球经济和政治格局的深刻变化，国际社会正处于变革和发展的关键时期：一方面，逆全球化现象、逐渐抬头的单边主义和保护主义冲击着国际秩序和多边贸易体制，世界经济整体增速放缓，新冠肺炎疫情、澳大利亚火灾、东非蝗灾、国际股市动荡等突变事件频发，全球政治、经济、文化等各类风险大量叠加并加速传导，国际市场运营环境的易变性、不确定性、复杂性和模糊性特征日益显著；另一方面，新一轮科技和产业革命方兴未艾，人工智能、机器人技术、虚拟现实及量子科技等蓬勃发展，数字经济与工业经济交替更迭，国际分工体系加速演变，全球价值链深度重塑，世界处于百年未有的大变局中。在变局中，最为闪耀的是全球新兴市场和新兴中产阶级迅速崛起，2017年联合国贸易和发展会议（United Nations Conference on Trade and Development，UNCTAD）的世界投资报告显示，来自发展中国家和新兴市场的对外直接投资（Outward Foreign Direct Investment，OFDI）占全球对外直接投资的比重已超过40%，越来越多的新兴市场跨国企业在本土及全球市场与传统跨国巨头展开全面竞争，给传统国际化的实践和理论思考带来了新的机遇和挑战。

作为新兴市场的典型代表，中国正处于中国特色社会主义新时代，世界政治经济格局正在发生深刻变革。"创新驱动发展"战略和"一带一路"倡议的双重叠加，为中国企业充分参与国际分工、加快技术追赶和实现快速发展创造了千载难逢的历史机会。习近平主席在世界经济论坛2017年年会开幕式上指出："中国的发展是世界的机遇，中国是经济全球化的受益者，更是贡献者。"①中国对外直接投资由2000年的9.16亿美元飙升至2017年的1246.3亿美元（UNCTAD，2018），中国对世界经济增长的贡献率占比，由1978年的2.3%增加到2018年的34%，连续13年成为世界经济增长的第一引擎。《纽约时报》《赫芬顿邮报》《欧洲时报》等外媒称，中国正经历从全球化受益者到全球化贡献者和引领者的转变，将继续为世界经济发展提供"中国机遇"，未来世界将继续搭乘中国发展的"顺风车"。

回顾改革开放40多年来的发展历程，中国企业是在一个极其复杂且相互冲突的制度环境中发展壮大的。经济转型阶段特有的社会、技术、组织和市场要素使其发展过程更具复杂性和不确定性，转型经济的制度特征阻碍了企业竞争力的培育但同时也提供了多种潜在机会。中国企业依靠成本优势和国内市场空间获得快速发展，规模不断扩张，研发水平和制造能力大幅提升。随着国际化进程的推进，中国跨国企业已不仅仅局限于对国际前沿技术的模仿，而是逐步实现由技术

① 资料来源：习近平主席在达沃斯国际会议中心出席世界经济论坛2017年年会开幕式发表的主旨演讲。

模仿和吸收向技术研发、整合和创造转变，部分领域的中国企业成功进入技术领跑者的行列，如海尔、华为、阿里巴巴等。2018年的《财富》杂志世界500强榜单上，中国有120家企业上榜；2019年的《财富》杂志世界500强榜单上，中国有129家企业上榜，数量上首超美国。中国跨国企业所独有的资源禀赋和国际化特征，正在超越既定轨道和认知范围，重构全球竞争版图。

（二）中国跨国企业拓展国际市场面临着新的挑战

随着中国跨国企业国际化进程从“走出去”“走进去”阶段逐渐向“走上去”阶段跃迁，其所面临的国际市场运营环境更为复杂，投资区位空间分离程度更大且目标客户消费习惯也更为多元化。在国际化的早期阶段，中国采用“引进来”和“走出去”双轨并行的战略决策，利用“三来一补”和建立中外合资企业等形式，以市场换技术，参与全球价值链。国际市场进入模式主要是通过出口和OEM（Original Entrusted Manufacture，原始委托生产）的方式，产品走出国门后便不再继续跟进。尽管这种模式为中国企业参与国际市场竞争提供了机会窗口，却导致一部分企业陷入“追赶—落后—再追赶—再落后”的恶性循环，甚至还出现了“肉包子打狗”的困境，使部分企业囿于内忧外患的竞争环境中（潘秋玥等，2017）。为了扭转这种局面，中国跨国企业开始通过寻求跨国并购或绿地投资来弥补后发劣势，以期摆脱过于依赖政府资源及本国市场的路径限制，并力图改变全球价值链的低端锁定状况。国际化战略焦点的转变也使中国跨国企业在国际市场面临新的挑战。

在资源端，相比于欧美等发达市场跨国企业，中国跨国企业在参与全球市场竞争中面临较强的资源约束，“卡脖子”技术直指中国跨国企业发展命脉，研发实验室、分销渠道、全球市场运营经验的缺失成为制约发展的“短板”。国际甚至国内的高端市场仍被发达市场跨国企业所把控，中低端客户支付能力不足及高端客户品牌认知偏差，使中国跨国企业长期被“锁定”在全球价值链的中低端位置（Ramamurti and Hillemann，2018；Hu et al.，2019）。全球最大的综合性品牌咨询公司Interbrand发布的2018年全球品牌价值评估100强中，中国仅有华为一家公司上榜。《新华网》《经济学人》《哈佛商业评论》及

《中国企业全球化报告（2018）》等权威媒体和报告均指出，尽管中国跨国企业已在国际市场耕耘多年，但从事外贸加工制造的企业仍占五成以上，大部分中国跨国企业在运用科学的工具制定和实施合理的市场战略方面仍有待增强，如小米把在中国市场的饥饿营销策略照搬到英国市场，惨遭“滑铁卢”。

在制度端，以中国为代表的新兴市场快速崛起，冲击了已经建立的国际市场竞争格局，出现“东升西降”的现象。从中美贸易争端到美国对中兴、华为等高科技公司的连续施压，发达市场通过制定和实施一系列的制度举措，减缓中国为代表的新兴市场对其先发位势的冲击。此外，通过华为在美屡次碰壁、中海油竞购优尼科受阻、中铝竞购力拓失败等中国企业海外投资案例，可以清晰地发现母国和东道国的制度差异性使中国跨国企业更容易触碰东道国的制度禁区，导致在东道国面临监管障碍，受到东道国利益持有者的排斥，甚至被贴上“质量低劣”“技术滞后”“政府支持”等标签，从而影响企业在东道国市场的长远发展（Buckley et al.，2017）。

因此，面对资源端与制度端双重约束的挑战，中国跨国企业如何提升在国际市场的适应性成为亟待解决的关键问题。

（三）知识经济时代中国跨国企业国际市场竞争手段亟须重新定义

信息技术的发展，云计算、大数据及人工智能等技术的引入。带来了知识生产与分配的巨大变革，因此，知识成为推动社会、经济发展的重要引擎，在跨国企业可持续发展中扮演着越来越重要的角色。尽管单边主义和保护主义的抬头，影响了全球知识资源配置的效率，但不可否认的是，全球范围内的企业都面临着前所未有的开放和互联。全球市场开放性的增强，不仅有利于机械、设备、关键部件和材料等有形资产的流动，也促进了信息、技术、管理经验等无形资源的流动（McKinsey，2014）。大量专注于工业设计、应用技术和模块化技术的发达市场跨国企业正在为后发企业提供先进的工业服务，从而填补后发企业在全球竞争所需知识资源的漏洞（Luo and Bu，2018）。此外，越来越多的发达市场跨国企业愿意出售（通过许可或收购）或共享（通过合资或联盟）其技术、品牌、分销渠道和其他重要资产，进一步增加关键知识资源的可用性（Luo and Tung，2017）。

面对国际市场不确定性、技术变革动态性及制度环境复杂性的挑战，中国跨国企业能否有效利用全球知识资源的溢出效应，弥补企业知识差距并克服后发劣势，成为其在国际市场立足的关键。全球知识资源可用性的增加，大幅度减轻了中国跨国企业在研发、生产、市场运营等方面投入巨资的负担，并且在许多行业中，使中国跨国企业能够跳过发达市场跨国企业必须经历的多代技术和产品开发的漫长过程。事实上，相比于发达市场跨国企业，单独比较技术、品牌、产品、资本、服务、渠道等资源，中国跨国企业不占据优势，然而通过配置可用的全球知识资源，中国跨国企业可以为客户提供创造性的价值增值，形成复合优势，最终体现出较快的整合速度、更高的生产效率及更优的产品性价比（Luo and Child，2015；许晖和单宇，2019）。值得注意的是，中国跨国企业国际化起步较晚，为了快速实现对发达市场跨国企业的赶超，囿于其在国际市场拓展的过程中仍受到时间约束，迫使中国跨国企业难以按照渐进性的方式完成知识的积累，而是表现得更具侵略性、主动性和冒险性。因此，在知识经济时代，中国跨国企业如何获取和整合知识，成为解构中国跨国企业在国际市场实现快速追赶的关键因素。

二、理论背景

（一）传统跨国企业理论的解释边界有待进一步扩展

跨国企业的经典理论主要在发达市场跨国企业研究基础上得以提炼，这些企业倾向于拥有垄断性的知识、难以复刻的技术、成熟的全球分销体系等优质资源，以压倒性优势打败全球竞争对手（Ramamurti and Williamson，2019）。在20世纪70年代末和80年代初，学者们注意到发展中国家的企业也开始在其他国家进行投资，而且不仅限于发展水平相似或较低的经济体（Lall，1983；Wells，1983），这种“逆向对外投资”的现象挑战了国际商务的经典理论。特别是以中国为代表的新兴市场的跨国企业在世界各国的最新投资浪潮再次揭示了这一问题，因为这些企业似乎并不具备传统跨国企业所强调的垄断优势，但在治理结构和所有权特征上表现出了独有的特征（Guillén and García-Canal，2009）。针对新兴市场跨国企业独特的国际化现象是否需要建构新的理论框架，理论界引发了激烈的争论（Cuervo-Cazurra，2012；Zhou and Guillén，2015；Buckley et al.，2007；Ramamurti，2016；Rugman，2010）。

Vernon（1966）早期的产品生命周期理论认为，企业在国内开发创新产品，在国内市场销售达到饱和后，随着国内市场和产品的成熟，会进入隐性劣势市场。然而中国跨国企业经常在产品尚不成熟或品牌不够强大的情况下进入海外市场，在海外而不是国内开发了独具创新性的产品，并培育了强大的创新能力（Luo and Tung，2007；Awate，2015）。Johanson和Vahlne（1977）认为跨国企业的国际化是一个渐进性且具有路径依赖的过程，其实质是知识与经验的累积函数，跨国企业倾向于选择熟悉的市场优先进入（如地理、制度和文化相近的市场），通过国际市场经验的叠加，再进入心理距离或文化距离大的市场。然而，中国跨国企业不是慢慢进入国外市场的（一次一个国家，并且承诺水平不断增加），许多中国跨国企业似乎很快进入多个甚至直达心理距离较远的市场（Johanson and Vahlne，1977；Guillén and García-Canal，2009）。Dunning（1977）提出著名的国际生产折中（Ownership advantage、Location specific advantage、Internalization advantage，OLI）理论范式，指出企业从事国际直接投资主要受到所有权优势、内部化优势及区位优势的影响，包括后来Rugman（1981）所提出的CSA-FSA（Country Specific Advantage-Firm Spcific Advantage，国家特殊优势-企业特殊优势）理论分析框架及Barney（1991）所提出的RBV（Researce Based View，企业资源观）的观点都认为所有权优势（企业特殊优势或优质、异质性资源）是跨国企业获取竞争优势的关键。然而，中国跨国企业往往缺乏传统的所有权优势，而是倾向于通过国际化来减少所有权劣势，并且能够以不一定符合理论预测的方式获得所有权优势，如基于行业要素禀赋差异的国家特殊优势和基于能力结构的企业特有优势（Sun et al.，2012；Ramamurti，2018；Verbeke and Kano，2015）。

事实上，由于缺乏传统意义上的资源优势（如全球研发实验室不足、国际市场运营知识储备的不足、品牌资产的羸弱、优质的全球性渠道资源的缺失等）（Hernandez，2018；Luo and Zhang，2016；Buckley et al.，2018；Kumar and Steenkamp，2013；Ramamurti and Williamson，2019），中国跨国企业难以按照常规路径建构基于资源优势的国际市场竞争力。但中国跨国企业并没有视缺乏知识和经验为国际扩张的重大障碍，其国际化进程也没有按照传统国际化理论所预测的步骤进行（Luo and Tung，2018），而是呈现出加速、非线性的向上螺旋轨迹，在国际化过程中更具侵略性、主动性和冒险性（Kothari et al.，2013；Kotabe and Kothari，2016）。因此，有必要解释、追踪并梳理中国跨国企业国际市场扩张的独特行为，探索中国跨国企业国际化的相关理论与研究范式，以拓宽国际商务理论的解释边界。

（二）中国跨国企业组织学习行为的研究呼吁新的范式

尽管全球市场开放性的增强逐渐打破知识边界，并为跨国企业提供了更多的机会，但鉴于知识的内隐性特征，跨国企业必须具备高度的学习能力，才能在全球知识资源的溢出效应中受益（Chesbrough et al.，2014）。Luo和Zhang（2016）的研究指出，虽然中国跨国企业采用跳板的发展方式，但仍属于学习型组织。作为全球市场的后发者，中国跨国企业通过采用“正确定位、快速行动和快速学习”等学习策略，可以成功进入心理距离遥远的市场，以加快国际化步伐，实现快速追赶（Fang et al.，2017）。针对中国跨国企业的组织学习行为，国内外学者发现中国跨国企业既存在通过对标、反向工程等方式开展向行业领军企业外部学习来突破约束（Luo et al.，2011；Ramamurti and Ravi，2012），如搜索和引进行业领军企业的关键技术（Cuervo-Cazurra and Rui，2017；Awate，2015）、与拥有卓越知识的企业结成战略联盟（He et al.，2016）、并购持有所需知识的发达国家竞争对手等（Luo and Tung，2007；谢洪明等，2019），也会通过反复试错等内部学习方式实现经验的累积（Rerup et al.，2011；Pisano et al.，2015）。

然而，相较于发达市场跨国企业所强调的渐进式学习（Banerjee et al.，

2015；Barkema and Drogendijk，2007；Johanson and Vahlne，1977）、直接学习（Liu and Li，2002；Rongping，2009；Sun，2009）等学习方式，中国跨国企业由于缺乏充足的知识资源储备，其行动无法等到知识储备充足后开展，因而在“学习规则”上极具独特性。一方面，中国跨国企业积极通过知识搜索获取所需的知识资源，填补企业知识的漏洞。另一方面，中国跨国企业需要快速转化和整合所获取的知识。在受到时间约束的情况下，其知识整合过程呈现明显的干中学特点（Rui et al.，2016），既不被普遍接受的物质投入、实践、定义和标准所限制，也不会拖延到找到最优或最合适的解决方案才采取行动（李平，2017），而是打破干与学的严格界限，最大限度在应对约束和回应机会过程中扩大干与学的互动效果（Witell et al.，2017）。因此，为解构中国跨国企业独特的学习行为，有必要探索知识搜索与干中学之间的迭代机理，以便提炼适合中国跨国企业资源禀赋的组织学习理论范式。

（三）中国跨国企业国际市场适应性的获取机制有待深入挖掘

随着国际市场环境易变性、不确定性、复杂性和模糊性的增加，由于市场环境中各主体间原来稳定的、不可渗透的边界变得越来越模糊与不稳定，客户需求和偏好变化也变得越来越难以预测（Tortoriello et al.，2015），跨国企业东道国的竞争优势在短期内会受到侵蚀（Teece，1994）。因此，科学、合理地评估中国跨国企业在国际市场的绩效表现，成为国际商务领域学者面临的难题和挑战。现有研究主要依据发达市场跨国企业以经济或财务为主的绩效评估体系，如财务绩效、市场资本化、产品销售率等（Cardoza and Fornes，2009；Zhao et al.，2010）。但是，中国跨国企业拓展国际市场的现实情况是，大多数国际活动在短期内没有可衡量的经济或数字成果（Chan，1995；Kim，2006；Ning，2009），部分中国跨国企业甚至牺牲短期收益以博取在全球市场的快速成长（Wang，2014）。因此仅以经济或财务绩效衡量中国跨国企业国际化行为，无法将企业未来的增长及发展动力等因素纳入考核体系，因而难以揭示企业未来的增长空间（Slangen and Dikova，2014）。然而，国际市场适应性则涵盖了动态与静态、长期与短期相结合的特点（Julien and Lisa，2012），可以从长期的战略视角更为全面和系统地阐释企业竞争优势的动态变化（许晖等，2017），通过衡量企业主体在与环境的交互过程中不断修正行为规则，对其成长环境的变化趋势作出预测（许晖和单宇，2018；Julien and Lisa，2012）。

国际市场适应性是指跨国企业能够感知并把握潜在的国际市场机遇，及时作出反应和调整，形成与市场环境相匹配的持续性国际竞争优势，这也是跨国企业最理想的生存状态（许晖等，2017；许晖和单宇，2018；Mu et al.，2015）。尤其对中国跨国企业而言，如何适应海外市场环境，及时对市场信号、潜在的市场机遇与威胁以及收集到的信息作出反应，成为其在国际市场生存和发展的关键（Homburg and Pflesser，2000；Slangen and Dikova，2014）。但是，现有研究大多将中国跨国企业进入国际市场视为研究的终点，尽管对中国跨国企业国际化的动因及进入前的影响机制作出了有益的探讨，但却忽视了跨国企业进入国际市场后的整合过程或运营管理问题（吴小节等，2019），对于中国跨国企业国际市场适应性的实现过程仍缺乏足够的关注。因此，以动态、科学的视角揭示中国跨国企业国际市场适应性的实现机理，能够深化对中国跨国企业国际市场拓展行为的理解，为后续研究提供整合性的理论分析框架。

第二节 研究问题的提出

国际市场的不确定性、技术变革的动态性及制度环境的复杂性给中国跨国企业国际化进程带来了新的挑战，与欧美等发达市场跨国企业相比，中国跨国企业缺乏传统意义上的优势资源，面对复杂、动荡的国际市场环境，中国跨国企业经常面临着资源分配限制、战略聚焦困难、短期与长期目标冲突等一系列问题。为了在国际市场实现对发达市场跨国企业的快速追赶，中国跨国企业积极通过知识搜索与干中学获取转化所需的知识。然而，现有关于知识搜索的研究主要以发达市场跨国企业为主体展开，基于中国跨国企业特有资源禀赋和属性特征来探索知识搜索的内在微观机理的研究仍然缺失（许晖等，2017）。同时，由于知识搜索所获取的知识具有无序性、复杂性和重叠性等特点，这种未被编码的知识与企业原有知识惯例存在一定的差异性，很难被直接转化和吸收，尽管已有研究强调了干中学的方式对于中国跨国企业在面临时间约束的情况下内化企业知识具有重要的作用，但中国跨国企业如何通过干中学转化所获取的知识资源并作用于国际市场适应性的“黑箱”，目前仍未得到有益的揭示。

在系统搜集、整理并提炼跨国企业相关理论和研究设计的基础上，考虑到中国跨国企业国际市场拓展所面临的资源和制度情境，为了更为系统地核聚研究主题，本书将研究问题分解为三个方面的子问题。

第一，中国跨国企业知识搜索的类型及其包含哪些维度？中国跨国企业知识搜索如何影响国际市场适应性？知识搜索情境的对外直接投资被认为是中国跨国企业独特的所有权特征。通过知识搜索可以使中国跨国企业对所欠缺的知识进行补充，建立专业知识库，促进知识的重组和交叉（Nieto and Rodrigues，2011）。然而现有关于知识搜索的研究主要以发达市场跨国企业为主体展开，由于制度体制、运营环境及发展水平的差异，传统建构于发达市场跨国企业的知识搜索模式其本土适用性有待检验（叶江峰等，2020）。因此，有必要针对中国跨国企业知识搜索所表现出来的现实特点，提炼知识搜索的内涵和维度，并考察其对中国跨国企业国际市场适应性。

第二，中国跨国企业如何通过干中学转化所获取的知识？中国跨国企业干中学对于知识搜索与国际市场适应性之间的关系有何作用？在发达市场跨国企业中，完善的知识和技术整合机制有助于吸收外部知识（Khanna and Palepu，2010；Zhao，2006），但中国跨国企业所面临的一个特别挑战是其将从海外获得的知识在国内进行转移、传播和整合的技能很弱（Meyer and Peng，2016；Demirbag et al.，2009）。事实上，中国跨国企业通常不会按照发达市场跨国企业的渐进式学习方式来整合知识，而是在受到时间约束的情况下明显呈现干中学的特点，既不被普遍接受的物质投入、实践、定义和标准所限制，也不会拖延到找到最优或最合适的解决方案才采取行动，而是打破干与学的严格界限，最大限度在应对约束和回应机会过程中扩大干与学的互动效果。因此，探讨干中学的理论机制能够解构中国跨国企业如何整合搜索所获取的知识，明晰干中学在知识搜索与国际市场适应性之间所起到的重要作用。

第三，资源和制度作为关键情境变量如何影响中国跨国企业知识搜索、干中学与国际市场适应性的关系？中国跨国企业在国际拓展过程中面临着资源端和制度端的双重约束。在资源端，中国跨国企业缺乏传统意义上的垄断优势（如领先的技术资源、全球市场运营渠道、品牌资产等）（Nguyen and Rugman，2015；Li and Chang，2016）；在制度端，中国跨国企业发源于制度环境差异较大且尚不成熟的新兴市场，发达市场与新兴市场制度环境的巨大差异所造成的复杂性进一步加剧了中国跨国企业的外来者劣势（如海外客户信任缺失、负面形象标签、客户品牌偏视等）（Conroy and Collings，2016；Wei and Nguyen，2017）。因此，考量资源层面和制度层面约束情境，能够更为科学地审视中国跨国企业实现国际市场适应性的微观机理和作用路径。

第三节　研究目的与研究意义

本节针对上述的现实背景与理论背景，以及本书所凝练的具体研究问题，阐述本书的研究目的与研究意义。

一、研究目的

本书将在知识基础观、制度基础观和组织学习理论的基础上，借助规范的定性与定量相结合的分析方法，挖掘中国跨国企业国际市场拓展背后的内在机理与实现路径，系统总结研究成果的理论应用价值，提炼有助于指导实践的工具性框架和措施。具体而言，本书的主要目标如下。

第一，分析中国跨国企业知识搜索的表现形式。主要通过系统梳理知识搜索的相关文献，挖掘知识搜索理论在解释中国跨国企业国际化行为上的差异性与相悖之处。以理论为依托，充分考虑中国跨国企业的资源禀赋及在国际市场拓展过程中所表现出来的现实特点，提炼中国跨国企业知识搜索的动因、所获取知识的类型及知识搜索的主要维度，分析知识搜索在不同维度对于国际市场适应性的作用。

第二，提炼中国跨国企业干中学的内在机理。重点关注中国跨国企业在国际市场拓展过程中学习行为的独特性，挖掘中国跨国企业独特的“学习规则”，基于过程观视角，提炼中国跨国企业干中学的具体表现。一方面，探索中国跨国企业在时间约束的情况下如何通过干中学快速转化通过知识搜索所获取的知识资源；另一方面，分析中国跨国企业干中学对于国际市场适应性的作用机制，并检验干中学在知识搜索与国际市场适应性之间重要的桥梁作用。

第三，分析资源和制度因素对于中国跨国企业国际市场拓展的影响。考虑中国跨国企业拓展国际市场的现实特点，引入资源层面和制度层面的情境因素，分析不同情境下中国跨国企业知识搜索、干中学与国际市场适应性之间的关系变化。一方面，基于中国跨国企业缺乏传统意义上关键性和必要性优势资源的现实情况，选取资源约束作为情境变量，探讨在面临资源约束的情况下知识搜索与干中学之间的关系变化；另一方面，考虑到东道国与母国制度环境的差异所带来的干扰，选取制度复杂性作为情境变量，探讨在面临制度复杂的情况下中国跨国企业干中学与国际市场适应性关系的变化。

第四，提炼中国跨国企业国际市场适应性实现过程的理论框架。基于知识基础观和组织学习理论，分析知识搜索与干中学在推动中国跨国企业国际市场适应性实现方面所体现出来的重要作用，在效果逻辑（Effectuation）的指引下，遵循“已知状态—能动行为—新的状态”范式，提炼中国跨国企业国际市场适应性实现过程的理论框架，并验证理论框架的合理性，为拓展中国跨国企业理论解释边界提供新的视角。

二、研究意义

（一）理论意义

本书基于知识基础观、制度基础观和组织学习理论等，在深入探究中国跨国企业知识搜索、干中学与国际市场适应性等问题的基础上，进一步挖掘理论的解释逻辑，并根据中国跨国企业国际市场拓展研究情境的独特性，修正、完善和补充现有理论的基本假设和解释逻辑。本书的理论意义主要表现在如下几个方面。

第一，中国跨国企业资源禀赋所展开的知识搜索研究，能够弥补西方知识搜索理论本土适应性考量不足所造成的理论缺口。现有关于知识搜索的研究主要以发达市场跨国企业为主体展开，从本地搜索与非本地搜索（Nelson and Winter，1982；Phene et al.，2006；Wu and Wu，2014）、探索式搜索与利用式搜索（Ahuja and Lamper，2001；Audia and Goncalo，2007）、搜索宽度与搜索深度（Katila and Ahuja，2002；Laursen and Salter，2006；王巍等，2019）等方向对知识搜索的维度进行了划分，并在此基础上形成了多种类型的知识搜索模型，但由于制度体制、运营环境及发展水平的差异，传统建构于发达市场跨国企业的知识搜索模式的本土适用性有待检验。本书对于知识搜索的研究，强调基于中国跨国企业独特资源禀赋和国际市场拓展现实状况，选取典型的案例进行探索性案例分析，提炼中国跨国企业知识搜索的动因、模式及所获取的知识类型，能够深度挖掘中国跨国企业知识搜索背后的主客观成因及微观机理，通过与现有理论进行对比，形成科学的理论解释，弥补现有研究对知识搜索理论合理性及本土适应性考量不足所造成的研究缺口。

第二，中国跨国企业独特学习行为所展开的干中学研究，能够挖掘中国跨国企业在国际市场独特的学习行为，并推动干中学理论向国际商务领域的迁移与深化。现有研究主要聚焦于发达市场跨国企业学习机制的探讨，如渐进式学习、直接学习等。发达市场跨国企业强调约束情境下的风险规避，因此其行动过程是在学习知识储备充足以后才得以开展的，即“干”与“学”

是相互分离的（Santo and Williamson，2015）。由于起步较晚，中国跨国企业强调在约束情境下的机会寻求，为了在有限的时间内抢占机会，不会拖延到找到最优或最合适的解决方案才采取行动，而是在应对约束和回应机会的过程中不断修正企业行为，即干与学是相互交融的。本书对于干中学的研究，能够解释为什么中国跨国企业能够在极短的时间内将通过知识搜索所获取的知识进行快速转化，通过提炼干中学的内在机理，能够增加对中国跨国企业快速追赶现象的解释力度，同时也响应了国际商务领域学者对于加深干中学理论研究的呼吁。

第三，效果逻辑所提炼的“知识搜索—干中学—国际市场适应性”的理论框架，能够为解释中国跨国企业快速进行国际扩张现象提供一定的理论参考。欧美等发达市场跨国企业由于在国际市场耕耘已久，资源储备充足且组织管理体系成熟，其“犯错成本”极高，更多的是以既定的目标为出发点，关注从现有的手段中筛选出解决问题的最佳方案，以达到预期目标，强调不确定情境下的风险规避，其背后遵循的理论逻辑是因果逻辑。然而，中国跨国企业由于国际化起步较晚，所积累的资源有限，在面对高度不确定的市场环境下，强调以手段驱动而不是目标导向的行动起步，在评估机会时，考虑的是“可承受损失”而不是预期收益，更偏好于使用其承受范围之内的可用资源，并通过与外部主体的互动，建立强连接关系以整合所需的资源，从而创造市场和商机（Sarasvathy，2001；Lingelbach et al.，2015；李雪灵等，2020；张玉利等，2011）。本书所提炼的“知识搜索—干中学—国际市场适应性”框架遵循的就是效果逻辑，纠正了现有研究因为局限于传统理论框架分析所带来的认知偏差，并响应近期国内外学者对于拓宽中国跨国企业理论解释边界及扩展原创性本土管理理论的呼吁（武常岐等，2019）。

（二）实践意义

随着中国跨国企业国际化进程从“走出去”“走进去”阶段逐渐向“走上去”阶段跃迁，其所面临的国际市场运营环境将更为复杂、投资区位的空间分离程度更大且目标客户的消费习惯也更为多元化。本书对中国跨国企业知识搜索、干中学与国际市场适应性的研究，有助于提炼指导实践的工具性框架和措施，为中国跨国企业培育独特的竞争优势提供理论参考。本书的实践意义主要包含以下几个方面。

第一，为中国跨国企业制定科学合理的国际市场战略和市场决策提供经验借鉴和理论指导。在复杂、多变的国际市场运营环境中，企业发展过程中的路径依赖在一定程度上遭到破坏，科学合理地制定市场战略和实施营销决策是企业区别于竞争对手的关键，也是企业竞争优势的重要来源。对于中国跨国企业而言，国际市场战略的制定往往建立在对发达市场跨国企业模仿及对母国市场经验转移的基础上，具有明显的路径依赖性，容易导致企业陷入“追赶—落后—再追赶—再落后”的恶性循环。本书对中国跨国企业知识搜索与干中学的研究，依托于中国跨国企业独特的资源禀赋及在国际市场竞争中所展现出来的独特特征，有助于中国跨国企业更清晰地定位适合企业能力与条件的国际市场扩张路径，厘清国际市场战略制定的科学逻辑，并提高决策的针对性和有效性。

第二，为中国跨国企业在国际市场实现由“跟跑”向“并跑”“领跑”转变提供概念工具与理论参考。随着国际化进程的深入，中国跨国企业面临着从全球化受益者向全球化贡献者和引领者角色转变的挑战，所面临的国际市场运营环境更为复杂、投资区位的空间分离程度更大且目标客户的消费习惯也更为多元化。在面对资源约束和制度约束的情境下，中国跨国企业要在不确定的市场环境中获取竞争优势，并不能简单重复传统跨国企业的发展路径，而是要跟随外界环境的变化实现自身能力的进化，以适应国际市场的不确定性、技术变革的动态性及制度环境的复杂性。本书对于中国跨国企业知识搜索与干中学的研究，扎根于中国企业国际化过程中所表现出的多样性和差异性特征，不仅仅有助于中国跨国企业提炼成功模式和经验，把握国际市场环境中出现的机会，提升企业对环境变化的敏感性，更是克服被低端价值锁定劣势的有效途径，为中国跨国企业在国际市场培育竞争优势提供了一定的参考价值。

第三，为国家优化营商环境、培育激发市场主体活力的新动能提供事实依据与理论支撑。中国正处在由“世界工厂”向“世界品牌”转型的关键时期，通过“引进来”和“走出去”，中国在国际市场获得了发展所需的资本、技术和管理经验，也向国际市场提供了中国产品、中国技术和中国标准。但由于逐渐抬头的单边主义和保护主义冲击了国际秩序和多边贸易体制，世界经济整体增速放缓，国际市场运营环境的易变性、不确定性、复杂性和模糊性特征日益显著。加之中国正处于经济转型阵痛阶段，新老矛盾交织，周期性、结构性问题叠加，使中国跨国企业发展过程更具复杂性和不确定性。在此背景下，本书对于中国跨国企业知识搜索、干中学与国际市场适应性的研究，建立在对中国跨国企业资源禀赋及国际市场运营深度洞察的基础上，从资源和制度两个层面识别和验证影响国际市场适应性的若干关键驱动因素，能够为我国相关部门优化国际营商环境、激发市场微观主体活力及改善国际市场扩张的制度基础提供政策助力。

第四节　研究内容与方法

本节针对各章节具体的研究内容及拟采用的研究方法、技术路线等进行阐述。

一、研究内容

本书主要包括绪论、理论基础与文献综述、探索性案例研究、概念模型构建与研究假设发展、研究设计与小样本测试、研究数据与实证分析、研究结论与展望七个章节。

第一章，绪论。本部分主要针对中国跨国企业国际市场拓展的现实背景和理论背景进行梳理和分析，并在此基础上归纳研究问题，明确研究目标、研究内容与框架；针对研究问题的特殊性，选择科学、合理、适用的研究方法，凝练本书的理论意义和实践意义，并就本书所涉及的创新点进行详细的阐述。

第二章，理论基础与文献综述。本部分首先对中国跨国企业国际市场拓展的理论基础进行系统梳理，分析国际商务经典理论与新兴理论对于中国跨国企业的延伸性解释。同时，对中国跨国企业国际市场拓展动机、进入模式及学习行为等方面的研究进行系统性梳理。其次，聚焦本书核心变量，对知识搜索、干中学与国际市场适应性研究的内涵、理论脉络与影响因素进行有针对性的回顾。最后，针对现有研究的理论空白和不足之处，进一步修正研究问题，为后续研究的开展提供理论指引。

第三章，探索性案例研究。本部分将采取探索性多案例的研究方法，在分析过程中遵循复制逻辑，并注重从数据中归纳理论，解构中国跨国企业国际市场适应性实现机制，提炼知识搜索、干中学与国际市场适应性的内在理论逻辑，搭建理论分析框架。同时，基于案例分析结果，进一步提炼本书核心构念的理论维度。

第四章，概念模型构建与研究假设发展。本部分主要根据文献梳理与案例研究的结果，阐述构念模型的理论逻辑，引入资源约束和制度复杂性的情境因素，构建知识搜索、干中学与国际市场适应性之间作用关系与影响机理的整体构念模型，尝试从理论层面解释本书关键构念之间的潜在逻辑和作用机理，以现有研究与相关理论为指引，挖掘本书理论模型中相关变量的假设关系，为实证检验提供理论指引。

第五章，研究设计与小样本测试。本部分针对理论模型所确定的核心变量，开展问卷设计与样本测试。具体而言，首先，在现有研究的基础上，结合探索性多案例的分析结果，明确理论模型中核心构念的内涵、维度及相关的测量量表；其次，参照标准化的问卷设计流程，针对核心构念进行问卷设计；最后，发放和收集小样本数据，利用探索性因子分析的方法对小样本问卷收集的数据进行净化与修正，并以此为依托确定最终问卷。

第六章，研究数据与实证分析。在本部分，将根据小样本测试所确定的研究量表和正式问卷进一步扩大问卷的收集范围，并进行系统性的分析。首先，对所收集的问卷数据进行整理，并以此为依托进行统计分析；其次，采用验证性因子分析的方法对所整理的数据进行分析，对知识搜索、干中学、市场适应性、资源约束与制度复杂性以及控制变量的信度和效度进行系统的评估；最后，运用科学的数据分析工具，对研究模型中相关变量之间的相关性、中介效应、调节效果等作用关系进行系统性的检验，并根据最终数据的量化分析结果检验研究假设，为研究结论的提炼提供科学、可靠的分析依据。

第七章，研究结论与展望。在研究结论与展望部分，主要对本书所得到的研究结果进行概括和总结，增加与现有理论的对话，系统提炼研究结论的理论价值，有助于指导实践工具性框架和措施。同时，总结研究过程中的不足之处，阐述未来研究方向。本书的整体结构与内容安排示意（如图1.1所示）。

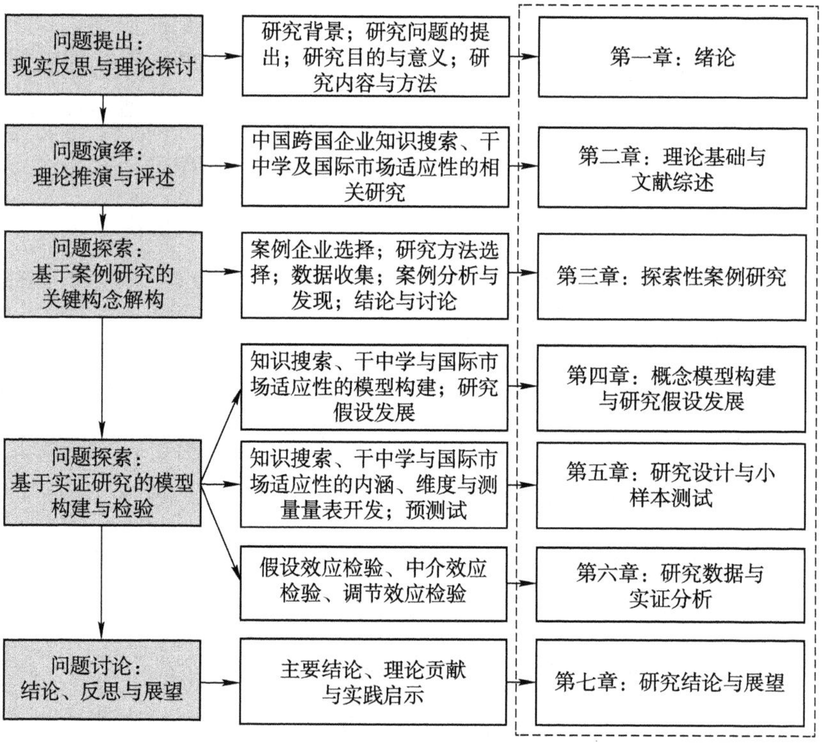

图1.1　整体结构与内容安排示意

二、研究方法

本书所采取的研究方法主要包括文献研究法、案例研究法、问卷调查法及实证分析法。在文献分析的基础上，以深度访谈和典型案例研究为切入点，提炼本书的理论分析框架，采取大样本实证分析的方法对理论框架构念间的关系进行检验，并提炼研究结论。

第一，文献分析法。围绕本书的核心关键词知识搜索、干中学、国际市场适应性、资源约束及制度复杂性，利用维普（VIP）、知网（CNKI）、JSTOR、Springer、Web of Science、Wiley、ScienceDirece等中英文文献检索平台进行文献筛选与收集，同时对于JIBS、SMJ、AMJ、IBR、《管理世界》《经济研究》《南开管理评论》等核心期刊进行模糊性的文献检索，搜集并整理与核心变量相关度较高的文献，尤其是重视对于文献回顾类研究的检索。系统地分析所获取的中英文文献，对现有研究的理论观点进行归类和对比，寻找理论缺口和研究悖论，为后续研究提供理论指引。

第二，案例研究法。案例研究可以通过详尽而深入地收集多种信息来源的数据，探索现实生活中的一个或多个有边界的系统，并对案例描述和案例主题进行报告（Creswell，2012），特别适合探讨某一管理现象随时间发生动态变化的复杂过程（Yin，2009）。案例研究具有“凸显情境，呈现过程，解释规律”的优势，特别适用于解构过程、机理类问题，能够展示复杂问题的动态性、整体性和辩证性。中国跨国企业如何通过知识搜索与干中学的方式实现国际市场的适应性，在本质上属于“如何（How）”型范畴的研究。中国跨国企业国际市场拓展涉及多重情境的动态交互，其知识搜索、干中学的过程也极具复杂性，因此，通过案例研究能够洞察到复杂问题背后的理论规律，解构微观要素的差异和相似之处，得到稳健和普适性的理论。

第三，问卷调查法。问卷设计的合理性和有效性是保证数据分析质量的重要前提。问卷调查法较适用于一般决策行为的总体状况和特征的研究，能够更好地判别受访对象的认知与决策行为。在梳理核心构念测量量表的基础上，本书选取信度较高的量表进行系统性分析，邀请本领域专家和企业高管对量表的科学性进行探讨与修正，对于问卷的表述、题项的逻辑、内容的适配度积极征求意见，并在此基础上设计调查问卷。鉴于中国跨国企业研究问题的特殊性，为了保障研究的信度，本书问卷由国内外研究团队共同筛选适合的研究对象，进行问卷发放和收集。

第四，实证分析法。利用SPSS 22.0和AMOS 24.0统计分析软件，对问卷所收集的数据进行初步的描述性分析，通过验证性因子分析的方法对所收集的数据进行检验，对知识搜索、干中学、市场适应性、资源约束、制度复杂性，以及控制变量的信度和效度进行系统的评估。同时，采用结构方程模型的方法对研究模型中核心变量之间的相关性、中介效应、调节效果等作用关系进行系统性的检验，并根据最终数据的量化分析结果检验本书提出的研究假设，为研究结论的提炼提供科学、可靠的分析基础。

本书主要按照“研究主题确定—理论回顾与文献梳理—研究模型构建与维度识别—研究假设发展与提炼—相关量表开发—小样本测试—统计分析—研究结论与管理启示”的脉络展开研究。本书的技术路线（如图1.2所示）。

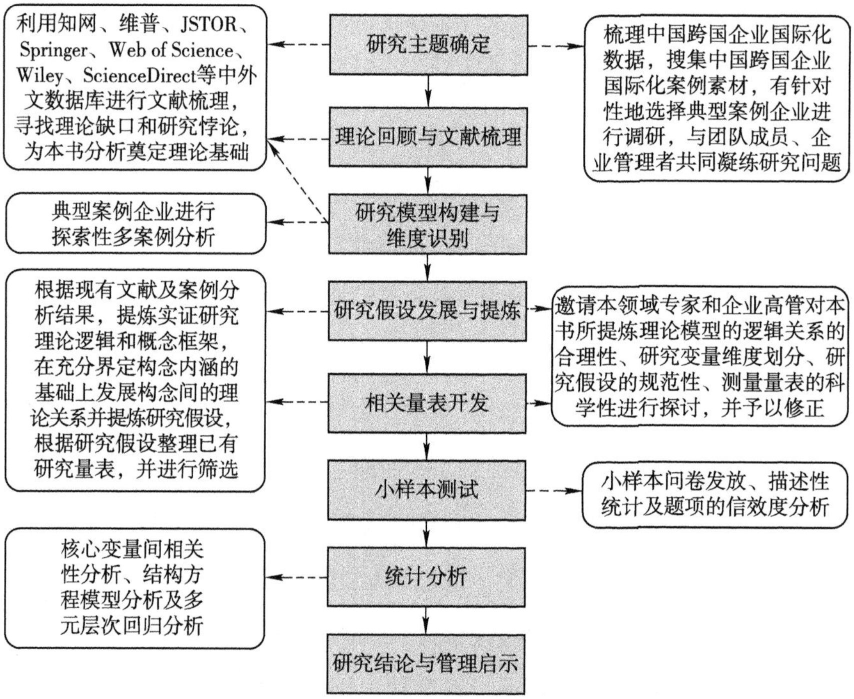

图1.2　本书的技术路线

第五节 研究的创新点

本书聚焦于中国跨国企业在国际化进程中，在国际市场战略、经营决策和行动方案上所展现出来的独特特征，解释、追踪并整合国际营销、战略管理与国际商务的研究成果和相关理论，提炼中国跨国企业国际市场拓展的相关理论与研究范式，有助于提出指导实践的工具性框架和建议。本书创新之处体现在如下几个方面。

第一，基于效果逻辑构建并检验了“知识搜索—干中学—国际市场适应性”的理论框架，揭示中国跨国企业国际市场适应性的实现机理，解释中国跨国企业进行激进国际市场扩张背后的理论逻辑。从Vernon的产品生命周期理论（Vernon，1966）到Johanson和Vahlne的国际化进程理论（Johanson and Vahlne，1977），从Dunning的国际生产折衷理论（Dunning，1977）到Rugman的CSA-FSA理论（Rugman，1981），国际商务的传统理论都是在对欧美等发达市场跨国企业观察基础之上提炼的。尽管这些理论对企业国际化现象作出了有益的解释，但由于以中国为代表的新兴市场跨国企业所处的制度环境、自身的资源禀赋及国际化成长路径具有极大差异性，导致国际商务经典理论对于中国跨国企业国际化现象的解释力度有限（Luo and Tung，2018；Mathews，2017；Meyer and Thaijongrak，2013；汪涛和万健坚，2002）。本书对于中国跨国企业知识搜索、干中学与国际市场适应性的研究，深度扎根于中国跨国企业国际化实践，综合考虑了中国跨国企业国际化过程中制度环境、技术变革、消费需求差异等多种复杂权变等因素的影响，进一步从资源与制度情境、市场行为主体，以及国际化过程中的阻碍和驱动因素中归纳并识别出中国跨国企业国际市场拓展的独特性，提炼扎根于中国情境的理论框架，为解释中国跨国企业国际市场快速扩张现象提供了一个新的研究视角。

第二，对于知识搜索与干中学的理论研究，解构了资源与制度双重约束情境下中国跨国企业获取知识与转化知识的独特特征与内在机理，在一定程

度上补充了传统国际商务理论合理性与本土适应性考虑不足所造成的研究缺口。知识搜索情境的对外直接投资也被认为是中国跨国企业独特的所有权特征。以往关于知识搜索的研究，更多的是关注中国跨国企业如何获取关键性的技术以作用于企业的创新（Li，2010；Narula，2012），但本书认为由于知识差距的存在，中国跨国企业知识搜索的类型不仅仅局限于技术知识，而且涵盖如何适应海外市场的管理知识和市场知识，目前对于这方面还缺乏足够的关注（许晖等，2017；Ramamurti and Williamson，2019）。此外，现有研究指出中国跨国企业缺乏知识整合能力方面的天赋，其所面临的一个特别的挑战是将从海外获得的知识在国内进行转移、传播和整合的技能很弱（Meyer and Peng，2016；Demirbag et al.，2009）。本书虽然认为中国跨国企业缺乏传统理论框架认知范围内的“整合能力”，但肯定对于通过知识搜索所获取的知识，能够以干中学的方式快速转化和吸收。因此，本书基于知识搜索与干中学的交互视角，通过研究中国跨国企业如何实现国际市场适应性，能够深度洞察到现象背后的微观机制。

第三，对于资源约束情境与制度复杂性情境的研究，将抽象的研究情境量化到资源层面和制度层面，考量了不同约束情境对于知识搜索、干中学与国际市场适应性的影响，降低了对中国跨国企业国际市场拓展行为的理解偏误。对于中国跨国企业国际化情境，现有研究从基于对称性假设的外来者劣势、基于时序性假设的后发者劣势及基于身份性假设的来源国劣势等方面作出了有益的探讨。从外来者劣势的角度看，理论界关注的是跨地理边界到不熟悉的场域参与竞争，企业在陌生的竞争环境中与东道国的本土企业相比，通常处于劣势地位（Zhou and Guillén，2015；Ramachandran and Pant，2010）；从后发者劣势的角度看，理论界关注的是相比于发达市场跨国企业，中国企业在时序空间上起步较晚，通常采取模仿先发企业的方式寻求快速成长，但长期跟随导致企业发展路径被锁定（Pisano et al.，2015）；从来源国劣势的角度看，强调“来源国身份”对企业的限制，尤其是母国制度环境的不透明性影响东道国利益相关者对中国跨国企业的评价与合法性感知（Marano et al.，

2017；魏江和杨洋，2018；魏江等，2020）。尽管理论界对于中国跨国企业国际化情境提出了一系列有益的见解，但由于外来者劣势、后发者劣势和来源国劣势都属于抽象情境，很难进行实证测量，更多的研究仅是将其视为一种背景的引入条件。本书对于资源约束与制度复杂性情境因素的考量，增强了情境因素的可测性，将情境因素的影响作用涵盖到整体的模型框架中，在一定程度上能够纠正因现有研究对新兴市场情境特征过于笼统的认识所导致的理论误差。

第二章
理论基础与文献综述

本章主要针对研究问题所涉及的文献和相关理论进行系统性的回顾和评述。具体而言，首先，对中国跨国企业国际市场拓展的理论基础进行系统梳理，分析国际商务经典理论与新兴理论对于中国跨国企业国际市场拓展的解释。同时，对中国跨国企业国际市场拓展动机、进入模式及组织学习行为等方面的研究进行系统性的整合。其次，聚焦于本书研究的核心变量，对知识搜索、干中学与国际市场适应性研究的内涵、理论脉络与影响因素进行有针对性的回顾。最后，针对现有研究的理论空白和不足，进一步修正研究问题，为后续研究的开展提供理论指引。

第一节　中国跨国企业国际市场拓展的相关理论研究

本节对中国跨国企业国际市场拓展的理论基础、动机、差异性特征与独特的学习行为等方面的研究进行系统性的回顾。

一、国际市场拓展的理论基础及其对中国跨国企业延伸性解释

以中国为代表的新兴市场跨国企业的快速崛起引起了国际商务研究学者的广泛讨论（Buckley et al.，2007，2018；Hernandez and Guillén，2018；Peng，2012；吴小节等，2019；汪涛等，2018；吴先明，2019；魏江和杨洋，2018；王永贵和洪傲然，2019）。新兴市场跨国企业参与海外投资的动机吸引了大量理

论对话，被称为“Goldilocks Debate”（Cuervo-Cazurra，2012）。在这场对话中，一些学者认为不需要发展新的理论范式，现有的国际商务理论能够充分解释以中国为代表的新兴市场跨国企业的性质和定位（Buckley et al.，2007，2018；Child and Rodrigues，2005；Ramamurti，2012）；而更多的学者则指出，发达市场跨国企业的海外直接投资理论不能充分解释以中国为代表的新兴市场跨国企业的国际扩张行为，尽管这些理论仍然与新兴市场研究有关，但以中国为代表的新兴市场跨国企业的兴起代表了一种不同的现象，可能会挑战成熟的理论框架，因此需要发展新的理论，以解释其独特的成长模式（Luo and Tung，2007，2018；Mathews，2006，2017；Meyer and Thaijongrak，2013）。

与国际商务经典的OLI理论和国际化过程理论大相径庭的是（Dunning，1998；Johanson and Vahlne，2009），中国跨国企业并没有将缺乏知识和经验作为国际扩张的重大障碍，也没有通过逐渐增加心理距离来进入和开发新市场，其国际化进程并没有按照传统国际化理论所预测的步骤进行（Luo and Tung，2018），而是呈现出加速、非线性的向上螺旋轨迹，在国际市场扩张过程中表现得更具侵略性、主动性和冒险性（Kothari et al.，2013；Kotabe and Kothari，2016），以弥补在国际市场的后发劣势。根据新兴市场跨国企业的特点，国内外学者提炼了LLL理论（Link-Leverage-Learn，连接—杠杆—学习）、跳板理论、制度理论等一系列的理论框架来解释这种独特的国际化路径（见图2.1）。

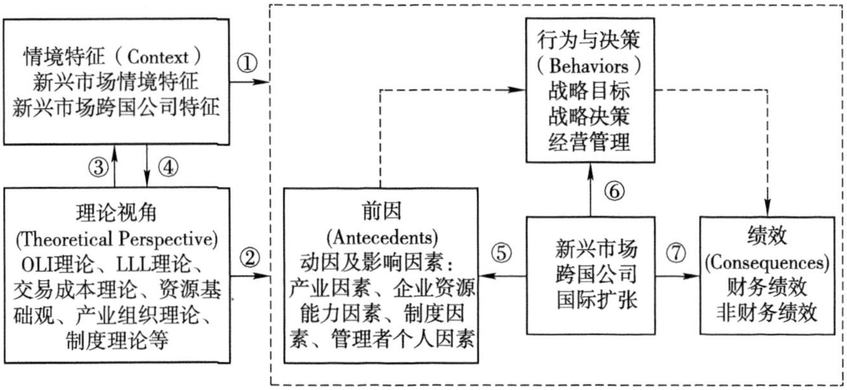

图2.1 新兴市场跨国企业国际扩张领域的知识框架

资料来源：吴小节等（2019）。

（一）OLI理论研究框架

跨国企业的经典理论主要是基于欧美等发达市场的国际化实践而得的。这些企业更倾向于拥有无法替代的技术或品牌，以压倒性的优势打败全球竞争对手。OLI的理论框架也是从北美洲和欧洲的经验中产生的。Dunning（1980）提出了对外直接投资的OLI模式：第一，所有权优势。所有权优势强调企业国际化需要具备某些特定优势，只有占据这些特定优势企业才能对海外市场运营成本予以补充，与东道国市场的本土企业展开竞争。第二，内部化优势。内部化优势强调企业对于所建立的优势，通过内部转移的方式要比从外部获取更有优势，因为内部化可以节省交易成本并提高运作效率。第三，区位优势。区位优势是指企业所处的地理空间及在资源分布空间上的特殊位置所带来的优势，既涵盖生产要素、自然资源等物质资源方面的优势，又涵盖政治、文化及制度等方面的优势。

尽管OLI理论框架得到了学术界的广泛认可，但OLI理论框架对以中国为代表的新兴市场跨国企业对外投资的解释力度仍然受到了质疑。Hennart（2012）认为Dunning的OLI范式没有充分解释新兴市场跨国企业的行为，因为国家特定优势和企业特定优势是两分的。与发达市场跨国企业相比，中国跨国企业缺乏传统的所有权优势（Lattemann et al.，2012）。因此，中国企业跨国投资行为可能不会受到利用外国市场所有权优势的动机驱动（Cuervo-Cazurra，2012；Liu et al.，2005）。相反，有学者认为中国跨国企业倾向于通过国际化来减少所有权劣势，如收购海外战略资产（Deng，2009）。同时，中国跨国企业能够以不一定符合理论预测的方式获得所有权优势，如基于行业要素禀赋差异的国家特殊优势（Rugman and Li，2007）和基于能力结构的企业特有优势（Sun et al.，2012）。Ramamurti（2018）的研究指出，在OLI模型中，母国是跨国企业用于全球竞争的重要支撑，对于美国或欧洲跨国企业而言，这可能是一个合理的观点，但对于仍处于“婴儿期”的新兴市场跨国企业而言，母国往往高于其他国家。因此，中国跨国企业确实具有一定的所有权优势，与发达市场跨国企业相比具有明显的差异（Ramamurti，2012；Cuervo-

Cazurra，2012；Hennart，2012；Verbeke and Kano，2015）。

（二）LLL理论研究框架

在OLI理论的基础上，Mathews（2006）针对中国跨国企业国际市场拓展的现实特点提出了“连接—杠杆—学习”的框架主张（即LLL理论），对OLI理论进行了扩展。具体而言：第一，连接，强调利用全球经济互联的特点，与技术丰富的企业或在目标市场上已经活跃的企业建立联系并加以利用；第二，杠杆，重点将放在资源本身及其杠杆潜力上，关注资源的可获得性、可模仿性、可转移性和可替代性；第三，学习，强调通过反复参与连接和杠杆作用的过程，学会吸收和部署复杂的资源，从而使中国跨国企业能够克服外来者劣势（Mathews，2002，2006；Li，2007）。LLL理论框架展示了企业，尤其是来自东亚的新兴市场跨国企业如何通过与发达市场跨国企业和关联方建立联系，并利用其自身资源与新资源组合来获得所需的关键资源。LLL理论认为中国跨国企业之所以进行国际化，更多的是受到海外市场战略资源的吸引，这些企业倾向于采用与海外跨国企业结成战略联盟等方式来建立连接关系，继而利用杠杆和学习策略，将在海外市场所获取的资源整合为企业的自身优势，以克服企业资源相对匮乏所带来的掣肘，实现企业在国际市场的快速成长（Ge and Ding，2008；Mathews，2017；Ray et al.，2017）。

事实上，无论是发达市场跨国企业还是以中国为代表的新兴市场跨国企业，其在规模和范围上的扩张和国际化都具有OLI优势。但为了在特定市场和技术领域实现对发达市场跨国企业的追赶，仅仅通过微观经济推理是不够的，必须在全球范围内制定自己的战略，而LLL则为中国跨国企业提供了一个战略框架，以适应其作为后来者的需求（见表2.1）（Mathews，2017）。LLL理论认为中国跨国企业并不完全依靠自己的资源和能力来获取国际市场地位的，而是通过与发达市场跨国企业建立联系，利用其资源（如技术、资产、市场地位等）。LLL的关键在于，它提供了一个战略框架，创建一个轻巧、灵活的网格结构，并利用了全球经济互联的特性（Mathews，2002；Mathews，2006）。与传统的OLI推理相比，LLL提供了一种追赶策略，其重点是加速国际化，并试图缩小与发达市场跨国企业之间的差距，因为以中国为代表的新兴市场跨国企业负担不起渐进国际化所需要的资源。企业不是慢慢进入国外市场（一次一个国家，并且承诺水平不断增加），而是很快进入多个且心理距离较远的市场（如表2.1所示）。

表2.1　OLI理论框架和LLL理论框架的比较

比较标准	OLI	LLL
资源利用	专有资源	通过与外部企业联系获取资源
地理区位	区位是垂直整合的一部分	区位是国际网络的一部分
制造或购买	倾向跨国经营	倾向通过外部连接经营
学习	未涉及	通过“重复—连接—杠杆”实现学习
国际化过程	未涉及 跨国企业的国际影响力是假定的	通过连接递增
组织形式	未涉及 组织可以是跨国的	全球整合被视为后发者的优势
驱动模式	交易成本经济	捕获后来者优势
时间框架	比较静态的视角	累积发展过程

资料来源：Mathews（2006）。

（三）CSA-FSA理论研究框架

CSA-FSA理论框架主要用来分析跨国企业的竞争优势（Rugman，1981，2006）。这个理论框架表明，成功的跨国企业通常建立在较强的国家特殊优势（如自然资源禀赋、劳动力和文化等）和较强的企业特殊优势（如独特的资源、能力等）相互作用的基础上（Rugman，1981）。在进行海外投资时，跨国企业往往面临很大的外来者劣势（Zaheer，1995），特别是在文化、政治、经济和地理条件与母国不同的国家（Ghematwat，2001）。为了消除这种劣势，跨国企业必须将其企业特殊优势从母国转移到东道国。然而，相比于发达市场跨国企业，Rugman和Nguyen（2014）指出以中国为代表的新兴市场跨国企业尚未开发出无区位束缚的企业特殊优势。通常情况下，跨国企业通过国家特殊优势来开发企业特殊优势，这允许他们利用其本国或区域内的市场。但鉴于这些新兴市场跨国企业没有把其企业特殊优势和东道国的国家特殊优势重新组合起来，开发基于东道国的企业特殊优势（Rugman and Nguyen，2014），所以他们在东道国的国家响应能力很低。

CSA-FSA的理论框架提出以后，对于以中国为代表的新兴市场跨国企业没有企业特殊优势的观点，国际商务领域的学者从三个方面进行了反驳：第一，以中国为代表的新兴市场跨国企业通过国际市场扩张以获取和吸收来自发达市场跨国企业的先进知识，提高其企业特殊优势（Luo and Tung，2007；Luo and Tung，2017）。为了获取这样的知识，以中国为代表的新兴市场跨国企业可以与在本国市场上投资的跨国企业建立关系（Kumaraswamy et al.，2012；Li et al.，2010），还可以直接在发达市场进行投资，通过联盟、收购或绿地投资方式获取先进知识（Li et al.，2012；Luo and Tung，2007）。第二，以中国为代表的新兴市场跨国企业具有独特的企业特殊优势（如大规模生产能力、低成本优势及在艰巨而动荡的环境中运营的经验），只不过这些企业特殊优势与发达市场跨国企业所强调的无形资产（如品牌或技术）不同（Guillén and García-Canal.，2009；Ramamurti，2012）。第三，以中国为代表的新兴市场跨国企业之所以缺乏可供转移的企业特殊优势，是因为相比于发达市场跨国企业，其正处于国际化的初级阶段（见表2.2）。随着时间的推移，中国跨国企业可能会累积更多的企业特殊优势，并实现对发达市场跨国企业的追赶（Ramamur，2018；Ramamurti，2009）（如表2.2所示）。

表2.2 跨国企业不同发展阶段国家特殊优势和企业特殊优势的变化

阶段	阶段1：初创期的跨国企业	阶段2：成长期的跨国企业	阶段3：成熟期的跨国企业
对本国国家特殊优势的依赖	高	中到高，下降	低到中，下降
企业的特殊优势	弱	中等	高
品牌	国内很强，国外不为人知	国内强势，国外崭露头角	强大的全球品牌
利用其他国家的国家特殊优势	最小	增加	广泛

续表

阶段	阶段1：初创期的跨国企业	阶段2：成长期的跨国企业	阶段3：成熟期的跨国企业
企业特殊优势的位置有限性	分销、品牌等企业特殊优势都受位置限制	通过国际化和能力建设所获得的企业特殊优势受地域限制减弱	大多的企业特殊优势不受地域限制
出口、海外生产比率	出口超过海外生产	同样重要	海外生产超过出口
地理足迹	母国市场	母国市场为主，少数其他国家	数十个国家的许多地区

资料来源：根据Ramamurti（2009）和Ramamurti（2012）研究整理。

（四）跳板理论研究框架

针对新兴市场跨国企业国际化的特点，Luo和Tung（2007）提出了一种被称为“跳板视角”的新观点，认为在面对母国制度和市场制约的情况下，跨国企业将利用国际扩张作为跳板，以获得更多竞争对手所需的关键资源，进而有效地对抗其在国内外的竞争对手。跳板理论认为这些企业以国际市场扩张为跳板来实现：获取企业所需的战略资源以弥补劣势地位；克服后发劣势；在其他国家探索竞争优势和市场机会；规避母国制度限制与市场限制；推动母公司能力升级，以便更好地参与全球市场竞争（Luo and Tung，2007；Luo and Tung，2017）。跳板理论是一种全球性的战略，通过激进的战略资产和机会寻求，受益于国外有利的制度来提升企业全球竞争力，并以相对较快的速度赶上成熟和强大的对手（Luo and Tung，2017）。通过精准定位这种独特的动机，描绘其独特的国际增长轨迹，跳板理论为跨国企业理论的发展提供了简明扼要的案例，已经成为分析中国跨国企业独特参数的重要基础。

跳板理论揭示了以中国为代表的新兴市场跨国企业独特的行为、动机和活动，并为中国跨国企业在全球市场快速追赶对手提供了新的动力、愿景和视野，通过整合内向国际化（如经验、网络、吸收能力和活动等）和外向国际化，探索跨越式的轨迹来体现跳板行为（如图2.2所示）。跳板理论认为，跳板企业倾向于快速国际化，而不是逐步实现国际化，它与由Johanson

和Vahlne所代表的国际化过程理论的传统逻辑大相径庭（Johanson and Vahln，1977，2009）。该理论并不认为企业的扩张过程必然涉及一系列渐进的步骤，也不认为缺乏知识和经验是扩张的重大障碍，它不以“企业需要通过逐渐增加的心理距离来进入和进一步开发新市场”的假设为前提。同时，“跳板视角”强调了战略资产寻求对于母公司能力升级的重要意义，跨国企业可以利用升级后的能力重新进行全球扩张。与折中范式相反（Dunning，1981，1988；Rugman，2009），跳板理论也并不认为拥有专有技术等常规所有权优势，是实现全球化的前提，而是侧重于关键能力的获取，以补偿企业的能力空缺。跳板理论意识到内部化的重要性，但它主要强调将外部战略资产转回国内进行内部化。在跳板后的行动中，跨国企业将越来越多地从事内部化和协调，并把母公司作为基地平台，用于整合全球分散的资源。

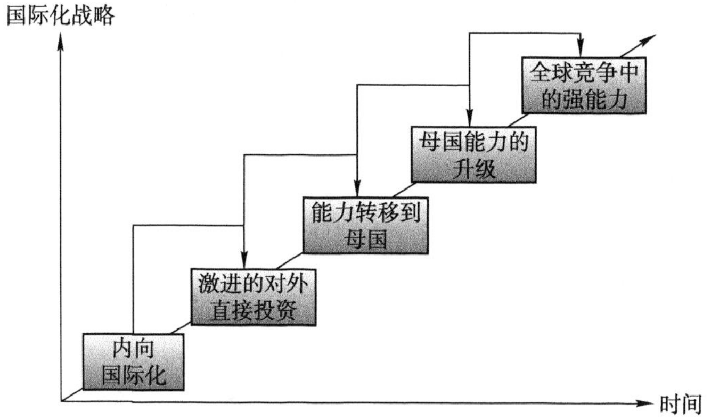

图2.2 跳板理论：螺旋上升的模型

资料来源：Luo和Tung（2017）。

（五）制度理论研究框架

制度理论被视为战略三脚架的“第三条腿”（如图2.3所示）。制度因素一直被学者作为研究跨国企业的动机和国际化进程的重要变量（Peng，2006）。企业的战略取决于其自身的制度环境（Scott，1987，2001），母国和东道国的制度环境已被认定为推动跨国企业国际化的决定性因素之一（Dau，2012；Tolentino，2010）。制度包括正式规则和非正式约束，从而勾勒出经济“游戏”

的规则（Garud and Ahlstrom，1997；North，1990；Peng and Heath，1996；Scott，2014）。制度理论既有经济导向（Coase，1992；North，1990，1994，2005；Williamson，1985），也有组织社会导向（DiMaggio and Powell，1983，1991；Scott，2014）。两种观点都认为，制度构建了经济互动（North，1990），并制约了公司战略（Palmer et al.，1993）。制度还通过建立一个促进经济互动、发展的稳定的有利结构来减少不确定性（Acemoglu and Robinson，2012；Bruton and Ahlstrom，2003；Garud and Jain，1996）。由于制度环境影响内部和外部的实践和行为，它也影响企业的创新行为（Barley and Tolbert，1997；Baumolet al.，2009；Hargadon and Douglas，2001；Wang et al.，2008）。制度理论研究认为，无论是在母国还是在东道国，企业的战略选择都受到正式规则和非正式文化规范与价值观的影响（North，1990；Oliver，1997；Wright et al.，2005）。鉴于来自新兴市场的跨国企业通常受到诸如国家干预之类的制度约束（Deng，2013），因此，制度理论也被广泛用于以中国为代表的新兴市场跨国企业的对外直接投资研究（Dacin et al.，2002；Yamakawa et al.，2008；Yang et al.，2009）。

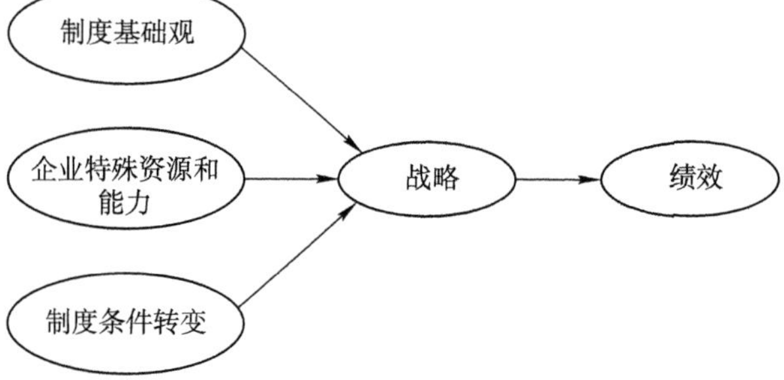

图2.3　战略三脚架的第三条腿

资料来源：Peng等（2006）。

制度理论的研究学者认为，中国跨国企业的母国制度是一把“双刃剑”。一方面，母国政府的支持（如税收减免和融资激励等）推动跨国企业走向全球（Luo et al.，2010），利用中国土地、人口、地理位置和资源的自然禀赋，通过互补的公共投资来加速增长，从而提高中国与外国企业、国家的议价能力。同样在宏观经济层面，政府大量投资于实物、人力和制度资产，以提高中国作为商品和服务生产地的吸引力。在微观经济层面，政府利用工业目标来培育全球关键行业的国家冠军（Buckley et al.，2007，2017）。Buckley等（2007）研究指出，高水平的政府支持，通常以获得原材料和其他投入的特权、低成本资本、补贴和其他利益的形式，帮助中国跨国企业抵消在国外的所有权和位置劣势（Aggarwal and Agmon，1990）。Luo等（2010）研究指出，母国政府可以为新兴市场跨国企业提供制度支持，包括：第一，提供财政激励措施；第二，提供政治风险保险；第三，通过政府机构协助私营部门进行国际扩张；第四，签署避免双重征税的协议；第五，制定双边和区域条约；第六，安排双边或多边框架以放宽东道国的投资条件；第七，与东道国的政府或立法机构打交道等（如图2.4所示）。Ramamurti（2018）的研究也发现，政府创造的优势可能是研究中国跨国企业的重要变量。另一方面，母国中央和地方层面的监管不确定性提高了规划、执行和管理全球业务的成本（UNCTAD，2015）。对于一些中国跨国企业，其国有属性进一步增加了与东道国政府之间的潜在冲突（Rugman et al.，2014），使其在东道国可能面临监管障碍（Rugman et al.，2014）。

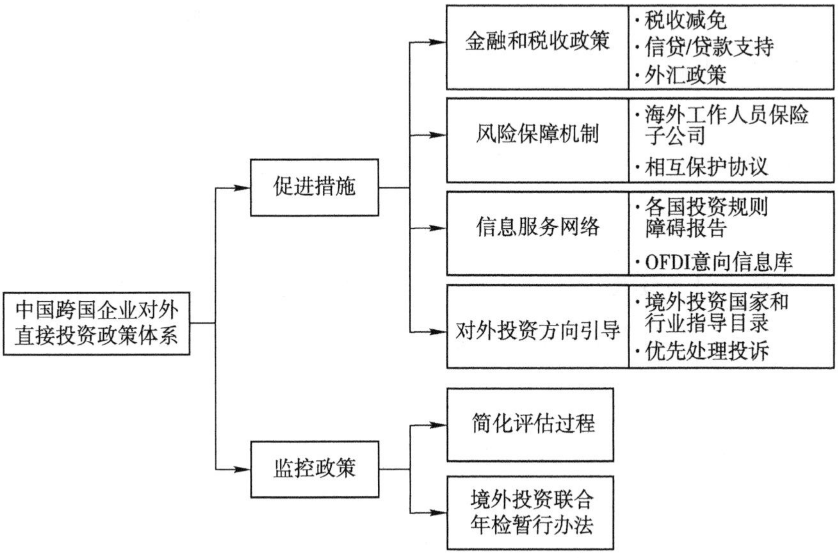

图2.4　中国现有的对外直接投资政策体制

资料来源：Luo等（2010）。

对于母国制度如何影响以中国为代表的新兴市场跨国企业的国际化进程，学者们提出了两个观点：制度规避和制度套利。制度规避的观点认为，由于母国制度上的缺陷，跨国企业在全球竞争中缺乏竞争优势，从而追求国际化（Kalotay and Sulstarova，2010；Perez-Batres and Eden，2008）。新兴市场的特点是制度存在空缺，如政治不稳定和知识产权的保障不健全（Khanna and Palepu，2010）。因此，在新兴经济体中，母国制度的不完善会抑制企业的内生增长（Buckley et al.，2007；Chari and David，2012；Hermelo and Vassolo，2010），甚至会驱使企业逃离限制其发展的母国制度，在发达国家寻求与需求相适应的制度（Witt and Lewin，2007；Yamakawa et al.，2008）。制度套利的观点认为，新兴市场跨国企业利用对国家制度的了解，进而找出薄弱环节进行套利（Luo and Wang，2012；Wang et al.，2012a）。Boisot和Meyer（2008）及Cuervo-Cazurra和Genc（2008）认为，新兴市场跨国企业可以利用“制度套利”追求海外的制度机会。新兴市场跨国企业以前在国内遭受的不利条件在海外投资时会变成优势，因为这些企业习惯于在“艰难”的环境条件下运营。其他有关新兴跨国企业进入较弱制度环境的相关研究证明，在制度环境较弱的条件下，新兴市场跨国企业能够与发达跨国企业进行竞争，甚至获得比较优势（Cuervo-Cazurra and Genc，2008）。

二、中国跨国企业国际市场拓展动机与特点

（一）国际市场拓展的动机

传统的对外直接投资理论认为，企业国际市场拓展主要有三个显著的动机：市场寻求、效率寻求和资源寻求（Dunning，1977，1993；Buckley，2007；Makino et al.，2002）。市场寻求型的对外直接投资出于传统的贸易需求，以便进入海外分销网络，加强东道国及其他迅速增长的市场出口；效率寻求型的对外直接投资发生在企业为业务寻找成本较低的海外市场，尤其是在寻找成本较低的劳动力时；资源寻求型的对外直接投资往往是为了获取或保障国内短缺的原材料和能源供应（Dunning，2001）。由于国际化起步较晚，中国跨国企业国

际市场拓展通常具有独特的国际化动机（Child and Rodrigues，2005；Elango and Pattnaik，2007；Lattemann et al.，2012）。Moghaddam（2014）采用价值链理论框架对国际扩张动机进行六类修改：①客户市场寻求；②自然资源寻求；③上下游知识寻求；④效率寻求；⑤全球价值整合寻求；⑥地缘政治影响寻求。Luo 和 Tung（2017）研究指出，中国跨国企业的国际市场主要遵循双重路径，投资于发达国家以进行战略资产寻求，投资于其他新兴市场或欠发达地区则主要是为了寻求市场和资源（Gubbi and Elango,2016;Luo and Bu,2018）。Alon 等（2012）从国家层面、产业层面和企业层面对中国跨国企业国际化的动因进行了系统的归类（如图2.5所示）。

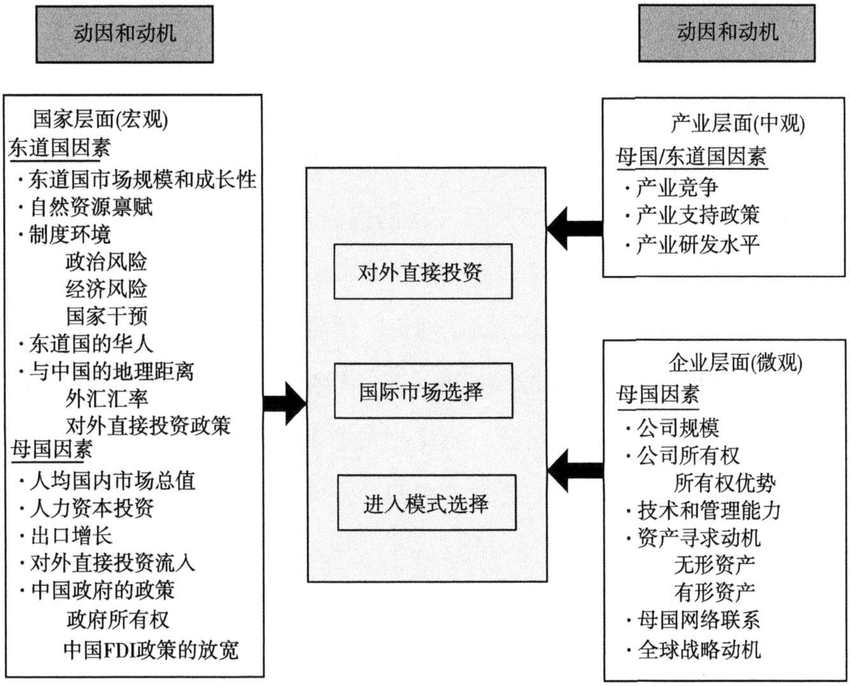

图2.5 中国跨国企业国际化动因和动机

资料来源：Alon 等（2012）。

在对中国跨国企业国际市场拓展动机的研究中，战略资产寻求是中国跨国企业国际市场拓展最重要的动机之一，通过对外直接投资来收购战略资产，弥补其竞争劣势并克服后发劣势（Guillén and García-Canal，2009）。Buckley

（2007）的研究发现，由于资本市场不完善，中国企业在对外投资时偏向于自然资源寻求和战略资产寻求；Gubbi和Elango（2016）的研究也发现，寻求关键性的战略资产是新兴市场跨国企业在海外市场收购的核心动机。Kotabe和Kothari（2016）通过对中国与印度跨国企业进行历史分析，采用归纳法，认为中国跨国企业的海外扩张主要由资产追求（获取并吸收资源来建立优势）和机会寻求（寻找海外利基市场，进入发达市场跨国企业尚未开发的市场）的动机驱动（Kothari et al.，2013）；Luo和Bu（2018）研究指出，以中国为代表的新兴市场跨国企业寻求的战略资产可能包括技术、研发设施、品牌、人力资源、专业管理知识和自然资源，以提高研发技能，加强创新，并促进能力升级，这些都是增强企业竞争力的必要条件（Luo and Tung，2017；Forbes，2016）。

（二）国际市场拓展的特点

与国际商务经典的OLI理论和国际化过程理论大相径庭的是（Dunning，1998；Johanson and Vahlne，2009），中国跨国企业并没有将缺乏知识和经验作为其国际扩张的重大障碍，也未通过逐渐增加心理距离来开发和进入新市场，其国际化进程并没有按照传统国际化理论所预测的步骤进行（Luo and Tung，2018），而是呈现出加速、非线性的向上螺旋轨迹，以弥补在国际市场的后发劣势。通过文献梳理，我们发现，相比于发达市场跨国企业，中国跨国企业国际市场拓展的差异性特征主要表现在四个方面：激进性、冒险性、复合性和适应性。

第一，激进性。已有研究表明，以中国为代表的新兴市场跨国企业的国际化进程要比发达市场跨国企业快得多（Guilln and Garca-Canal，2009；Mathews，2006；Ramamurti，2012），其区位选择往往也不同于传统模式，而且由于投资规模和目的的多样化，中国跨国企业大多偏向激进战略（Cui and Jiang，2009；Li，2010；Morck et al.，2008；Ramasamy et al.，2012）。Luo和Zhang（2016）的研究指出，以中国为代表的新兴市场跨国企业国际化进程是一个加速的、非线性的向上螺旋轨迹，而且国际化速度非常快，不一定按照传统理论所预测的步骤进行（Johnson and Vahlne，1977），在试图摆脱后来者的劣势时更加激进。Madhok和Keyhani（2012）的研究也表明，以中国为代表的新兴市场跨国企业，在国际化范围和国际化手段方面制定了不同的策略，尽管其缺乏垄断优势，但在早期国际扩张时却表现出激进性，以赶上发达市场跨国企业的国际化进程（Luo and Tung，2007，2018）。

第二，冒险性。相对于传统的跨国企业，中国跨国企业在通过国际化行动追求具有全球竞争力的战略资产和能力时，被发现通过利用涉及高度承诺和高风险的进入模式（如收购）来加速国际扩张（Liu and Buck，2009；Rui and Yip，2008；Satta et al.，2014），以弥补自身的竞争劣势并减少制度约束（Cazurra and Ramamurti，2014；Guillén and García-Canal，2009）。Buckley等（2007）的研究指出，最令人惊讶的发现是中国企业似乎更喜欢政治风险高的东道国，可见中国对外直接投资是被政治风险所吸引，而不是被政治风险所吓倒。Holburn和Zelner（2010）进一步证实了这种观点，他们发现来自政治风险高的国家的跨国企业倾向投资于具有高政治风险的东道国。Lyles等（2014）发现，中国跨国企业偏好采取更冒险的方法，使中国的对外直接投资可能被认为是一种实验性的学习形式。Luo和Bu（2018）对来自中国的200个跨国企业进行分析认为，如果中国跨国企业具有更高水平的战略资产寻求意图，更有可能进行冒险活动。Cuervo-Cazurra和Ramamur（2014）的研究也指出，对于以中国为代表的新兴市场跨国企业而言，冒险尤为重要，因为它已被视为一个选择窗口，可让中国跨国企业获得关键的战略资产和隐性知识并发掘新兴机会。

第三，复合性。在缺乏传统跨国企业所强调的资源优势的情况下，中国跨国企业能够在不同情境下创造性地复合分散的外部资源，并提供价值增值（Kotabe and Kothari，2016）。复合性意味着中国跨国企业具有能够创造性地复合所有可利用的内外部资源（包括从全球开放市场所购买的资源）的能力，创造令人印象深刻的性价比，满足对成本敏感的大众消费者的需求（Luo and Tung，2017）。Luo和Child（2015）针对中国跨国企业国际化行为提出复合式理论观点，认为拥有普通资源的企业可以通过创造性地复合企业拥有或购买的开放和通用资源，并以创造性和快速适应市场需求的方式将它们整合在一起，以创造迅速的市场反应、提供性价比优越并加强以客户为中心的服务（Luo and Child，2015；Luo and Bu，2017）。随着全球市场开放程度的加大及知识边界的打破，通过创造性复合所形成的配合能力为中国跨国企业国际市场追赶提供了机会（许晖和单宇，2019）。

第四，适应性。适应性已被广泛用于表示企业应对动态竞争环境以获取机会和抵御威胁的能力（Grewal and Tansuhaj，2001）。适应性使企业能够主动管理，利用不确定性和快速发展的机会和威胁，同时对其面临的国家和国际环境作出积极反应（Evans，1991；Kogut and Kulatilaka，1994）。Luo和Tung（2017）的研究指出，中国跨国企业能够利用其适应能力进行进攻和防守。在进攻方面，通过灵活性创造能动性，捕捉海内外市场快速发展的机会。在防守方面，通过灵活性防范不确定的环境及市场外部性，如监管变化、政治和法律不确定性及市场动荡。适应性部分归因于中国跨国企业通过在国内市场所积累的经验，来应对不确定性、复杂性和不可预测性，企业在这种可变条件下变得更加敏捷（Cuervo-Cazurra and Genc，2008）。相关文献表明，中国跨国企业处理低资源集聚和高度制度复杂性方面的经验促进了其国际适应性（Yiu，2007），使其能够在制度薄弱和市场失灵的环境下将制度劣势转化为优势（Bhaumiket al.，2010；Bhaumik and Driffield，2011）。

三、中国跨国企业国际市场拓展过程中的组织学习

组织学习理论认为，尽管全球市场开放性的增强使知识边界新兴市场被逐渐打破，为新兴市场跨国企业提供了追赶的机会，但鉴于知识的内隐性特征，跨国企业必须具备高度的学习能力，才能对所获取的知识进行有效搜索和吸收（Chesbrough et al.，2014）。Luo和Zhang（2016）的研究指出，虽然中国跨国企业采用跳板的发展方式，但是仍然是学习型组织。作为全球市场的后发者，中国跨国企业通过采用“正确定位、快速行动和快速学习”等方式，

成功进入心理距离遥远的市场，以加快国际化步伐，实现快速追赶（Fang et al.，2017；阎海峰等，2010）。现有研究多聚焦于欧美等发达市场跨国企业学习机制的探讨，如渐进式学习、直接学习等。但对于中国跨国企业而言，其国际市场进入方式往往比传统的跨国企业更激进，这使其在国际市场扩展过程中的学习行为无法按照发达市场跨国企业的知识架构展开。现有研究对于中国跨国企业在国际市场拓展过程中的学习行为主要从知识搜索、知识转移和知识整合三个方面进行探讨。

（一）中国跨国企业的知识搜索

跨国企业的关键竞争力来源涉及在全球范围内获取和利用知识（Cantwell and Mudambi，2005，2011；Doz et al.，2001；Hansen and Løvås，2004；Ramamurti and Williamson，2019）。具体来说，随着全球各行业的竞争日益加剧，跨国企业可以通过分散在全球运营网络中的技能和知识来提升企业竞争力。现有研究发现，中国跨国企业在国际化过程中，通常采用在海外市场建立子公司、与海外利益相关主体结成战略联盟、收购发达市场的竞争对手等方式，具有明显的知识搜索倾向（Luo and Tung，2007；Makino、Lau and Yeh，2002；Mathews，2002、2006；Rugman，2009；唐宜红等，2019）。尤其是当中国跨国企业缺乏国际市场扩张所需的优势资源时（Mathews，2002；Ramamurti and Singh，2009），知识搜索动机会更加明显。因为这种相对匮乏的资源状态所带来的劣势会推动中国跨国企业通过国际化搜索企业所需的知识资源，并提升在国际市场的竞争力，以实现快速追赶（Li，2010；Mathews，2006；Narula，2012）。因此，知识搜索情境的对外直接投资也被认为是中国跨国企业独特的所有权特征（Dunning，2006；Hennart，2012；Ramamurti，2009；Rugman，2009）。

March（1991）认为，进行知识探索的能力是新产品创新的必要条件，而知识的互补性为知识探索活动提供了潜在的机会。中国跨国企业通过知识搜索从海外获取知识，对本国所欠缺的知识进行补充，建立专业知识，促进知识的重组和交叉（Nieto and Rodrigues，2011，Leiponen and Helfat，2011），并允许企业通过使用资本和投入创造更多的价值，从而提高生产率（Todo and

Shimizutani，2008；Griffith et al.，2006）。Ramamurti和Williamson（2018）研究指出，中国跨国企业可以识别出明显的知识差距（企业当前能力水平与参与国际市场竞争博弈所需能力水平之间的差异），如果不能在国际市场拓展的过程中及时弥补知识差距，就无法与发达市场跨国企业进行竞争，甚至没有机会生存（见图2.6）。Kedia等（2012）指出，中国跨国企业作为后发者，在很大程度上依赖于通过对外直接投资在本国以外寻求知识，而这种寻求知识的对外直接投资不是基于传统的对外直接投资的资产开发模式，而是侧重于资产增值，通过知识搜索增加中国跨国企业在母国的知识存量，并提高母公司创造价值的能力（Todo and Shimizutani，2008；Griffith et al. 2006；Driffield et al.，2007；Criscuolo，2009；Belderbos et al.，2013）。Fang（2012）的研究也指出，在新兴经济体中，企业利用战略联盟来搜索和学习伙伴的知识，特别是当合作伙伴拥有互补的知识时，能够增强其创新能力。

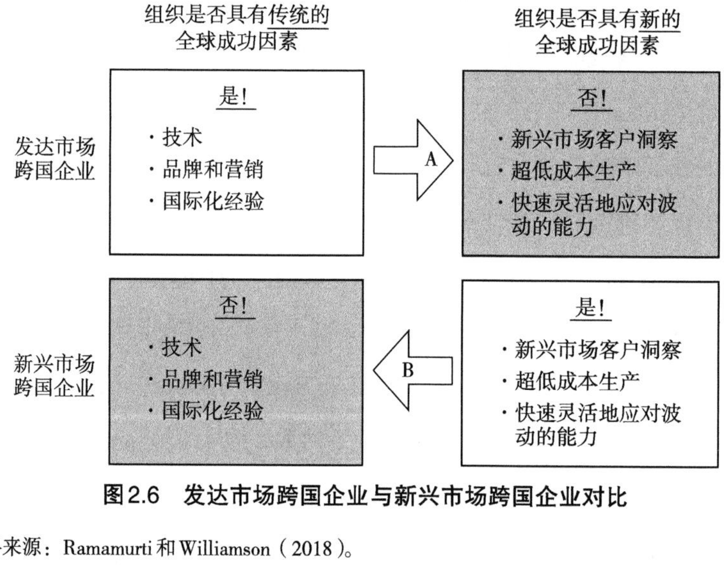

图2.6　发达市场跨国企业与新兴市场跨国企业对比

资料来源：Ramamurti和Williamson（2018）。

（二）中国跨国企业的知识转移

管理跨国企业的核心挑战是通过推动整个组织的知识流动来促进全球学习（Gupta and Govindarajan，2000；Monteiro et al.，2008）。基于知识的观点，跨国企业可以被看作是网络化组织，知识分散在全球各个子公司构成的网络中，通过网络内知识的转移与重组（Ghoshal. and Bartlett，1990；Gupta and Govindarajan，1991；Hedlund，1994；Hymer，1960；杨志勇和王永贵，2016），为实现总体目标服务（Almeida，1996；Almeida and Phene，2004；Cantwell and Mudambi，2005，2011；Song and Shin，2008）。企业开发的知识库是其竞争优势的主要来源，企业知识在网络结构中转移的效率可以决定企业与对手竞争时能否成功（Gupta and Govindarajan，2000；Kogut，2000；Kogut and Zander，1992；Kostova，1999）。随着知识来源越来越分散，跨国企业如何通过在国外建立子公司和分支机构，与客户、竞争对手、大学和公共研发机构组建新的联盟（Oxley and Sampson，2004；李欠强等，2019），实现生产、研发所需知识的有效转移，成为企业竞争优势形成的关键（Almeida，1996；Hansen and Løvås，2004；von Zedtwitz and Gassman，2002；王永贵和王娜，2019）。

对于发达市场跨国企业而言，母公司在全球网络中起到协调者的角色，是网络内知识资源的核心枢纽，其知识转移主要是通过"教学"的形式由总部向海外子公司流动（Belderbos et al.，2015），目的是提升子公司在国际市场运营过程中解决问题的能力（Mudambi and Navarra，2004）。但对于中国跨国企业而言，由于在国际研发、国际市场拓展及国际企业管理的经验不足（Wu et al.，2016），在网络内部处于劣势地位。为了克服这种劣势地位，中国跨国企业通常强调在网络中激发海外子公司的重要作用，以从东道国知识溢出效应中受益（García-García et al.，2017；Wu et al.，2016）。这些知识从中国跨国企业的海外子公司向母公司流转，以便实现对领先的发达市场跨国企业的追赶（Nair，2015）。

（三）中国跨国企业的知识整合

知识的有效获取及海外知识和母国知识的互补性取决于母公司的整合能力（Cohen and Levinthal，1989；1990；Penner Hahn and Shaver，2005），以评估、吸收和整合从海外转移回来的相关知识。同时，逆向知识转移到母国进行有效吸收，需要跨国企业母公司具备足够的整合能力（Cohen and Levinthal，

1989；1990；Penner-Hahn and Shaver，2005；阎海峰和程鹏，2009）。知识的整合不仅仅是聚合存在于多个来源的外部知识，更是一个不连续的过程，它需要在知识来源之间进行协调，以促进其相互作用。在整合过程中，企业在综合知识之间创造了互补效应和协同效应，在学习中融入新的知识来源并在它们之间建立桥梁（Cuervo-Cazurra and Rui，2017；Rui，2016）。国际市场拓展过程中，中国跨国企业在知识整合能力的提升，有助于弥补复杂知识的有限可用的不足，为企业提供现成的知识，以克服关键知识资源约束的掣肘（许晖和单宇，2019；蔡灵莎，2020）。

在发达市场跨国企业中，完善的知识和技术整合机制有助于外部知识的吸收（Khanna and Palepu，2010；Zhao，2006）。但对于中国跨国企业知识整合能力，理论界却存在一定的分歧。一方面，一些学者认为知识的缺失使中国跨国企业在知识整合过程中更为灵活，可以帮助其更广泛地搜索各个地点的知识，通过灵活的知识配置，以新颖的方式实现所获取知识与现有知识的有机结合（McGaughey，2002）。Luo 和 Tung（2017）的研究也指出，中国跨国企业竞争力的提高，不仅要利用有限的竞争优势（如成本优势、速度优势和大规模制造优势），还需要将新收购的战略资产和有价值的知识转移到国内市场价值链体系中（Luo and Tung，2007）。这一战略取得成功的关键在于中国跨国企业有能力整合国内外价值链活动，这种连接简化了跨国企业的全球和垂直价值链活动的整合，进一步提升了其利用所获得的全球资源和母国资源的双重优势。另一方面，也有研究指出，中国跨国企业缺乏知识整合能力方面的天赋，其所面临的一个特别的挑战是将从海外获得的知识资源在国内进行转移、传播和整合的技能很弱（Meyer and Peng，2016；Demirbag et al.，2009）。在某些情况下，整合能力的缺失使中国跨国企业放弃立即整合，留下新收购的外国企业或单位，使其自主经营一段时间，然后转移一些以母国为中心的关键资源。

第二节　知识搜索的相关理论研究

本节依据研究主题及所确定的具体研究问题，进一步针对知识搜索的内涵界定与特征识别、维度划分与企业绩效的关系进行系统性的理论梳理。

一、知识搜索的内涵界定与特征识别

知识搜索最早源于Cyert和March（1963）在*A Behavioral Theory of the Firm*一书中所提出的“组织搜索”的概念，组织搜索被视为组织学习的一种重要方式，认为企业通过组织搜索能够应对当前组织管理面临的问题，使企业适应外部环境的变化。随后，Nelson和Winter（1982）在*An Evolutionary Theory of Economic Change*一书中，从演化经济学角度出发进一步明确了组织搜索的概念，指出组织搜索是组织在复杂动态环境中通过信息搜索识别机会并解决问题的惯例化过程。随着知识经济时代的到来及知识基础观研究的兴起（Kogut and Zander，1992；Grant，1996），研究者们逐渐意识到专有知识是企业建构核心竞争力的重要来源，为了在市场竞争中占据优势地位，越来越强调知识的搜索、转移与利用（Nelson and Winter，1982；Katila and Ahuja，2002）。此后，组织搜索的研究进一步深化到知识搜索层面，但从本质上来看，知识搜索仍属于组织学习的重要组成部分和关键环节，是解决组织刚性和能力陷阱问题的一种方法，能帮助组织有效应对内外部嵌入环境的动态变化（Mina et al.，2014；张海军，2017）。

对于知识搜索内涵，现有研究主要从狭义和广义两个层级进行了系统性的界定。狭义的知识搜索强调搜索的聚焦性，更加关注知识的获取过程。例如，Huber（1991）认为知识搜索是企业应对环境不确定性的重要手段；Laursen（2012）指出知识搜索是在不确定的环境中，组织为了解决问题或把握机会而开展的知识搜集过程；Wu和Shanley（2009）研究指出，知识搜索是为了解决问题或尝试新想法而进行的信息搜集过程；Sidhu等（2007）的研究指出，知识搜索是指企业为了学习新技术、开发新产品、创造新流程、寻求新市场而开展的信息和知识的搜寻活动。Wu 和 Wei（2013）提出，知识搜索是在多变的外部环境中，选择和获取新知识的战略行为。叶江峰等（2020）指出，知识搜索是企业利用外部知识资源来应对问题的重要行动，可以帮助企业提升技术能力，并在知识搜索的过程中培养新的技能，以适应环境的变化。广义的知识搜索认为知识搜索的过程不仅涵盖组织内外部知识的获取，还包含对于搜索知识的转移和整合等活动流程。例如，Laursen 和 Salter（2006）研究指出，知识搜索是指为了适应环境和解决问题，组织对内外部知识进行搜寻、获取、整合与利用的活动过程；张海军（2017）研究指出，知识搜索作为组织学习过程的关键环节，反映了企业通过主动性的学习行为获取和整合知识的过程。

对于知识搜索的特征主要包含三个方面：第一，企业内部知识与外部复杂环境交互驱动，即知识搜索源于企业在面临外部复杂环境变化时，内部知识基出现结构性空洞，促使企业寻求互补性知识，创造多样性，适应复杂剧烈的外部环境变化（Wu and Wei，2013；许晖等，2017）；第二，搜索行为面临着机会与成本的博弈，这表现在尽管企业对于搜索所需知识的目标是明确的，但组织作为有限理性的个体存在，对于搜索效果的估测是不确定的，知识搜索的过程需要企业配置相应的资源，并且知识搜索的过程既会造成成本的损耗，又能够为企业获取和构建优质、异质性的知识结构提供机会和可能（Katila and Ahuja，2002；Laursen and Salter，2006）；第三，搜索过程是可以计划并惯例化的，知识搜索可以推动企业对原有的组织惯例进行调整和修正，或者对落后和失衡的组织惯例进行重构（张海军，2017；吴航和陈劲，2015）。

二、知识搜索的维度划分

目前知识搜索的研究涵盖个体、项目、组织内和组织间等不同层面，其中又以组织层面的研究为主。国内外学者从本地搜索与非本地搜索、探索式搜索与利用式搜索、搜索宽度与搜索深度等视角对知识搜索的维度进行了划分，并在此基础上形成了多种类型的知识搜索策略（如表2.3所示）。

表2.3 知识搜索的维度划分

标准	维度	内涵	相关文献
空间距离	本地搜索	在组织现有的经验或相似知识领域特征的范围内开展知识搜索的行为	Nelson and Winter（1982）；Phene et al.（2006）；吴航和陈劲（2016）
	非本地搜索	组织从外部搜集新知识和探索新机会的活动	
双元性	探索式搜索	企业到不熟悉的场域进行新知识的搜索活动，强调企业通过整合与现有知识相区别，甚至是全新的知识，打破知识利用方式的局限性	Eriksson et al.（2016）；Ahuja and Lamper（2001）；Audia and Goncalo（2007）
	利用式搜索	企业在熟悉的技术领域内开展的搜索或对以往使用过的技术知识组合的修正	
属性特征	搜索深度	企业在知识搜索过程中对现有知识和渠道利用的深入程度，反映的是知识搜索的强度	Katila and Ahuja（2002）；Laursen and Salter（2006）；王巍等（2019）
	搜索宽度	企业在知识搜索过程中的范围和幅度，衡量的是搜索源的多样性	
合作方式	正式搜索	以契约合作的方式进行知识搜索	Guo and Guo（2011）
	非正式搜索	以非契约或超契约的方式进行知识搜索	
互动方式	互动搜索	与其他主体建立双向互动过程中获取知识	Roper et al.（2017）
	非互动搜索	与其他主体建立单向关系过程中获取知识	

（一）本地搜索与非本地搜索

依据所搜索的知识属性与企业所拥有的知识属性的距离，可以将知识搜索分为本地搜索与非本地搜索。Nelson和Winter（1982）基于企业通过搜索而获取的知识与企业原有知识的内容相似性或搜索发生场所与企业所在地理位置的相近性，率先提出本地搜索的概念。本地搜索是指在组织现有的经验或相似知识领域特征范围内开展知识搜索的行为（Stuart and Podolny，1996），所获取的是与既有知识关联性高，且易于企业进行学习和转化的知识，这种知识搜索可以提升企业对知识应用的可预测性和可靠性。由于组织惯例的存在，企业在进行知识搜索时通常具有一定的路径依赖性，体现在偏好沿用之前的轨迹，因此，通过本地搜索也是保证组织常规的延续性和连贯性的前提（胡畔和于渤，2017）。同时，本地搜索能够巩固既有知识并帮助企业建立更加专业化的竞争优势，降低搜索过程所带来的风险和所产生的成本。尤其是在环境不确定性较大时，会触发知识搜索。当企业聚焦于解决组织内部问题时，本地搜索通常表现得更为有效（Wu and Wu，2014）。但如果企业过度聚焦于本地搜索，长时间在较为熟悉的领域中开展知识搜索行为，则会造成知识资源的重叠和冗余。此时尽管原有的知识得以强化，却造成企业思维僵化并限制创新行为，使企业陷入“核心刚性”的陷阱（Leonard-Barton，1992）。

针对本地搜索的局限性，远程搜索、跨界搜索等非本地搜索的研究逐渐得到学者的重视。远程搜索指组织从外部搜集新知识和探索新机会的活动，这种搜索行动跨越了组织的既有边界（如知识禀赋、技术边界、组织惯例等），所获取的知识资源通常与企业原有知识基相差较大，甚至是跨越企业经营范畴的知识资源（Nelson and Winter，1982；Katila and Ahuja，2002）。远程搜索有助于企业在动态环境中获取异质性知识，并及时更新现有知识，实现与外部环境的动态匹配（吴增源等，2015）。在远程搜索研究的基础上，Rosenkopf和Nerkar（2001）通过对高科技企业知识搜索行为的研究，从跨越组织边界和技术边界的角度提出了跨界搜索的概念，将跨界搜索界定为企业超越既有组织和技术边界获取知识的行为过程（如图2.7所示）。

	组织内部	组织外部
相近技术	本地搜索	外部边界搜索
非相近技术	内部边界搜索	激进式搜索

图2.7　基于组织-技术边界对搜索策略的分类

资料来源：Rosenkopf和Nerkar（2001）。

在跨界搜索的基础上，后续学者进行了细化，从跨认知边界（Alexy and George，2013；张海军，2017；Yayavaram，2004）、跨组织边界（Almeida et al.，2003；Kim and Park，2013；Piezunka et al.，2015；Levinthal and Rerup，2006）、跨地理边界（Wu et al.，2014；Phene et al.，2006；许晖等，2017；吴航和陈劲，2015）、

跨技术边界（Rosenkopf and Nerkar，2001；Katila，2002；Ahuja and Katila，2004）等非本地搜索行为角度展开了系列探讨。相比于本地搜索，跨界搜索能够克服路径依赖和能力的刚性束缚，重新配置企业资源，用于获得全新知识、技能和管理流程，对外部知识源的选择更为开放和包容，为实现企业内部知识基的重构提供了更多的可能。但值得注意的是，相比于本地搜索，跨界搜索本身也是一个资源配置和消耗的过程，其搜索行为的成本损耗更大，对于搜索的支撑条件要求更高（Afuah and Tucci，2012；Laursen and Salter，2014）。此外，跨界搜索所获取的知识通常跨越了企业的认知边界、组织边界和地理边界，这种知识对于企业而言可能是全新的、陌生的，知识的兼容性受到挑战。

（二）探索式搜索与利用式搜索

探索与利用是组织进化理论与组织学习理论的系统性延伸。在复杂环境的动态变化及竞争不断加剧的情况下，由于组织资源与能力结构的约束，企业的经营决策处于两难境地，为了培育竞争优势，企业既要加强对内部资源的利用，又要加强对外部资源的获取与整合。为了解决这些矛盾和困境，Duncan（1976）认为企业需要建立双元组织结构，提出构建双元型组织以平衡并协调发展过程中的理论。然而，Duncan的研究并没有引起学术界的广泛关注，直到March（1991）从组织学习的视角，提出探索与利用是企业获取并保持竞争优势的关键因素，至此拉开了探索与利用双元性理论研究的序幕。其中，探索强调与试验、变异、发现、灵活性有关的活动；利用强调与筛选、提炼、执行、延续性有关的活动（March，1991；Levinthal and March，1993）。现有研究从不同的理论视角出发，基于探索和利用的分析逻辑，将双元性思维广泛应用于组织管理的不同领域（Raisch et al.，2009；Raisch and Birkinshaw，2008）。

在March（1991）研究的基础上，理论界从知识管理领域继续深化了探索和利用在知识搜索上的表现。在知识搜索的研究中，根据探索与利用的“二分法”，学者们将知识搜索划分为利用式搜索和探索式搜索。利用式搜索是指企业在熟悉的技术领域内开展的搜索或对以往使用过的技术知识组合的修正（汪玥琦，2016；Ahuja and Lamper，2001）。通常，组织知识搜索的过程会倾向于依赖以往熟悉的、可靠的、验证性的知识，这一过程更多表现为利用式搜索，企业所需的利用性知识更加依赖既有知识基，延续以往的成功经验，在组织层面使知识在组织内部进行传递和转移，并保持紧密耦合关系，以此带动组织知识结构的改进和适应，并规避创新过程中可能出现的风险，降低知识搜索的成本（Vincenti，1990）。但是，如果企业过度依靠利用式搜索，沿袭发展轨迹进行过度利用行为，则会极大地限制组织知识与能力结构的更迭和升级，降低发现新知识的可能性，并随着时间的推移限制组织的创造力。

探索式知识搜索则被认为是企业到不熟悉的场域进行新知识的搜索活动，强调企业通过整合与现有知识相区别的甚至是全新的知识，打破知识利用方式的局限性（Audia and Goncalo，2007；Ahuja and Lamper，2001）。探索式的知识搜索可以使企业识别和捕获新的机会，帮助企业摆脱路径依赖的限制，通过组织惯例的重塑为企业在市场上培育新的竞争优势。但探索活动也存在着一定的弊端，在企业资源受到约束的情况下，过度的关注探索式知识搜索会占用知识利用所需的资源和空间，甚至使企业的短期利益受到侵蚀（O'Reilly and Tushman，2013）。此外，知识搜索还具有高不确定性和高风险性的特点，过度地进行探索式知识搜索可能会带来企业管理成本的上升和失败风险的增加，如果企业不能及时评估探索式知识搜索的弊端，可能会导致企业陷入“重新搜索—变革—再失败”的陷阱（Levinthal and March，1993）。

（三）搜索深度与搜索宽度

基于行为特征和内容属性的差异性，可以将知识搜索划分为搜索深度与搜索宽度（Katila and Ahuja，2002）。

搜索深度是指企业在知识搜索过程中对现有知识和渠道利用的深入程度，反映的是知识搜索的强度（Katila and Ahuja，2002；Laursen and Salter，2006）。搜索深度能够使企业加深对现有知识渠道的利用效率，并通过反复应用某领域的专业知识要素，提升企业对专业领域知识掌握的熟练程度，解构复杂知识结构中知识要素的因果联系，促进组织惯例的形成（Zhang and Baden-Fuller，2010）。同时，知识搜索的深度还能够帮助企业加深对知识的理解，提升企业对于潜在价值和风险的警觉性，通过快速整合和利用领域内的知识推动标准化搜索流程的形成，减少不必要搜索步骤的干扰，提升知识搜索的效率（Katila and Ahuja，2002；王巍等，2019）。但是，过度的深度搜索也存在着一定的弊端，会加大企业对现有知识渠道的依赖程度，造成搜索路径僵化，限制新知识和互补性知识的流动，导致企业知识基的活性下降，影响企业的创新行为。

搜索宽度是指企业在知识搜索过程中的范围和幅度，强调企业在知识搜索过程中所涉及的搜索渠道与搜索来源的数量，衡量的是知识搜索的多样性（Katila and Ahuja，2002；Laursen and Salter，2006）。搜索的宽度能够拓宽企业知识的选择和接触范围，构建起更为广泛的知识结构，使企业可以依据知识搜索要素不同的属性特征，根据外部环境的变化寻求不同知识要素之间的契合点，为知识结构提供更多重组的可能性，并最大程度激发不同知识模块的协同效应（许晖和单宇，2019）。同时，广泛的知识搜索能够拓宽企业的认知边界，识别和考虑不同领域知识元素间可能产生的新联系，有助于挑战固有假定和观念，为解决问题提供多种可行的方法（Boh et al.，2014）。但是，如果知识搜索的宽度过大，则会增加企业搜索成本和知识整合的难度，同时，由于大量新知识的涌入，企业原有知识结构的稳定性会大幅降低，并增加企业知识整合的风险性和不确定性。

除了本地搜索与非本地搜索、探索式搜索与利用式搜索、搜索深度与搜索宽度，学者们还从其他理论视角对知识搜索的维度进行划分。Yayavaram（2004）根据知识搜索的距离与内容将知识搜索划分为四种模式，根据搜索距离将知识搜索划分为本地搜索和远程搜索，按照内容属性将知识搜索划分为认知搜索与经验搜索；Grimpe和Sofka（2009）根据行业的差异性特征，将知识搜索分为竞争者导向、客户导向和双元均衡导向三种类型；Kang等（2009）从网络视角出发，将知识搜索划分为知识转移搜索、技术购买搜索与共同研发搜索三种类型，认为在不同研发周期下，企业会采取不同的知识搜索模式；Nerkar（2003）提出将知识搜索划分为认知、时间与空间三维搜索。认知维度搜索主要表征搜索的知识与企业认知范围内知识的相似度；时间维度搜索考量的是不同时间节点的知识搜索；空间维度搜索是指不同地理空间知识搜索的差异性表现；Katila和Chen（2008）从学习竞争的角度将知识搜索划分为领先型知识搜索、追赶型知识搜索和同步型知识搜索。其中，追赶型知识搜索可以使企业加快产品研发速度，领先型知识搜索可以激发企业在研发新产品时的创造力，而同步型知识搜索则不利于企业的创新活动（见图2.8）。

竞争对手 本企业	未搜索	探索	开发
开发	本企业独自开发	竞争对手后期探索	同步开发
探索	领先型 本企业独自探索	同步型 同步探索	本企业近期探索
未搜索	—	追赶型 竞争对手独自探索	竞争对手独自开发

图2.8　基于时机的搜索策略分类

资料来源：Katila和Chen（2008）。

三、知识搜索与企业绩效的关系

关于知识搜索与企业绩效的研究，学者们从知识搜索的不同维度探讨了知识搜索与企业绩效之间的关系（见图2.9）（Katila and Ahuja，2002；Wu and Wu，2014；Dahlander，2016；Sofka and Grimpe，2010；Henttonen et al.，2011；叶江峰等，2020）。具体而言：知识搜索可以使企业获取互补性的知识资源，使企业的知识缺口得以补充，为创新活动提供必要的支撑（Makino et al.，2002；Mathews，2006）；可以使企业突破既有知识结构和路径依赖的限制，避免企业陷入"能力刚性"的限制（Afuah and Tucci，2012；Laursen and Salter，2014）；可以促进知识在组织内外部的交互，为企业进行知识的重组与创造性复合提供支撑（Cassiman and Veugelers，2006；Wu and Wu，2014）。已有研究具体从如下几个方面探讨了知识搜索与企业绩效的关系（如图2.9所示）。

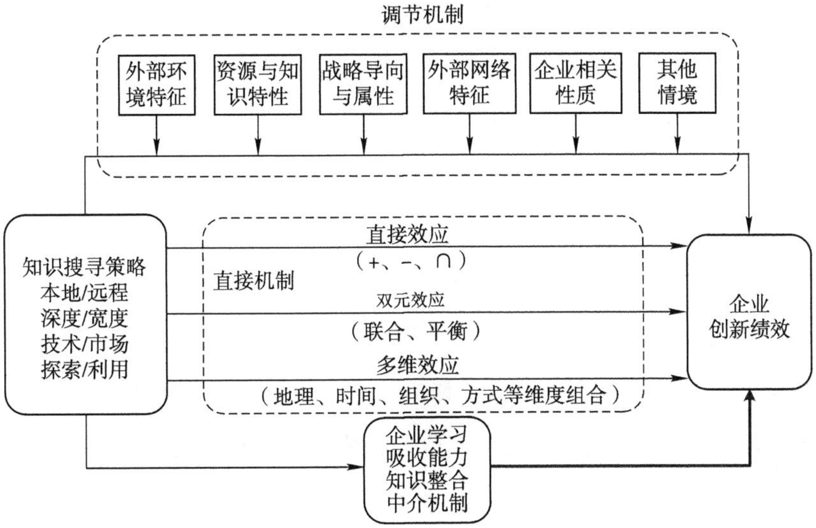

图2.9 知识搜索推进企业创新绩效机制研究的整合模型

资料来源：叶江峰等（2020）。

第一，本地搜索与非本地搜索对企业绩效的作用关系。Rosenkopf和Nerkar（2001）通过使用行业专利数据检验了知识搜索与产业技术演化的关系，发现组织内的知识搜索活动对于后续的技术演化影响较低，而组织边界外、技术边界内的搜索活动对产业内后续技术发展影响最为显著；Phene等（2006）研究指出，国内范围的知识搜索对于企业突破性创新的作用关系呈倒“U”形，国际范围内的知识搜索所获取的成熟的技术知识对于突破性产品创新有明显的促进作用；Cassiman和Veugelers（2006）的研究发现，外部知识源的多样性和动态性增加了知识搜索的困难程度，外部知识搜索与内部知识搜索所产生的互补效应对于创新绩效有积极的正向影响。Wu和Wu（2014）基于中国企业的数据发现，跨界搜索是中国企业获取知识资源最重要的方式。通过跨界搜索，中国跨国企业可以获得企业所需的互补性知识和异质性知识，减轻环境不确定性和能力落后的限制，并有助于企业创新绩效的提升。

第二，探索式搜索与利用式搜索对企业绩效的作用关系。Nerkar（2003）

通过选取生物医药行业的数据，检验了探索式搜索与利用式搜索对于创新绩效的作用关系。研究发现探索式知识搜索会正向影响企业的创新，利用式搜索也会正向影响企业的创新绩效，当探索式搜索和利用式搜索达到一定的均衡状态时，对企业创新绩效的作用最显著。Auh和Menguc（2005）考量了在不同竞争强度下，知识搜索与企业绩效之间的关系。研究发现，在竞争强度的调节作用下，利用式知识搜索有助于企业短期利益的实现，而探索式知识搜索可更有利于企业的长期绩效。

第三，搜索深度与搜索宽度对企业绩效的作用关系。Katila和Ahuja（2002）的研究检验了知识搜索深度与宽度对于产品创新的影响。研究发现，知识搜索宽度对产品创新有显著的影响，但是知识搜索深度与产品创新之间却呈现出倒“U”形的关系，搜索深度与搜索宽度的交互会对产品创新产生积极影响。Laursen和Salter（2006）发现了搜索深度与搜索宽度影响的阶段性差异。在最初阶段，搜索深度和搜索宽度都会作用于创新绩效，但随着搜索的不断扩展，会逐渐呈现负向影响作用。Dahlander（2016）研究发现，个人层次的搜索宽度与企业创新正相关，搜索宽度和注意力分配的交互作用对企业创新有显著正向影响。Ferreras-Méndez（2015）通过对西班牙生物技术企业的研究指出，搜索深度与搜索宽度都会正向影响企业的创新，且知识吸收能力在知识搜索与技术创新之间有正向调节作用。

第四，其他知识搜索维度与企业绩效的作用关系。Sofka和Grimpe（2010）探讨了市场导向型搜索和技术导向型搜索对于企业绩效的关系，并考量了研发投入与外部环境变化的调节效果。研究发现，市场导向型搜索与研发投入的交互会对企业绩效的提升有显著的正向影响。在外部环境技术水平较高的时候，技术导向型搜索对于企业绩效的正向影响会更为显著。Henttonen等（2011）将知识搜索划分为市场驱动型知识搜索、技术驱动型知识搜索、中介服务型知识搜索及一般知识型知识搜索四种类型，并检验了这四种类型的知识搜索与企业创新绩效的关系。研究发现，只有中介服务型知识搜索对创新绩效有显著的正向作用关系。Köhler等（2012）将知识搜索划分为市场驱动型知识搜索、供应商驱动型知识搜索和技术驱动型知识搜索三种搜索类型。研究发现，市场驱动型知识搜索和技术驱动型知识搜索对产品创新有显著的正向影响。

第三节 干中学的相关理论研究

本节依据研究主题及所确定的具体研究问题，针对干中学的理论脉络、内涵界定及干中学与企业绩效关系的研究进行系统性的理论回顾。

一、干中学研究的理论脉络

（一）干中学理论研究的萌芽阶段（1930—1950年）

干中学的概念最早起源于20世纪30年代，这一观念最初是在工程学科中诞生的，主要归功于对飞机和船舶生产的研究。当时柯蒂斯—赖特公司的工程总监Wright（1936）基于其在飞机工程师和执行官的职业生涯中所观察到的“成本—数量”关系，率先提出了关于组织学习曲线的理论观点。通过对学习曲线的实证观察，学习的观念正式进入经济学。Wright受飞机批量生产的启发，探索了单位成本与累积产出之间的函数关系，生成了一条递减的凸曲线，他发现单位产量每增加一倍，单位成本将继续降低20%，并给出三种解释：实践使工人的熟练程度得到提高；机器和夹具在大批量生产中使用时间加长；越来越多的工具和程序标准化的引入降低了劳动力的成本。此时，这一现象似乎已经在飞机工业中广为人知。第二次世界大战期间，美国政府在与飞机制造商和造船商签订的合同中纳入了对强大组织学习的期望，战后不久公布的研究表明，这些期望是有根据的（Alchian，1963；Middleton，1945；Montgomery，1943）。Verdoorn（1949）将组织学习曲线应用于研究国民产出，发现欧洲不同国家的学习进步率约为5%。自Wright关于组织学习曲线的概念提出以来，关于组织学习曲线的大部分研究集中在单位成本与累积产出之间关系的函数形式研究（Yelle，1979），关于干中学的理论研究线索也越发清晰。

（二）干中学理论研究的发展阶段（1950—1980年）

在20世纪50年代至70年代，大部分的研究开始关注到工业生产中干中学的重要性和普遍性。许多研究记录了在更广泛的行业（这些行业包括但不限于造船、机床、特种化学品和半导体等）中存在的强大的“成本—数量”关系，并继续了Wright早期研究的做法，估算了平均成本随时间变化的程度（Baloff，1966；Hirsch，1952；Preston and Keachie，1964）。斯坦福研究所和兰德公司进行的广泛研究也证实了这种函数关系（Arrow and Arrow，1950；Arrow，1951；Alchian，1963）。大多数研究提供了有关性能改善原因的有限信息。Lundberg（1961）基于对瑞典霍恩德尔（Horndal）钢铁厂的研究发现，在15年内没有任何新投资的情况下，生产率（每工时产量）仍每年平均增长近2%，被称为“霍恩德尔效应”，并得出不断提高的绩效应该归功于从经验中学习的论断。

前人累积的“生产—生产率”关系的研究为Arrow开创性地提出干中学理论提供了灵感。紧接着，Arrow于1962年在*The Economic Implications of Learning by Doing*一文中正式提出干中学理论并进行了系统性的论述。他根据美国飞机制造业的经验材料说明了干中学效应的存在和意义，指出特定型号的飞机产量累积每增加一倍，单位劳动成本就会减少20%，即技术的累积使生产成本随着产量的增加而降低，证明了技术累积具有递增效应，人们可以通过学习而获取知识，技术的进步得益于学习所产生的知识，而知识是来自实践经验的不断总结与累积。自Arrow开创性研究之后，干中学被快速应用于企业、甚至更高层次的产业研究中，很快获得了学术界的广泛认同。在整个20世纪60年代至80年代，大部分关于干中学的研究主要关注的是干中学的重要性和普遍性，特别是在工业生产中干中学的重要作用（Thompson，2010）。

（三）干中学理论研究的成熟阶段（1980—2000年）

20世纪70年代末，理论界关于干中学的研究主要关注干中学的战略影响。在这一时期，大部分研究工作是在工业贸易政策背景下进行的。Romer

（1986）的技术外溢模型继承了Arrow的干中学思想，指出知识的溢出效应会减弱固定生产要素所带来的知识资本边际成本递减趋势，从而带动知识收益的上升。Krugman（1987）将干中学引入动态比较优势的理论中，研究指出，如果干中学在一定的时期内使各国不同生产部门的技术优势发生相对变化，则原有的比较优势结构将被改变。Barro（1994）的研究指出了新经济增长理论的两个假设：一是干中学需要依靠企业的投资来推进，特别是资本存量增加所带动的技术与知识存量的上涨；二是企业的技术和知识属于公共产品，其他企业可以通过一定的方式获得，即技术与知识一经发现就会产生溢出效应。Young（1993）的研究指出，干中学与技术创新之间是相互促进的关系，技术持续进步的过程中伴随着干中学，因此，在技术投入生产的过程中就会快速激发干中学效应。但是随着技术在生产中应用潜能的消耗，干中学的效应会逐渐减弱（Young，1991）。Chuang（1993）研究指出，后发国家的人力资本和物质资本所产生的干中学效应可以成为其经济增长的"发动机"，并促使其向发达国家收敛。中国经济增长与宏观稳定课题组（2004）的研究指出，自20世纪90年代以来，中国经济的快速发展和高速增长离不开技术开发中的干中学机制，当技术前沿水平与国内现有技术差距较大时，中国企业表现出了极强的学习能力，产生了学习的规模递增效应，获得了技术进步和竞争优势，成为了全球制造业的中心，支撑了中国经济的快速发展。

（四）干中学理论研究的分化阶段（2000年至今）

进入21世纪以后，众多实证研究结果对于"成本—数量"关系很大程度上是被动学习的结果的论断提出了质疑，表明在生产力持续增长时，被动学习以外的其他因素通常也会作用于干中学。一方面，研究发现，组织内部的干中学的速率存在差异，如生产工厂轮班之间的差异（Argote and Devadas，1991；Levitt et al.，2013）。另一方面，研究发现成本的降低来自所使用的资本的增加或产生创新的研发活动，而不是来自随着单位积累而学习的员工（Thompson，2001）。还有一部分学者认为，效率改善源于研发投入的差异，而不是干中学的差异（Sinclair et al.，2000）。这使得关于干中学的理论探索产生了分化：一部分研究着重于完成相同活动所实现的经验的累积，个人或企业所累积的经验越多，则假定学到的知识就越多，数量、质量或成本方面的绩效都会有所改进（Jain，2013）；另一部分研究则更加强调导致干中学的内部过程，当企业采取有计划的行动寻找问题的解决方案时，运营挑战会激发企业通过干中学来寻找知识，创造解决方案，并通过不断重复以解决类似的挑战，从而提高效率并降低成本（Hatch and Mowery，1998；Macher and Mowery，2003）。在干中学理论的分化阶段，理论界已经不仅是强调对累积产出与单位成本之间函数关系的检验，而是开始解构干中学发生的过程及内在机制（Thompson，2010；Rui，2016）。

二、干中学的内涵界定

现有研究主要从经验累积降低成本的过程，以及创造问题解决方案的学习过程两个角度对干中学的内涵进行了界定（如表2.4所示）。Arrow（1962）最初对于干中学概念的界定，就是从经验累积降低成本出发，认为干中学是从事生产过程中经验、技能和知识的累积，进而推动生产效率提升的动态规模经济效应，体现在累积生产对成本和生产率的影响上；Bodde（1976）的研究也指出，干中学是一个过程，通过该过程积累的制造和项目开发经验可以提高生产率并降低成本；Dorroh等（1994）将干中学定义为投资产生的直接产出及生产经验的副产品；Dosi等（2016）对干中学的界定与Bodde（1976）相近，认为干中学是一个过程，在这个过程中生产经验的增加可以提高效率；Torre等（2018）认为干中学是指在没有附加因素或投资的情况下，通过完善过程来提高生产率；此外，另外一些学者从创造问题解决方案的学习过程角度对干中学内涵进行了新的界定：Young（1991）认为干中学是对现有技术在生产中应用潜能的发掘过程，在生产中新的技术投入会激发干中学效应；Rui（2016）将干中学定义为企业通过解决自身的经营挑战来创造新知识的过程，这些过程可以提高企业在效率和产品质量方面的绩效。

表2.4 干中学相关概念界定

主要内容	相关文献
干中学是从事生产过程中经验、技能和知识的累积，进而推动生产效率提升的动态规模经济效应，体现在累积生产对成本和生产率的影响上	Arrow（1962）；Adler and Clark（1991）；Argote and Epple（1990）；Schilling（2003）
干中学用于解释企业如何随着时间的推移提高能力并提高效率	Dutton and Thomas（1984）；Thompson（2010）；Yelle（1979）
干中学指的是企业实践经验累积的过程，使企业在做已经做过的事情时更加有效	Cohen and Levinthal（1989）；Tsang（2002）；Nass（1994）
干中学是一个过程，通过该过程积累的制造和项目开发经验可以提高生产率并降低成本	Bodde（1976）；Giovanni（2016）
干中学是指在没有附加因素或投资的情况下，通过完善过程来提高生产率	Barro（1994）
干中学是对现有技术在生产中应用潜能的发掘过程，在生产中新的技术投入会激发干中学效应	Young（1991）；Krugman（1987）；Young（1993）
干中学是企业通过解决自身的经营挑战来创造新知识的过程，这些过程可以提高企业在效率和产品质量方面的绩效	Rui（2016）；Macher and Mowery（2003）；Ryu（2019）

三、干中学与企业绩效的关系

关于干中学与企业绩效的关系，现有研究主要从成本管控、效率提升及能力提升三个角度出发进行了研究（Arrow，1962；Ilaboya，2016；Rui，2016）。

第一，干中学对企业成本管控的影响。干中学的研究倾向于认为积累的经验可以使企业降低生产成本，提高质量并进行更多的创新（Argote，1999；Argote et al.，1990；Arrow，1962；Jain，2013）。干中学的许多文献是基于成本随产出增加而下降的假设，认为企业可以从干中学中受益。Adler和Clark（1991）认为通过干中学可以使企业在产出增加的同时降低成本，其中包括减少生产中的浪费，及通过重复活动来推进个体学习。Rui（2016）指出干中学不同于规模经济或范围经济。在规模经济或范围经济中，随着企业在一段时间内生产更多数量的产品，成本会降低，而干中学所带来的成本降低来自固定成本在更多数量单位之间的分配。Thompson（2010）指出，干中学在工程和管理领域显示出累积产出与单位成本之间的稳健关系。Jaber等（2019）研究认为，干中学可以降低产品的单位成本，从而降低产品价格并提高企业的竞争力。

第二，干中学对效率提升的影响。干中学可以用于解释企业如何随着时间的推移提高能力并提高效率（Dutton and Thomas，1984；Thompson，2010；Yelle，1979），以及如何提高产品质量。Levitt等（2013）认为随着企业通过减少缺陷来提高产品质量，干中学可以提高效率；Dutton和Thomas（1984）指出干中学最明显的影响体现在生产效率的提升上，这是由于随着企业知识存量的不断增长，知识应用水平的有效性不断提升；Epple等（1991）指出，随着生产的进步和知识的累积，干中学会带动生产率的提高，但随着知识存量的增加，知识累积率会下降；Nelson和Winter（1982）指出，通过干中学形成的有规律的经验可以提高将来使用这些规律的有效性；Ilaboya（2016）的研究验证了干中学的假设，即增加对有效生产技术的了解可以提高企业的生产率；Bessen和Jim（1997）的研究指出，研发投入越大，技术进步越快，在生产中通过经验累积进行的干中学对于生产效率改善的作用也就越大。

第三，干中学对能力提升的影响。学习是企业创造新知识以解决特定运营挑战，提高效率和产出质量的过程（Macher and Mowery，2003），而能力是在整个公司范围内协调和传播新知识以提高竞争力的表现（Bartlett et al.，2008）。因此，学习侧重于创造新知识以解决运营挑战，而能力则用于在全公司范围内协调和传播新知识以提高公司绩效。有学者对干中学与企业能力的关系进行了探讨：Foss和Pedersen（2004）研究指出，企业在东道国本土化过程中，母公司对干中学所形成的知识认知程度越高，企业逆向转移的能力就越强；Tsang（2003）发现企业通过干中学能够提高信息处理的技能；Liu等（2016）研究指出，当企业进行国际扩张时，可以通过在所从事的商业活动中进行干中学，逐步实现国际市场知识的获取与累积，提升国际市场运营能力；王燕梅和简泽（2016）研究指出，企业选定适合且能够快速发展的产品领域以后，可以通过干中学快速实现人力资本的积累，并提高和强化技术能力，推动竞争优势的形成。Rui（2016）通过对中国跨国企业的案例进行研究，提炼出整合、试错、重复和延伸四个干中学关键步骤，指出通过干中学能够使中国跨国企业实现能力的升级，并获得国际水平的市场竞争力（见图2.10）。

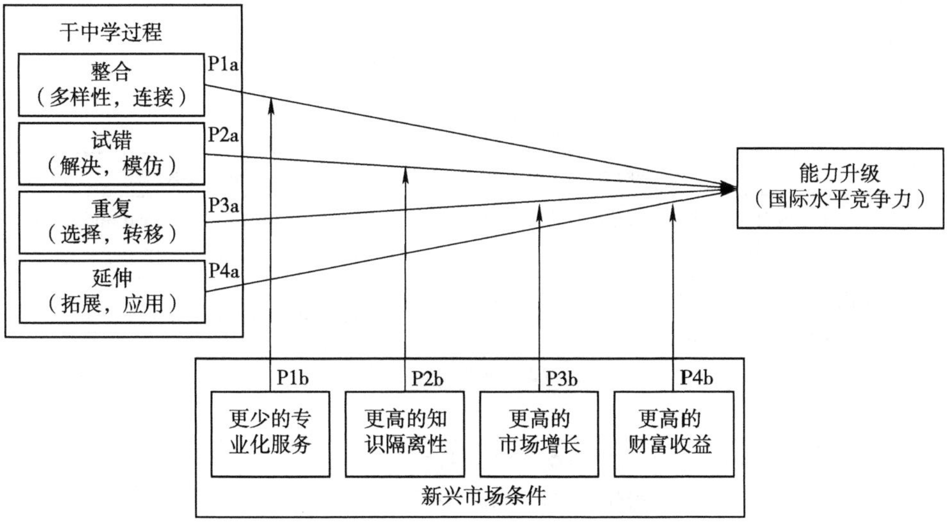

图2.10　新兴市场跨国企业干中学与能力升级

资料来源：Rui等（2016）。

注：P1a，P2a，P3a，P4a，P1b，P2b，P3b，P4b，分别代表命题1a，命题2a，命题3a，命题4a，命题1b，命题Pb，命题3b，命题4b。

第四节　国际市场适应性的相关理论研究

本节依据研究主题及所确定的具体研究问题，对国际市场适应性的理论脉络、内涵界定、实现路径及影响因素的研究进行系统性的回顾。

一、适应性研究的理论脉络

“适应”的研究起源于生物学领域，是指生物的形态结构、性状特征，以及生理功能与外部环境相适应的现象。适应性是指在自然选择的作用下，生物通过迭代演化所形成的一种生存潜力或性能（张亚娟，2010；冯永春和许晖，2015）。在市场环境不确定性与动荡性不断加剧的情况下，适应性的概念逻辑被引入组织、战略及营销领域（见表2.5），成为衡量企业生存状态的重要指标（吕鸿江等，2012；Hollender et al.，2017）。现阶段关于适应性的研究主要集中在组织适应性、战略适应性与全球营销适应性方面。

表2.5　适应性的相关研究

领域	主要内容	相关文献
组织领域	组织适应性是一种组织为适应动态环境拥有的学习与变革的能力	Chowdhury（2004）、Hoang and Rothaermel（2010）、Vanesa et al.（2013）
	组织适应性是组织结构、组织文化等内部条件与外部要求相匹配的状态	Drazin et al.（1985）、Hsu et al.（2013）
	组织适应性是组织的环境与结构对环境变化的响应程度	Jennings et al.（1994）、Kim et al.（2007）、Zhao et al.（2014）
战略领域	战略适应性是指企业持续推动战略变革以保持战略决策的有效性，并占据有利的竞争位置，强调战略在外部环境变化下的平衡与演化	Rosemary et al.（2004）、Iurkov and Benito（2018）
	战略适应性是整合技术、渠道、供应链等要素以应对环境变化的能力，强调内外部要素的协调	Homburg and Pflesser（2000）、Phillips（2006）、Ali Ekber Akg ü n et al.（2014）
营销领域	市场适应性是企业对市场中机会与威胁变化所作出的及时性应对	Cayla et al.（2012）、Magnusson et al.（2013）
	市场适应性指企业能够获得内部资源柔性及资源分配柔性	Benner et al.（2003）、Slangen and Dikova（2014）
	在国际营销中采用当地适应性，即企业着眼于满足各个国家当地市场所特有的需要	Fisher（1984）、Slangen and Dikova（2014）
	国际市场适应性涉及企业对市场机遇、威胁及时应对以获得长久发展的状态	许晖（2015，2017，2018）；Jifeng Mu（2015）

第一，组织适应性。适应性是组织赖以生存的基础，对于组织与环境适应性的研究是组织研究领域的重要议题（Chowdhury，2004）。组织适应性是指组织的目标、结构及战略决策等要素对于环境变化的响应程度（Jennings and Seaman，1994；Kim and Pae，2007）。组织理论的相关研究指出，组织适应性既要强调内部环境的适应性，又不能忽视外部环境的适应性。对于组织内部环境的适应，要保障组织内每个子单元之间的结构特性与其所处的特定

环境相适应，同时，还要注意组织的分化和整合模式应当与其所处的整体环境相适应，这一过程被视为组织的“内适应”（Scott，1995）。对于组织外部环境的适应，要求组织根据外部环境的动态变化，动态调整组织目标、组织结构与组织战略，提升对环境变化的响应速度。组织对外部环境的适应性越好，就意味着组织在面对环境不确定性时的应对能力越强，持续发展的周期也就越长，这一过程被视为组织的“外适应”（Chakravarthy，1982；Jennings and Seaman，1994；王睿智，2015）。

第二，战略适应性。企业战略的本质是为了适应和应对环境变化所作出的变革与调整的过程，以帮助企业获取可持续的竞争优势。战略适应性强调企业制定战略的基点是要适应环境的变化，保持对于环境中机会与风险的警觉性，实现与环境变化的协同共演（Chandler，1962）。如果企业的战略决策不能帮助企业适应外部环境的变化，就会导致战略实施的过程中发生偏离，这就促使企业不断调整战略目标与战略决策，以确定能够适应环境变化的战略结构，推动战略由初级到高级、由简单到复杂、由冲突到适应的演变（张亚娟，2010）。Chakravarthy（1982）研究指出，企业的战略设计和结构安排将有所差异，并进一步提出了“战略—结构—适应性”的复合匹配模型。Rosemary和Skordoulis（2004）的研究指出，战略适应性是指企业持续推动战略变革以保持战略决策的有效性，并占据有利的竞争位置，强调战略在外部环境变化下的平衡与演化。

第三，全球营销适应性。关于标准化营销与营销适应性的争辩一直以来都是国际营销领域研究的重要议题（Whitelock and Pimblett，1997）。标准化营销是指在不同的国际市场按照统一的标准实施营销策略组合，而营销适应性则是根据东道国的市场需求，对产品、价格、渠道和促销策略进行调整与修正（李辉和吴晓云，2016）。尽管标准化营销能够降低全球营销成本，但随着国际市场竞争环境的严峻，差异化的细分市场往往更具发展潜力。而营销适应性更强调东道国市场需求的差异性特征，强调发挥东道国本地营销机构的主观能动性，快速并准确地捕获东道国客户的现实需求（Fisher，1984）。营销适应性观点有两个假设前提：全球市场的异质性与对差异成本的价格补偿（王睿智，2015）。全球市场异质性强调各个国家在市场条件、经济水平、制度环境及客户偏好等方面均存在较大的差异性，要求企业竞争力的培育要制定适应当地市场的营销策略（Shoham，1994；Hill and Kwon，1992）；对差异成本的价格补偿强调的是，根据东道国市场客户的现实需求，有针对性地制订产品营销组合，通过获取准垄断地位来补偿适应本地市场过程中所产生的成本，以获取更高的收益（Doherty and Ennew，1995）。

二、国际市场适应性的内涵界定与特征识别

国际市场适应性是指跨国企业能够感知并把握国际市场环境中的机会，及时作出反应调整，形成与市场环境相匹配的持续性国际竞争优势，是跨国企业最理想的生存状态（许晖等，2017；许晖和单宇，2018；Mu等，2015）。Lo在21世纪之初提出适应性市场假说，将市场视为不断变化和动态调整的环境，市场中的主体依据利益诉求不断调整企业行为以适应环境的变化，而竞争加快了适应演化的进程，进而造就了市场结构与动态特征。Phillips（2006）从环境二元性视角将市场适应性定义为企业在面对市场环境二元性时，根据市场的不同发展阶段调整资源分配的能力。Julien和Lisa（2012）的研究指出，国际市场适应性是企业通过制定针对性的市场策略，塑造海外市场形象的过程。Iurkov和Benito（2018）从战略领域角度认为，国际市场适应性是跨国企业为了满足不同国家市场需求所作出的战略选择状态。综上所述，国际市场适应性是指企业能够根据外部环境信号的变化作出快速调整，实现内外部资源的柔性分配，是跨国企业最理想的生存状态（Homburg et al.，2007；Benner and Tushman，2003）。

国际市场适应性的特征主要表现在评估的动态性和内容的多元性两个方面。一方面，国际市场适应性具有选择和改变图式的动态性特征，不同于竞争优势、财务绩效等静态指标，可以更好地揭示国际化绩效的动态路径变化（许晖等，2017）。国际市场适应性使企业能够根据环境的变化不断修正

和调整战略行为，使整个组织和环境相适应（Julien and Lisa，2012；Benner and Tushman，2003），使跨国企业能够对快速变化的产品和竞争环境作出快速反应，以应对多变的环境和客户需求（Eisenhardt et al.，2010；Gulati et al.，2012）。另一方面，国际市场适应性在内容上具有多元性特征。相对于财务绩效等指标而言，它能兼顾短期与长期的视角更为全面和系统地阐释企业的竞争优势。财务绩效只是对过去已经发生结果的记录，无法将企业增长潜力与发展动力等因素纳入考量范畴，难以揭示企业未来的成长空间，会导致对企业海外市场表现的评估出现偏差（许晖和单宇，2018），但是，国际市场适应性能够同时从经济适应性（对稀有资源的获取）和社会适应性（对制度、文化等合法性的获取）的双重视角测量国际化绩效（Scott，1987）。

三、国际市场适应性的实现路径与影响因素

（一）国际市场适应性的实现路径

由于国际市场适应性的实现过程较为复杂，综合现有研究，动态能力理论、双元性理论、网络嵌入理论和组织学习理论是解释国际市场适应性实现路径的重要研究视角（Cavusgil，2012；Day，2014；许晖和单宇，2018；Morgan et al.，2018；Vorhies et al.，2011；王睿智，2015）。

第一，从营销动态能力理论出发，探讨国际市场适应性的实现路径。营销动态能力是指企业在国际范围内整合、建立和重置市场相关资源（资产、知识和技能），以创造和传递客户价值的跨部门业务流程或惯例（许晖2011；李巍2012）。国际市场环境的动荡性、复杂性与不确定性要求企业必须具备依据环境变化快速调整的动态能力，因此，通过构建营销能力创造和传递客户价值，对于实现国际市场适应性至关重要（Cavusgil，2012；McGrath，2013；Day，2014）。营销动态能力通过对营销流程的修正与创新，有助于培养稀缺且难以模仿的营销技能，进而产生额外的竞争优势（Noble et al.，2002；Barney，2013），为获得市场适应性奠定基础（Kozlenkova et al.，2013；Morgan et al.，2018）。同时，营销动态能力可以使企业通过营销活动，重新塑造环境要素，

并作出有利的环境反应（Clark，2000），在某一专业分工的环节形成自己的专有知识和创新能力，在处理客户关系管理等营销技能方面起到推动作用，有助于加快对国际市场的适应速度（Vorhies et al.，2011；Chaiy，2015）。

第二，从营销探索与开发双元性理论出发，探讨国际市场适应性的实现路径。目前已有的研究指出，基于资源基础观与动态能力观的营销能力相关研究均基于“由内向外”的研究逻辑（Day，2014；Day，2011），动荡环境下国际企业营销需要被赋予新的特点（McGrath，2013；Cavusgil，2012），而“由外向内”理论逻辑的完善是重新理解营销职能的有效路径（Hilmersson and Jansson，2012），营销探索与开发被视为跨国企业提升国际市场适应性的重要手段（Weatney，2009；Vorhies et al.，2011）。营销探索与开发战略对国际市场适应性的作用有所不同：其一，营销探索战略强调创新现有的营销逻辑及流程，满足未来的市场需求。采取营销探索战略的企业可能具有较强的市场反应性，然而过多的探索活动会阻碍开发活动，久而久之会降低企业的国际化绩效及成长性（Dickson and Giglierano，1986）。其二，营销开发战略聚焦于提升现有营销活动及流程的效率。营销开发战略有助于企业在国际市场快速成长并作用于国际化绩效。然而开发活动同样会阻碍探索活动，随着时间的推移，企业的市场反应性也会受到阻碍。其三，研究表明，实现探索与开发活动的均衡是企业获得竞争优势的关键，然而不同的均衡战略将会对企业国际市场适应性的不同维度产生影响（Kyriakopoulos and Moorman，2004；Vorhies et al.，2011）。

第三，从网络嵌入的视角出发，探讨国际市场适应性的实现路径。网络嵌入理论将企业国际化进程视为在网络内的拓展与延伸（Johanson and Vahlne，2009），即跨国企业通过在东道国市场成立子公司而嵌入当地的市场网络中（Chandra and Yanto，2017），本质上是通过与东道国网络中的市场主体建立强连接关系来实现资源与能力的积累。在国际市场环境不确定的情境下，新兴市场跨国企业子公司在东道国市场网络中表现出快速跃迁的特征，其结构嵌入与关系嵌入在国际化不同阶段存在规律性的演化关联，通过动态调整二者的耦合结构，提升在东道国市场的适应性（许晖和单宇，2018）。许晖等（2017）的研究指出，来自东道国的制度压力及其变化构成了子公司市场适应性演化前提和动机，子公司内外部主导行为、网络嵌入与市场适应性是一个动态演化和不断调整的过程，起始于外部主导行为，并不断迭代和螺旋式发展（如图2.11所示）。

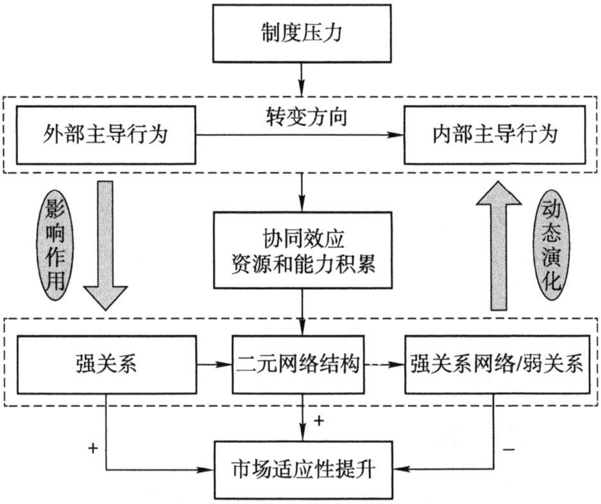

图2.11　中国跨国企业海外子公司市场适应性演化模型

资料来源：许晖等（2017）。

第四，从组织学习理论出发，探讨国际市场适应性的实现路径。已有研究指出，市场适应性的本质体现在学习机制的差异性。企业通过与外部市场环境中的其他组织进行交互，有选择地根据自身有限知识和资源改变企业结构、战略和行为方式，能够使企业资源和能力得以调整和进化，进而提高企业对市场的适应性（O'Reilly and Tushman，2013）。通过构建有效的学习机制，可以推动跨国企业制定科学合理的市场决策，并提升产品推广的准确性与效率，使企业在不同的东道国市场能够开发适应性的产品和服务，以应对不确定和复杂的国际市场环境（Revans，2000）。已有研究指出，跨国企业在开展学习过程中，知识搜索尤为关键，通过搜索所获取的知识资源是企业实现市场适应性的重要基础（Su et al.，2009；Voss，2013；Hsu et al.，2013；赵健宇和王铁男，2019），有效利用知识资源能够提高跨国企业调配和使用市场资源的效率，帮助企业更好适应海外市场环境的变化。

（二）国际市场适应性的影响因素

综合现有研究，国际市场适应性的影响因素研究主要从环境因素和组织因素两个方面展开。一方面，国际市场环境是跨国企业得以生存和发展的重要情境，环境的易变形、动荡性、复杂性与不确定性导致跨国企业在国际市场适应性上表现出差异性的特征。在动荡的国际市场环境下，跨国企业竞争优势在短期内会被侵蚀（Teece，1994），因此，企业需要不断调整能力结构以适应环境变化（Teece，1997）。已有研究发现，环境不确定性（Liesch et al.，2011）、竞争性（Casillas and Acedo，2012）、动荡性（Cavusgil，2012）等均是影响国际市场适应性的关键因素。另一方面，就组织层面而言，有效的组织必须与相联系的任务环境特征相适应，而且必须确保组织与其子单元之间的匹配（Galbraith，1973；Donaldson，2001；Chen et al.，2016），为资源内化和升级提供内部保障（Hennart，2012；Xie and Li，2017）。已有研究发现，跨国企业的国际化动机（Cui et al.，2014；Elia and Santangelo，2017）、组织结构（Powers and Loyka，2010）、子公司自主权（许晖等2017；许晖和单宇，2018）、组织认同感（Rodríguez and Nieto，2012）等组织要素对跨国企业国际市场适应性有重要的影响。

第五节 文献述评

本节依据中国跨国企业在国际市场拓展方面的理论研究，结合知识搜索、干中学与国际市场适应性等相关研究成果进行文献评述，梳理研究思路和线索，为后续研究提供理论指引。

一、中国跨国企业知识搜索机理有待揭示

关于知识搜索的内涵及维度划分，现有研究作出了有益的探索，明确了知识搜索属于组织学习的重要组成部分和关键环节，是解决组织刚性和能力

陷阱问题的重要方法，能帮助组织有效应对内外部嵌入环境的动态变化及不确定性（Mina et al.，2014）。现有关于知识搜索研究主要以发达市场跨国企业为对象进行探讨，但由于制度体制、运营环境及发展水平的差异，传统建构于发达市场跨国企业的知识搜索模式的本土适用性有待检验（叶江峰等，2020）。现有研究指出，中国跨国企业在国际化过程中，一般采用与东道国市场行为主体建立战略联盟、成立海外子公司或收购发达市场竞争对手的方式，具有很明显的知识搜索动机（Makino et al.，2002；Luo and Tung，2007），因此，知识搜索情境下的对外直接投资也被认为是中国跨国企业独特的所有权特征（Dunning，2006；Hennart，2012），强调了知识搜索在中国跨国企业海外市场拓展过程中所扮演的重要角色。但是，对于以中国跨国企业特有资源禀赋和属性特征来探索知识搜索的内在机理的研究仍然缺失（许晖等，2017），尤其是对知识搜索的动因、所搜索的知识类型，以及如何在不同的搜索方式之间作出选择和资源配置等问题有待进一步明确。

此外，现有研究从知识搜索的不同维度（如本地与远程、探索与利用、深度与宽度等）分析了知识搜索与企业绩效之间的关系（Wu and Wu，2014；Dahlander，2016），并挖掘了知识搜索对于企业获得互补性的知识、避免路径依赖、促进不同企业之间知识转移和交换等方面的重要作用。但是，值得注意的是，知识搜索所获取的知识具有无序性、复杂性和重叠性等特点，这种未被编码的知识与企业原有知识惯例存在一定的差异性，很难被直接转化和吸收。对于发达市场跨国企业，完善的知识和技术整合机制有助于对外部知识的吸收（Khanna and Palepu，2010；Zhao，2006）。但中国跨国企业所面临的一个特别的挑战是将从海外获得的知识资源在国内进行转移、传播和整合的技能很弱（Meyer and Peng，2016；Demirbag et al.，2009）。在某些情况下，整合能力的缺失使中国跨国企业不能按照传统的路径对通过知识搜索所获取的知识进行学习和转化，但现有研究对于中国跨国企业如何处理所获取的知识资源的探索仍然不够深入。

二、中国跨国企业干中学的内在机理有待于进一步的挖掘

关于干中学的理论研究，早期用来解释组织内的生产效率问题，即在生产中所形成的尝试解决问题的实践将会极大促进生产的发展（Levinthal and March，1993；Schank et al.，1999），随着时间的推移及生产数量的增加，使企业学会更有效地完成任务，降低生产额外产品单位的成本，并在减少缺陷过程中提高效率（Macher and Mowery，2003）。自干中学理论提出以后，现有研究主要从两个方面对干中学进行探讨：一方面是企业侧重于通过干中学开展重复活动并注重活动过程中的经验累积。企业或个人累积的经验越多，学到的就越多，并作用于成本、性能及效率的提升（Jain，2013）。另一方面则是企业侧重于通过干中学来推进组织内部流程的改进。企业有意识地采取行动来寻求应对问题的解决方案，并通过搜索知识、创建解决方案及复制解决方案来应对类似的组织流程上的挑战，从而降低生产成本并提高效率（Weigelt，2009）。尽管多数关于干中学的文献假设企业受益于干中学，认为通过干中学累积经验，能够使企业解决组织活动中的问题，提高质量和创新（Levitt et al.，2013），但鲜有文献对干中学内在机制作出有益的解释（Rui et al.，2016；Thompson，2010）。

近期，国际商务领域的学者强调应该将干中学引入国际商务领域，来探讨以中国为代表的新兴市场跨国企业如何提高能力（Aulakh et al.，2016），因为干中学的过程相比其他活动更难以观察，能够为中国跨国企业提供难以复制的隐性知识并帮助其获取独特的竞争优势（Rui et al.，2016）。此外，中国跨国企业干中学能够迫使企业提高创新能力，以满足国际客户的严格标准（Chittoor.，2015）。尽管中国跨国企业干中学独特的学习行为已经逐步得到理论界的重视（Liu et al.，2016；He et al.，2018），但是现有研究对于中国跨国企业干中学的探讨仍从狭义的视角出发，将其限制并视为组织内部的一种学习行为。然而，已有研究表明，中国跨国企业具有明显的知识搜索动机，以此获取所需的知识资源，使企业内部资源禀赋与外部创新主体的

经验、创意与最佳实践在创新网络的不同节点进行连接与重组（Garriga et al.，2013），从根本上打破了封闭式创新中组织学习的边界局限（Wu et al.，2019）。因此，有必要拓宽传统意义上狭义干中学的理论视域，将干中学的考量范围由组织内拓宽至组织间，以进一步解构和明晰中国跨国企业干中学的内在理论机制。

三、中国跨国企业国际市场适应性的实现过程有待解释

随着企业管理实践和理论的不断发展，国际化绩效评估经历了一个由单指标到多指标，由客观指标（Anderson and Gatignon，1986）到综合性指标（Zahra and Garvis，2000），由财务指标到财务指标和非财务性指标结合，由简单评估技术到复杂综合性评估技术（Kaplan and Norton，2001）的演化过程。面对动荡和不确定的市场环境，中国跨国企业与东道国市场的互动不再仅以客户需求为主，而更多地增加与当地制度、文化、适用标准等的互动和适应。因此，仅以财务绩效衡量跨国企业国际化行为，无法将企业增长潜力与发展动力等因素纳入考量范畴，难以揭示企业未来的成长空间，会导致对企业海外市场表现的评估出现偏差（Slangen and Dikova，2014）。国际市场适应性则涵盖了动态与静态、长期与短期相结合的特点（Julien and Lisa，2012），可以从长期的战略视角，更为全面和系统地阐释企业竞争优势的动态变化（许晖等，2017）。通过衡量企业在不确定的市场环境中不断调整与修正的行为规则，对企业国际市场拓展的状态进行评估。然而，现有研究将中国跨国企业的国际市场进入视为研究的终点，忽视了跨国企业进入国际市场后的整合过程或运营管理问题（吴小节等，2019），对于中国跨国企业国际市场适应性的实现过程仍缺乏足够的关注，难以找到有效的研究着力点。因此，有必要在复杂、多变的国际市场运营环境中，挖掘中国跨国企业国际市场适应性新的内涵特征，揭示中国跨国企业国际市场适应性实现过程的内在机制。

四、中国跨国企业国际市场拓展情境因素的考量有待深入

与欧美等发达市场跨国企业相比，中国跨国企业缺乏传统意义上的关键性和必要性优势资源，其国际市场拓展不仅仅意味着实现规模经济和范围经济，更成为克服后发劣势，实现创新追赶的一种重要战略手段。然而，与跨国企业经典理论（OLI 理论、CSA-FSA 理论、国际化过程理论等）大相径庭的是，中国跨国企业并没有将缺乏知识和经验视为国际扩张的重大障碍，也未通过逐渐增加心理距离来进入和开发新市场，而是在国际市场扩张过程中表现得更具侵略性、主动性和冒险性（Kotabe and Kothari，2016）。而导致中国跨国企业与发达市场跨国企业国际化路径差异的原因在于，两者在国际化过程中所面临的资源、制度等情境不同（许晖和单宇，2019）。尽管现有研究基于对称性假设的外来者劣势（Zhou and Guillén，2015；Ramachandran and Pant，2010；杜晓君和蔡灵莎，2016）、基于时序性假设的后发者劣势（Buckley et al.，2015；Madhok and Keyhani，2012），以及基于身份性假设的来源国劣势（Marano et al.，2017；魏江和杨洋，2018）对中国跨国企业国际化情境作出了有益的探讨，但更多的是将其视为一种背景引入条件，较少深入探讨情境差异性对国际市场拓展的影响，这导致不同情境分析所得的理论结果相差甚远甚至背道而驰（Li and Zhang，2014）。因此，有必要提炼中国跨国企业国际市场拓展过程中所面临的情境因素，并系统考量情境差异性对中国跨国企业国际化行为所产生的影响。

第三章 探索性案例研究

本章采取多案例分析方法，严格遵循复制逻辑，在分析过程中注重理论的自然涌现，解构中国跨国企业国际市场适应性实现机制，提炼知识搜索、干中学与国际市场适应性的内在理论逻辑并构建理论分析框架，基于案例分析结果，提炼相关构念的理论维度，通过与现有理论进行对话完成校对与修正。

第一节 研究方法

本节针对中国跨国企业国际市场拓展的特点，阐述研究方法的设计、案例企业的选择、数据收集与数据分析等内容。

一、研究方法的设计

案例研究是一种质性方法，研究者随着时间推移，通过详尽深入地对多种来源信息进行数据收集，探索现实生活中和当前时间下的一个或多个有边界的系统，并对案例描述和案例主题进行报告（Creswell，2012）。案例研究特别适合于探讨某一管理现象随时间发生动态变化的复杂过程（Yin，2009）。虽然传统的大样本定量研究能够检验变量间的因果关系，但难以揭示这种因果关系是如何形成的。与大样本定量研究相比，案例研究在回答理论尚不成熟领域中的“如何（How）”和“为什么（Why）”的研究问题时特别有效，可以通过对现象深入的描述和分析，解构“黑箱”的内部结构，并探索随着时间的推移，现象背后的内在机理与动力机制（黄江明等，2011）。因此，案例研究可以更真实地反映管理实践中作出的决策、采取的行动和发生的事件，有助于帮助实践者以动态的视角来理解管理活动，避免静态的、线性的认识。通过案例研究，研究者既可以生成新的理论，也可以对现有理论进行深化和拓展，还可以用于理论检验（如表3.1所示）。

表3.1　案例研究中的理论生成、理论拓展和理论检验

类型	理论生成	理论拓展	理论检验
输入	现象难以解释；几乎没有理论可以应用	现象仅能部分得到解释；已有一定的理论或模型	从已有理论中得出的正式命题或假设
过程与策略	从案例数据中归纳得出新的构念和构念间关系	在已有理论或模型的引导下收集数据、分析数据、开展案例研究，并在此基础上发展构念和构念间关系，对已有理论进行精炼和深化	通过收集和分析案例数据对命题或假设进行确认或驳斥
输出	新的可检验的命题，或者新的构念	得到修正或精炼的理论，其中包含情境因素、构念及构念间关系，能够更好地解释现象	接受或拒绝从已有理论中得出的命题或假设

资料来源：Fisher和Aguinis（2017）。

案例研究可以分为单案例研究与多案例研究。单案例的研究对象为单个案例，而多案例研究的研究对象则是两个及两个以上的案例。虽然两者最直观的区别在于案例数量的多少，但从本质上讲，单案例研究和多案例研究体现了两种不同的研究设计，两者相比既各有长处，也有其不足（Yin，2009）。从抽样原则来看，单案例通常会选取极端性、启示性的案例进行研究（Yin，2009）；多案例研究遵从复制逻辑，即挑选出来的案例能够逐项复制或差别复制（Yin，2009）。从属性分析上来看，单案例研究能够通过对研究对象进行深入的描述，更好地展示研究对象所处情境、细节及关联事件的变化，通过描述与分析的反复迭代，洞察复杂现象背后的理论规律；多案例研究则是在理论框架的指导下，通过跨案例的分析，采用逐项复制或差异复制，来验证和澄清关键变量之间的因果关系与理论关联。因此，相比于单案例研究，多案例研究能更准确地描述不同的构念及其相互关系，并从中确定准确的定义，从多个案例中推导出的结论往往被认为更具说服力（Eisenhardt，1989a；Eisenhardt and Graebner，2007；Yin，2009）。

本书采用多案例研究方法进行分析，主要原因在于：第一，案例研究具有“凸显情境，呈现过程，解释规律”的优势，有助于解构研究现象背后的理论机理，更好地展示复杂过程的动态性、整体性和辩证性。本书对于中国跨国企业如何通过知识搜索与干中学实现国际市场适应性的探讨，在本质上属于“如何”型的研究范畴，中国跨国企业国际市场拓展涉及多重情境的动态交互，其知识搜索、干中学的过程也极具复杂性，因此，通过案例研究能够洞察复杂问题背后的理论规律。第二，案例研究适用于核心构念难以测量的研究问题，通过深度沉浸于现象中，案例研究可以解构并测量新构念，进而分析构念的形成与构念间的相互关系。由于本书所涉及的干中学等核心构念是近期被学者由经济学领域引入国际商务领域来探讨中国跨国企业独特的学习行为的，所以，尚未有有效的测量方式，难以采用演绎方法研究相关问题，需要通过案例研究的方式来解构新构念的维度及关系。第三，多案例研究采用的是复制逻辑，可以更为准确地识别出关键构念之间的因果关系，保证研究结论的稳健性与普适性（Eisenhardt and Craehner，2007）。多案例研究可以识别不同情境下中国跨国企业知识搜索与干中学的动态交互，梳理出知识搜索、干中学与国际市场适应性等核心构念间的因果关系并洞察微观要素的差异和相似之处，得到稳健和普适性的理论。

二、案例企业的选择

遵循多案例研究的理论抽样原则，本书在选择案例时遵循以下标准：第一，适配性原则。本书的研究目的是分析中国跨国企业在国际市场拓展过程中知识搜索、干中学等独特行为，只将产品出口到国门的外贸型企业不适合作为本书的案例分析对象。同时，本书主题聚焦于中国跨国企业的市场行为，以“交钥匙工程”为主的契约型国际工程类企业也不适宜作为本书的案例分析对象。因此，本书所选的案例分析对象是以在国际市场开展经营业务且国际化程度较高的投资型企业为主。第二，启发性原则。所选取的案例应该具有很好的启发性，且在国际市场运营过程中具有差异性，能够为案例间的复制逻辑提供支撑，并为验证竞争性解释创造条件，以便提炼稳定、可靠的理论框架。第三，数据可获得性原则。所选取的案例企业数据可获得性较高，海外市场运营数据相对比较完善，有丰富的回溯性数据和关键节点证据链。尤其是本书的研究选题涉及知识搜索和干中学等难以直接观察的核心议题，对于数据的可获得性要求更为严格，以保障案例研究所得结论的信度和效度。

基于以上原则，本书选取青岛海尔集团（以下简称“海尔”）、比亚迪股份有限公司（以下简称“比亚迪”）、传音控股有限公司（以下简称“传音”）和华为技术有限公司（以下简称“华为”）四家企业作为案例分析对象。所选取的案例企业来自不同的行业，包括电器制造，电池、汽车制造，电子设备，信息与通信技术行业，在国际市场运营过程中面临着差异性的情境，有利于开展理论的逐项复制与差别复制。每一个案例分析单元相当于一组独立的实验，通过跨案例对比与分析证实或否定一组结论。案例企业的基本情况（如表3.2所示）。

表3.2　案例企业的基本情况

企业名称	海尔	比亚迪	传音	华为
企业属性	民营	民营	民营	民营
业务领域	电器制造	电池、汽车制造	电子设备	信息与通信技术
成立时间	1984年	1995年	2006年	1987年
经营范围	智慧家庭、工业互联网、生物医疗等	动力电池、新能源汽车、商用车、轨道交通等	手机通信、数码配件、家用电器和售后服务等	IT（Internet Technology，互联网技术）、无线电、微电子、通信、程控交换机等

续表

海外市场运营状况	在全球有十大研发中心、25个工业园、122个制造中心；拥有海尔、卡萨帝、统帅、美国GE、日本AQUA等智能家电品牌，连续11年稳居欧睿国际世界家电第一品牌；在全球市场拥有10亿用户并连续九年稳坐全球市场冠军	在全球有30多个工业园，实现全球六大洲的战略布局，是全球率先同时拥有电池、电机、电控三大新能源汽车核心技术的车企；2018年，连续三年新能源汽车全球销量第一，全球市场占有率超11%，是中国制造走出国门的标杆	全球销售网络已覆盖70多个国家和地区；在全球手机品牌厂商中排名第四，在非洲的市场份额中排名第一；在全球有多个生产制造中心；其售后服务品牌Carlcare在全球拥有2000多个服务接触点为用户提供专业高效的售后服务	全球业务遍及170多个国家和地区，和运营商一起建设了1500多张网络；《财富》杂志2019年世界500强榜单排名第61位；产品解决方案被全球170多个国家使用，服务全球运营商50强中的45家及全球30多亿人口

三、数据收集

本书数据主要来自深度的半结构化访谈，本书对于四家案例企业的数据收集历时将近三年（2016年7月至2019年5月），2016年至2019年，项目团队分别赴青岛海尔总部、深圳比亚迪总部、深圳华为总部、深圳传音总部及各地事业部及相关机构，对案例企业进行了共计27次深度访谈和7次补充访谈，每次访谈持续1~3小时，并确保有其他团队成员参与，增加数据的相互印证性。在开始正式访谈之前，为了保证访谈内容与研究主题之间的一致性，研究团队针对所确定的核心问题进行了系统的讨论，并以列表的形式形成访谈大纲；在访谈过程中，尽量以客观的角度参与到访谈中，针对不同职务的访谈人员设计了有针对性的问题，对于在访谈过程中新涌现出来的问题作出详细备案；在访谈结束后，研究团队会对访谈录音进行文字化转录，并对所获取的访谈数据进行检验，核对不同受访者对问题回答的一致性程度，对存在分歧和不足的访谈数据，则会通过后续的访谈进行验证和补充。

三角验证（Triangulation）是提升多案例数据分析质量、案例研究结果效度和信度的重要保障（Yin，2009），为了提升案例研究的构念效度，研究者有必要对多种来源的数据进行三角验证，并在这些数据间建立具有连贯性且符合一定逻辑的证据链。因此，为了保证案例研究结论的稳健，本书采取多样性的数据来源相互印证，主要有：①案例企业的内部资料，包括历史档案、年终总结、会议记录、领导讲话及内部报刊等；②企业的公开性外部资料，包括新闻报道、行业报告、官网新闻、社交媒体、书籍与论文等；③案例企业的参与式观察，包括展厅参观、线下活动及相关会议等（如表3.3所示）。

表3.3　案例数据来源

企业	数据来源	类别	数量/个
海尔	半结构化访谈	人员	10
	内部资料	文档	113
	外部资料	书籍	6
		新闻报导	256
		行业报告	10
		文章	27
	参与式观察	现场观察	5
比亚迪	半结构化访谈	人员	12
	内部资料	文档	67
	外部资料	书籍	7
		新闻报导	313
		行业报告	8
		文章	15
	参与式观察	现场观察	3
传音	半结构化访谈	人员	7
	内部资料	文档	29
	外部资料	新闻报导	135
		行业报告	4
		文章	

续表

企业	数据来源	类别	数量/个
华为	半结构化访谈	人员	9
	内部资料	文档	71
	外部资料	书籍	6
		新闻报导	322
		行业报告	3
		文章	31
	参与式观察	现场观察	5

四、数据分析

多案例数据分析过程不是一个线性的过程，数据收集与数据分析也并非一次就能够完成，而是具有高度的迭代性（如图3.1所示）。与单案例一样，多案例数据分析的核心是贡献于理论的构建需要在多个案例之间进行比较，以期发现稳定的模式。因此，多案例研究需要将在单个案例中发现的关系（即单个案例数据与理论比较）与其他案例进行反复比较（案例之间的比较），只有该关系能够反复出现，才能说明该关系是有效的。

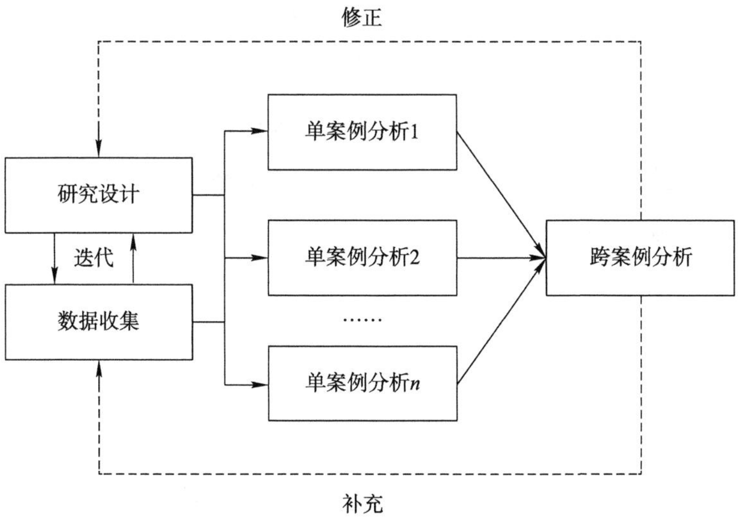

图3.1　多案例分析的迭代过程

遵循多案例研究设计，本书主要分三个步骤对所收集的案例数据进行整合、提炼与归纳：第一步，案例内分析。主要对四家案例企业在国际市场拓展过程中的知识搜索、干中学与国际市场适应性进行描述与分析。第二步，跨案例分析。遵循复制逻辑，比较四家案例企业在国际市场拓展过程中知识搜索、干中学与国际市场适应性的异同，按照“情境—行为—结果”的逻辑，借助大量的图表挖掘同一时序区间内不同构念之间的潜在关系，在探索研究结论的过程中推动案例数据与理论的匹配，提升理论抽象程度，以形成稳健的因果关系证据链。第三步，理论框架提炼。对同一层级的构念跨时序区间进行对比分析和逻辑推演，分析中国跨国企业在国际市场拓展过程中的知识搜索、干中学与国际市场适应性变化背后的理论机制，在数据资料、涌现构念及已有文献之间反复穿梭，直至形成稳健的理论框架。

同时，为了保障案例研究的信度与效度，本书采取如下做法：第一，在案例研究开展前，邀请具有多年案例研究经验的教授对研究计划书的合理性进行论证；第二，案例分析过程中采用多样性的数据来源，不同渠道的数据可以形成交互性的三角验证关系，为案例分析提供丰厚的证据链；第三，对所收集的案例数据建立数据分析库，与团队内其他成员将访谈数据及其他数据资料转化为逐字稿，并启动对数据资料的编码，编码过程中要共同核对编码结果，对于编码不一致或存在差异性的数据条目，扩展证据链进行验证，保留辨证后达成一致的编码结果；第四，数据分析过程要在数据资料、现有理论之间反复迭代，在完善研究发现的同时实现数据与理论的迭代性匹配，提升研究的准确性与普适性。

第二节　案例分析与发现

本节主要对四家案例企业知识搜索、干中学与国际市场适应性的内在机理与潜在逻辑进行具体的分析。

一、中国跨国企业知识搜索

跨国企业的一个关键的竞争力来源是在全球范围内获取和利用知识（Cantwell and Mudambi，2011）。对于中国跨国企业而言，为了弥补国际市场运营的后发者劣势和外来者劣势，其对外直接投资具有明显的知识搜索动机，特别是当中国跨国企业缺乏传统意义上的所有权优势时，这种动机会更为强烈（Mathews，2002；Ramamurti and Singh，2009）。因为，国际市场相对劣势的位置，会驱动企业通过对外直接投资搜索企业所需的知识资源，推动企业国际市场竞争力的提升（Mathews，2006；Narula，2012）。通过对四家案例企业的分析可以发现，驱动中国跨国企业知识搜索的重要原因是知识差距。为了弥补知识差距，中国跨国企业通过组织间搜索和组织内搜索获取关键性的知识资源，以更新企业知识基。

（一）中国跨国企业知识差距

知识差距是促进组织学习的重要触发因素。中国跨国企业不断变化的经济和制度环境促使企业认识到相关知识差距的存在，从而促使组织寻找解决方案，获取新知识以缩小相应的差距，这种知识差距表现在中国跨国企业所拥有的知识基与在全球市场竞争中至关重要的新知识之间的差异（Wang，2014）。没有解决这些知识差距的解决方案，中国跨国企业就无法与强大的发达市场跨国企业进行竞争，甚至没有生存机会。因此，促使中国跨国企业开展知识搜索行为最重要的动因就是知识差距的存在。在这种情况下，通过知识搜索能够促进新知识与企业原有知识的重组和交叉，增强知识存量，提高中国跨国企业创造价值的能力（Criscuolo，2009；Belderbos et al.，2013）。通过对海尔、比亚迪、传音和华为四家案例企业进行分析，本书发现中国跨国企业的知识差距主要集中在技术知识差距、市场知识差距和管理知识差距三个方面。典型例证（如表3.4所示）。

表3.4　中国跨国企业知识差距典型证据援引

知识差距	典型例证援引			
	海尔	比亚迪	传音	华为
技术知识差距	·海尔刚成立的时候，生产技术比较落后，面对市场大潮冲击，更是处在濒临破产的边缘； ·这种技术窘境，对于计划经济体制下专门从事生产制造的企业而言是非常陌生的； ·海尔也想用自己研发和生产的压缩机，但是由于没有符合质量要求的，只好进口； ·这对于海尔而言还是一项全新的技术，既没有资料可供参考，又没有经验可资借鉴； ·对于制冷机、压缩机、冷凝机等技术含量高的部件在生产过程中所遇到的问题，更是无从解决	·比亚迪创业初期，东拼西凑的创业团队中，搞电池技术的只有王传福一个人； ·比亚迪定位的镍镉电池，与国外日系厂商最新研发的镍氢电池技术相比，在全球市场属于落后产品； ·最早吃到这块蛋糕的就是三洋、索尼这些日系厂商，可以说当时整个电池市场基本都是他们的天下，比亚迪想在技术上分一杯羹是难上加难，只能定位到淘汰的镍镉电池技术； ·技术这道鸿沟很难跨越，尤其是掌握在别人手里的专利掐住了企业的咽喉，为电池生产与研发带来很大阻碍	·相对于国际品牌，我们除了在产品性价比方面占有一定的优势，在技术、品牌、设计还有服务上相比于他们都处于落后的状态； ·我们公司产品线主要集中在功能性手机与中低端智能手机方面，但在智能机细分市场，尤其是高端旗舰机，相比于国际大牌，技术差距较大； ·传音已经能够独立完成应用层软件设计、外观结构设计及批量生产，但对于基带电路、第三阶段射频电路等高尖端技术的研发仍处于探索阶段，对于核心技术的掌握明显不足	·华为海外市场拓展初期，研发周期、交货时间方面的问题最为突出，明显要比其他公司的时间长很多； ·华为所属行业属于高新技术行业，产品生产过程中技术问题是差之毫厘、谬以千里，而且还是有很多Bug（缺陷），锡膏质量检测不够精准，所以有时器件焊接质量不能得到很好的保证； ·由于技术尚不成熟，且缺乏商业推广的经验，对于一些事情应对不足，后期问题接二连三地出现，客户在进行效果评估打分的时候，直接给了零分
市场知识差距	·2002年以前，我们对印度市场的发展战略不是很清晰，对当地市场的了解不足，那时候，我们一直试图寻找一家当地的代理商来帮助我们做印度市场，负责印度市场后，也前后找过几个合作伙伴，但出发点都是以出口为中心，结果都以分手告终	·中国和拉丁美洲两地远隔万里，不同的语言、风俗、宗教、社会制度等容易让双方因为不了解而带来问题； ·刚刚走出国门的时候，海外市场的法律环境对我们而言是非常陌生的，这需要很大力气去改善	·我们缺乏品牌建设经验，公司的TECNO和Infinix品牌的产品重合度较高，没有体现出良好的互补性，除了TECNO的Camon系列与BOOM系列有比较明显的个性化特征与细分市场，其他产品系列的区分度不高，导致品牌间关系不明晰，影响市场形象定位	·2000年初，华为在国际市场的销售还只是局限于“零敲碎打”，国际营销体系尚不成熟，品牌建设经验更是没有章法可循，与主流大厂商差距甚远

续表

知识差距	典型例证援引			
	海尔	比亚迪	传音	华为
	·在经济体制比较落后的国家，资源分布、经济状况及客户需求偏好等有很大的差异性，生搬硬套只会使我们处于被动的地位	·尤其是一支熟悉当地语言、环境和市场的人才队伍，是目前很多我们企业海外市场拓展严重缺乏的，不仅限制了企业扎根海外市场，还影响着长期合作的开展	·非洲原本的手机行业和市场就极其滞后，人们的需求也未被开发出来，传音初来乍到，没有营销策略，当然无法刺激人们的购买欲望	·派往海外市场的年轻员工基本没有海外运营经验，需要耗费大量的时间去适应当地的环境； ·从操作上看，对于市场运作的技巧掌握上还远远不够，主要的原因是缺乏足够的海外市场运营经验
管理知识差距	·过去生产与质量监管是分开的，生产经理只负责投入产出、物资消耗等，而质量经理只负责质量评估与合格率，分块管理影响了企业的品控体系建设； ·刚开始的时候，企业内部的管理因亏损而混乱，生产效率极低，人心因混乱而涣散。之前也制定了一系列的规章制度，但由于这些制度没有得到有效的贯彻执行，也就造成了有令不行、有禁不止的局面	·销量有所回升，但品控就停滞在那里了，这反映出背后的管理体系是僵硬而落后的； ·一直坚持电池垂直整合的封闭式经营模式，比亚迪一定程度上吃了亏； ·成本管理不能与变化的外部经济环境相适应，在成本管理上，比亚迪将精力过度集中于生产管理领域，以降低产品生产过程中可以规避的人工费用、制造费用等成本损耗，但却忽视了产品开发、运营管理、售后服务等方面的成本费用控制	·随着非洲市场业务量的激增，我们的管理水平没有跟上市场扩张的步伐，部分地区甚至出现渠道恶性竞争； ·尤其是对于代理商的管理不善会带来很多问题，如管理规范缺失、收取额外的费用、售后服务周期长等问题； ·企业管理体系建设仍处于初级阶段，对于组织架构调整、评估体系确定、企业文化建设等方面仍较为落后，相比于国际大厂，仍有很大的差距需要不断弥补	·我们的队伍很年轻，在国际化初期管理经验的积累不足，尤其是在抗击风险与处理突发事件方面的能力比较弱； ·刚入职的时候，公司还没有建立严格的管控体系，产品开发管理没有科学的流程和制度，项目能否成功，很大程度上取决于研发人员和项目经理的运气因素； ·实施IPD（Integrated Product Development，集成产品开发）前，华为缺乏市场管理，缺乏有效的需求管理等

第一，技术知识差距。通过对四家案例企业进行分析，本书发现技术知识差距是中国跨国企业在国际市场拓展过程中需要解决的首要问题。作为全球经济的后起之秀，相比于欧美等发达市场跨国企业，中国跨国企业缺乏深度的技术积累（Child and Rodrigues，2005），尤其是在国际化初期阶段，这种

技术知识差距表现得尤为明显。具体而言：①海尔的技术知识差距。海尔的前身是青岛电冰箱总厂，和中国其他集体所有制企业一样，存在研发体系缺失、技术水平落后等一系列问题。海尔成立初期，对于电冰箱制造的基本原理，除了少数技术工人掌握一些基本知识外，基本没有人深入了解。对于制冷机、压缩机、冷凝机等技术含量高的部件，在生产过程中遇到技术问题更是无从下手，导致海尔成立初期的产品质量出现一系列的问题。在海尔成立初期，国内市场仍秉承着“项目为王”的经营理念，必须靠引进项目进行技术输血才能维持生计，企业自主研发积累相当于零，海尔的技术知识储备甚至与国内的北京雪花冰箱厂、沈阳电冰箱厂、广东万宝冰箱厂及苏州香雪海等冰箱厂相比都尚有一段技术差距，与美国、德国等国际主流电冰箱生产厂家的技术储备相比更是差之千里，这些技术问题掣肘了海尔国际市场拓展的步伐。②比亚迪的技术知识差距。在电池研发上，比亚迪成立之初，日系厂商控制了全球90%以上的电池市场，日本政府禁止出口充电电池技术和设备，以为形成技术壁垒，阻止意图进入电池领域的他国厂商。因此，大部分电池厂商只能从日本购买电芯进行简单组装，这导致中国企业在规模巨大的充电电池市场基本没有竞争力，而比亚迪所定位的镍镉电池与国外最新研发的镍氢电池相比属于全球落后产品；在汽车研发上，比亚迪由充电电池领域跨界进入燃油汽车领域时，中国大部分汽车工业企业缺乏标准的汽车研发流程，汽车产业版图早已被美国、欧洲和日本的跨国巨头所分割，面对福特、丰田、大众等国际汽车公司，国内车企在专利阻击战中纷纷败北而不得不采取以“市场换技术”的合资方式谋求生存空间，对于做电池起家的比亚迪而言，面对专利壁垒更为密集的汽车行业，在汽车生产和技术研发上仍是一片空白，技术知识储备与发达市场跨国企业存在巨大的鸿沟。③传音的技术知识差距。传音成立之初，与深圳华强北其他手机厂商一样靠OEM（定牌生产合作）维持市场业务，给一些印度和东南亚的手机品牌做贴牌，但很快被同质化的价格战所困，所以传音开始开拓非洲市场以寻求新的出路。由于非洲市场的消费水平相对较低，功能机在当地比较受欢迎，所以售价10~200美元的功能机占到传音销量的七成，产品结构不合理。在技术研发上，传音主要集中于用户需求的研发，已经能够独立完成应用软件、外观结构设计并具备批量生产的技术，但是对于芯片、电路和基础性硬件等深层次的核心技术并未投入很大精力，而国际或国内领先的手机品牌一年的专利数量就高达上千件，随着非洲消费升级和需求变化，一直面向中低端市场的传音在技术知识储备上与行业领军企业的差距在逐渐拉大。④华为的技术知识差距。华为从代理香港公司HAX交换机起家，在国际化的早期阶段，华为与欧美等发达市场跨国企业的研发体系差距巨大，在进行海外市场拓展时，研发周期长和产品故障率高是华为面临的最突出的问题。例如，华为在开发阿联酋市场时，技术尚未完全成熟，几个项目负责人顶着巨大压力在阿联酋完成实验局的建设，但由于技术落后，且没有商用经验，出现一系列问题，导致阿联酋客户给出零分的评估结果。

第二，市场知识差距。通过对四家案例企业的案例分析，本书发现中国跨国企业在国际化初期阶段，全球足迹有限，从事并处于早期水平的价值增值活动，对出口的依赖远远大于海外生产，国际收入所占的销售比例小，导致国际市场运营知识缺失。具体而言：①海尔的市场知识差距。在拓展海外市场时，海尔是中国为数不多早期开展国际化的企业，没有先前经验可以借鉴，在海外市场拓展时，由于地域文化差异及对东道国市场的不了解，国际知识储备存在一定的差距。在欧洲市场，欧洲客户的消费习惯和产品准入机制对于海尔而言都是陌生的；在美国市场，海尔由于抓不住主流用户需求、物流网络不匹配等问题，在前两年的时间里一直没有机会进入沃尔玛的销售渠道；在印度市场，海尔由于没有清晰的国际市场进入战略，初始阶段一直在尝试寻找代理商，出发点是以出口为中心，但由于对印度市场销售结构、税收政策缺乏足够的了解，最终代理渠道大部分以失败告终。②比亚迪的市场知识差距。比亚迪是跨界由电池领域到汽车行业的，其市场运营模式也由“比亚迪—委托代工企业”的B2B（Business To Business，企业对企业）模式向“比亚迪—消费者”的B2C（Business To Customer，企业对消费者）模式转化，相比于大客户，终端客户的消费诉求更加多元化，对于比亚迪这个从电池领域转行过来的“门外汉”存在排斥心理。尤其是在国际市场拓展过程中，比亚迪的品牌附加值、驭价能力都比较弱。在开拓欧洲市场时，比亚迪国际市场知识极其匮乏，只能带着几万美金和一货柜电池，到跳蚤市场去寻觅机会，偶尔才能获得一些订单；在开拓拉丁美洲市场时，由于缺乏市场知识，不同的语言、风俗、宗教、社会制度等都给比亚迪市场运营带来一系列问题。③传音的市场知识差距。传音国际市场拓展主要集中于非洲市场，非洲市场的政治、经济和文化极为特殊，大部分非洲国家刚刚脱离殖民统治不久，国内制度环境尚不成熟，内部制度的不稳定导致市场运营规则也较为混乱。非洲的手机市场行业缺乏严格的行业标准，对于非洲消费者而言，只有两种手机，一种是代表三星和诺基亚的“Original”；另一种则被称为“Made in China”，被视为山寨机的代名词。同时，大量的翻新机、售后返修机充斥非洲市场，各种销售渠道管理混乱、产品以次充好，基本没有售后服务。此外，非洲市场存在很多电信运营商，由于缺乏统一标准，不同运营商之间的结算费用很高，信号稳定性极差。面对非洲手机混乱的市场格局，传音国际化初期缺乏足够的市场运营经验，市场知识差距较大，基本上没有市场运营策略，也无法刺激非洲消费者的购买需求。④华为的市场知识差距。在国际市场拓展初期，华为派出的海外市场开拓人员虽然在国内都有丰富的市场经验，但面对海外市场制度、经济、文化的差异性则表现得无所适从，甚至由于不了解当地市场运营规则而面临风险。华为在开拓俄罗斯市场时发现，俄罗斯客户的基本认知是，西门子、朗讯等跨国巨头的电信产品是有保障的，对于来自中国的华为缺乏基本的信任，导致华为在俄罗斯市场到处碰壁。由于缺乏市场知识，华为海外市场运营人员需要花费大量的时间来适应当地的制度、经济、文化环境，而且华为所面临的挑战不仅仅是向本地市场客户推销产品和服务，更是推销中国制造的品牌形象，这大幅增加了华为在海外市场开展运营的难度。

第三，管理知识差距。通过对四家案例企业的案例分析，本书发现在国际市场拓展初期，中国跨国企业管理体系尚不完善，存在管理效率低下、管理规范缺失、管理体系不健全等一系列问题，尤其是在海外市场，管理知识储备与发达市场跨国企业相差甚远，国际市场运营效率低。具体而言：①海尔的管理知识差距。海尔成立初期，国内正处于计划经济体制向市场经济体制的过渡阶段，企业管理条例形同虚设，内部治理处于混乱的非平衡状态，员工纪律涣散。针对这种情况海尔采取了直线职能结构，通过“一竿子抓到底”，改善混乱的组织结构，随后海尔又采取了事业部制，集团总部作为旗舰，以计划经济的方式协调下属分公司，上下级之间是隶属关系，集团是整体的决策中心，各个事业部是利润中心，各个工厂是成本中心，班组则是质量管控中心。但海尔业务壮大及海外市场的拓展，导致海尔患上“大企业病”，管理人员只能面对直属上级，缺乏与市场的接触，反应迟钝，效率低下，尤其是在海外子公司管理上，不能为海外市场拓展提供足够的管理支撑。②比亚迪的管理知识差距。比亚迪在成立之初，各方面管理人员都非常紧缺，主要管理团队由各个技术部门的核心主干“拼凑”而成。比亚迪始终保持着以技术为主导的管理模式，管理体系上相对比较保守和封闭，内部管理存在裙带关系等问题，比亚迪与世界知名企业在管理知识储备上仍存在着一定的差距。由于管理经验缺失，在比亚迪由B2B转到B2C运营时，在网络扩张、网络管理、品牌宣传等方面经验积累不足，导致出现“退网门”“广告罗生门”等事件。③传音的管理知识差距。传音执行的是垂直型的管理体系，下级各部门只对唯一的上级领导负责，这种管理模式的优点是分工明确，执行效率高，但缺点是高层部门面临巨大的管理压力，需要高层管理人员掌握各类专业知识和技能以作出正确决策。传音的管理模式主要依靠高层的经验和判断，随着传音的发展壮大与业务量的激增，这种管理体制所带来的风险也就不断加大，导致企业因为拖延或个人层面的误判而错失机会，从而增加市场风险。此外，传音的管理理念在初期仍停留在口号、目标等管理体系的建设上，企业文化与管理体系比较薄弱，在管理知识储备上相比于行业领军企业还有很大的差距。④华为的管理知识差距。华为在国际化初期管理知识落后，正如华为产品行销经理所言“由于没有一个很好的流程体系、管理体系支撑，我们无法与发达运营商进行对话和交流，也无法通过认证，甚至连对话和交流的资格都没有”。在生产管理上，华为程控交换机的大批量用户板的生产效率非常低，往往需要支付高昂成本；在研发管理上，缺乏严格的产品工程管理理念及科学的管理流程，项目研发能否成功，运气成分占很大比例，产品获得成功具有一定的偶然性；在市场管理上，缺乏有效的需求管理等方法，初期每天会接到很多投诉电话，瘫机比例非常高；在人员管理上，华为公司等级森严，缺乏沟通文化，需要通过各种组织调整和会议来解决，导致关键问题很难在短时间之内出现问题集中处理好，需要消耗大量的时间。

（二）中国跨国企业知识搜索方式选择

为了弥补技术、市场和管理知识差距，中国跨国企业积极通过知识搜索以寻求问题的解决方案，增加企业的知识存量，并提升创造价值的能力。同时，通过知识搜索，中国跨国企业可以从不同的知识模块间发现新的联系，使不同的设计参数或以前没有关联的想法得以连接，打破旧有的规定和程序，为中国跨国企业在国际市场快速追赶对手提供新的机会。通过对海尔、比亚迪、传音和华为四家案例企业进行分析，本书发现中国跨国企业的知识搜索主要表现在组织间搜索和组织内搜索两个方面。

1. 组织间知识搜索

中国跨国企业在国外市场的扩张，与其通过学习或利用企业没有的知识资源密切相关。在面对知识差距的情况下，组织间知识搜索是中国跨国企业获取知识最重要的方式。中国跨国企业通过搜索和引进行业领军企业的关键技术、与拥有卓越知识的企业结成战略联盟、并购持有所需知识的竞争对手的方式，来填补知识差距。通过对海尔、比亚迪、传音和华为四家案例企业进行分析，本书发现中国跨国企业组织间知识搜索主要表现在组织间技术知识搜索、组织间市场知识搜索和组织间管理知识搜索三个方面。典型例证（如表3.5所示）。

表3.5 中国跨国企业组织间知识搜索典型证据援引

知识搜索	典型例证援引			
	海尔	比亚迪	传音	华为
组织间技术知识搜索	·在俄罗斯，海尔成立了“卡玛大师”工业园，以利用当地知识积累，推动制冷技术的研发； ·海尔当前已在欧洲、美国、日本、韩国、新西兰及印度建立了十大研发中心，搭建了“10+*N*”的开放式创新体系，寻求关键研发资源； ·Coton项目的研发是通过海尔在日本的研发平台进行的，该平台上有包括早稻田大学、东京大学等研究机构，将用户需求公开在平台后，方案供应商会提供各自的技术解决方案	·我们的工程师把全球所有品牌的一百多辆车全部拆开，分析并筛选出每辆车零组件可以为我们所用的技术，这样做不仅可以节省大量的研发费用，还降低了消费者的接受风险率，因为很多技术是久经考验的成熟技术； ·英国非常擅长研发，我们和大学合作，和英国电力网络合作，由于这样一些合作，我们才能实现预期目标； ·比亚迪借助这个平台，全球化步伐明显加快，开启了“强强联合、优势互补”的合作新模式	·传音与目前行业领先的手机锁方案提供商PayJoy Inc合作，通过PayJoy Access技术在手机上实现快速部署，能更有保障地通过分期付款来销售手机，大大降低了风险和消费者的购买门槛； ·传音基于自主研发的智能终端操作系统和流量入口，与网易、阅文等多家国内领先的企业进行战略合作，提供量身定制的互联网产品； ·在韩国成立研究所搜索本地手机厂商的外观设计知识、在法国成立研究机构搜索通讯技术知识	·华为与沃达丰进一步签订了加深双方战略合作伙伴关系的协议，与沃达丰携手LTE（Long Term Evolution，长期演进）开发研究； ·与西门子成立合资公司，共同针对中国市场开发针对性的通信技术； ·与赛门铁克成立合资公司，合作研发存储与产品技术解决方案； ·俄罗斯在物理与数学基础知识研发上具有深厚的积累，通过在俄罗斯成立研发分公司，引进一些高尖端的数学家和物理学家，开展基础性研发
组织间市场知识搜索	·现在海尔在美国的营销中心和设计中心聘用的都是美国人，利用他们对当地市场的了解，使海尔的产品和服务在与当地市场沟通过程中更加直接； ·我们通过与当地的经销商合作，吸收当地制造和营销人才，利用他们在这个市场的积累，研究用户的消费习惯与偏好，为当地市场打造量身定做的产品和服务	·比亚迪纯电动大巴在美国奥马哈街头已接受意向客户试驾，我们积极记录市场反馈，试驾客户表示相当满意，并当场表示要下一批订单，可见比亚迪K9已得到外国意向客户极大的肯定	·在尼日利亚跟迪信通合作了3C Hub，获取尼日利亚当地关键的渠道资源； ·传音派出多个调研小组，深入非洲，与不同类型的顾客及零售商沟通，来深度探究市场的需求； ·其中一个最重要的做法就是紧紧地绑住了非洲的手机代理商	·与3Com成立合资公司，借助3Com品牌效应与国际渠道，通过“借船过河”的方式，打开海外高端市场销路，改变华为在国际市场经验储备不足方面的劣势

续表

知识搜索	典型例证援引			
	海尔	比亚迪	传音	华为
	·从经销商中进行筛选，发展成为自己渠道伙伴	·比亚迪不是推广一个产品，而是到这个国家去帮其制定一个行业标准。很多国家没有电动大巴产业基本的测试法规，比亚迪根据他们提供的市场参数，为其量身定制	·我们的策略是通过与当地的著名运营商合作，获取在本地市场积累的运营经验，配套销售产品并提供服务	·在日益激烈的全球市场竞争环境下，华为与咨询公司Accenture在客户关系管理方面展开多次合作，以帮助华为梳理从产品研发到客户服务的市场运作流程，提升华为在全球市场的运作效率
组织间管理知识搜索	·我们雇佣亚默瑞为欧洲贸易公司的总裁，他有多年家电企业的管理经验，能够填补我们市场管理上的不足； ·在美国、日本、欧洲、中东、印度等国家和地区，一大批曾经创过世界名牌，如GE、飞利浦、松下等品牌的人加盟海尔，成为海尔一员； ·海尔在人力资源管理上一直致力于寻求适用于全球员工的管理体制，对于一些拥有先进管理制度的企业，海尔会积极地开展学习，以优化自身的管理体系	·比亚迪采取的是西方式管理制度，但是却营造出了具有中国特色的“家文化”，形成一张一弛的最佳融合； ·希望借助这个平台，引进国际一流厂商成熟的管理体系与管理模式，学习领先的管理经验，推动比亚迪管理体制的变革，搭建与国际市场接轨的管理体系； ·为提高骨干员工的统计过程控制和测量分析系统的能力，比亚迪集团再次邀请卓智咨询集团的精益六西格玛管理学院进行为期3天的培训	·这些“本地化”的做法也吸引了原本在一些著名厂家工作的本地员工加入传音，他们认为这家公司是与自己在一起的； ·在当地建造工厂，通过本地化雇佣进行行业人才培养与储备，完善管理体系； ·传音控股与中国信保深圳分公司签署战略合作协议，旨在扩大双方在出口信用保险业务合作上的广度和深度，建立互利互惠、稳定的战略合关系，全面提升国际化经营管理能力和水平	·华为的任职资格体系来自英国国家职业任职资格体系，它也是国内唯一一家使用这一体系的企业； ·产品研发管理流程、供应链管理流程、财务管理流程都来自IBM； ·全面引进国际领先的管理体系，吸收成功的管理经验，包括从HAY引入职位和薪酬体系，从IBM引入供应链管理体系，引进英国的职业资格管理体系等，补充管理知识体系存在的不足和漏洞

第一，组织间技术知识搜索。组织间技术知识搜索以获取行业领先的技术或企业的互补性技术为动力，这种知识搜索行为超越了组织知识禀赋、惯例、技术和区域边界，获取的知识与既有知识基差异较大，甚至是跨领域的知识。具体而言：①海尔组织间技术知识搜索。海尔成立初期就采取了组织

间技术知识搜索的方式来获取关键的技术资源，最初是海尔高管团队到德国参与“利勃海尔”的培训学习，获取电冰箱生产过程中的技术知识。随着海尔技术积累逐渐增加，海尔与美国的NETSCREEN、德国的迈兹、日本的松下、荷兰的菲利浦等企业在数字化技术、全媒体技术、软件技术、变频技术等方面建立多个技术联盟，整合国际技术资源。同时，海尔还收购了GEA、斐雪派克、三洋等具有深厚研发积累和技术储备的跨国企业，通过海尔的全球研发协同平台，促进技术知识的转移。例如，海尔的手持洗衣机Coton就是通过在日本的研发平台，与日本一家振动技术公司合作研发的。②比亚迪组织间技术知识搜索。为了弥补技术劣势，比亚迪开始搜索行业领军企业的成熟技术知识，通过收购秦川汽车，获取秦川汽车所引进的德国DURR公司的涂装生产线、西班牙FAGOR公司的全数控冲压生产线、日本狄原公司焊装生产线及日本万岁公司的整车检验线，为比亚迪提供了整车生产知识。通过拆解丰田花冠、广本雅阁等国际主流车型，筛选被消费者接受且不会造成专利侵权的技术。通过与戴姆勒合作成立新技术合资公司，为中国市场设计、研究和开发新电动汽车、电力传动系统、车用动力电池和电动汽车零部件。与丰田汽车合作成立纯电动车研发公司，开展纯电动车及该车辆所用平台、零件设计、研发等相关业务，实施整车研发合作。③传音组织间技术知识搜索。由于技术知识缺失，传音积极在海外成立研发机构搜索技术知识，在韩国成立研究所搜索本地手机厂商的外观设计知识，在法国成立研究机构搜索通信技术知识，在尼日利亚的拉各斯和肯尼亚的内罗毕成立研究院搜索用户体验知识。传音的总部位于深圳，是中国最大的手机生产和制造基地，产业链全，技术支撑能力强，具有全世界最好的手机生产动能，能够为企业创新和智能手机行业的发展创造非常好的环境。传音充分利用深圳手机研发和生产所带来的溢出效应，搜索有利于在非洲市场立足的技术资源。④华为组织间技术知识搜索。为了弥补技术劣势，华为积极在海外建立研发机构以获取国际领先的技术知识，在瑞典和芬兰紧挨着爱立信与诺基亚成立无线系统研发中心，在俄罗斯成立天线研发中心，在美国成立芯片与创新技术研发中心，在印度成立软件研发中心，在日本成立工业工程研发中心，在韩国成立终端工业研发中心。法国的研发中心旨在挖掘法国的基础数学资源，斯德哥尔摩的研发中心主要是获取瑞典的通信技术，班加罗尔的研发中心主要是获取印度领先的软件技术。华为还积极与摩托罗拉、英特尔及德州仪器等发达市场跨国企业成立联合实验研发室，引进和学习发达市场高科技公司的技术知识。同时，与大学等科研机构合作获取基础性的技术知识，如与美国伯克利分校的人工智能实验室开展机器学习与自然语言处理等人工智能热点课题。

第二，组织间市场知识搜索。组织间市场知识搜索能够使中国跨国企业通过向行业领导者、竞争者及企业间网络进行间接学习来克服在国际市场运营直接经验缺乏所带来的不足，扩充中国跨国企业国际市场运营知识的储备。具体而言：①海尔组织间市场知识搜索。为了获取国际市场知识，海尔积极扩大与海外经销商网络的合作，利用东道国本土经销商的市场积累，来获取当地消费者的需求知识，如在荷兰市场，海尔与荷兰当地的经销商及售后服务中心合作，对欧洲上市运作方式、解决方案等知识做了系统性的搜索；在海外设立10个信息站和6个设计分部，聘请东道国市场的员工，来搜索当地人的消费特点、生活习惯和风俗偏好等市场知识。此外，海尔在美国纽约设立营销中心，在洛杉矶成立设计中心，搜索符合美国消费者习惯和喜好的市场知识；同时，海尔还搭建了“众创会”“海达源”等针对消费者和客户的信息交互平台，能够使海尔快速洞察到消费者需求、供应商状态等市场信息，通过这种信息平台，海尔能够快速搜索全球知识。②比亚迪组织间市场知识搜索。为了补充国际市场知识空缺，比亚迪积极与国外知名企业合作，获取本土化的市场知识。在日本市场，针对日本地震多发的特殊性，比亚迪与日本冲绳Ships Agency公司合作，获取日本市场运营知识，并针对日本市场特殊性，在车载大巴上搭载VTOL（Vertical Take-off and Landing，垂直起降）功能，相当于功率324kW/h的可移动式大型电源，在发生灾害时为客户供电；在欧洲市场，比亚迪与欧洲最著名的城市大巴商ADL合作，搜索欧洲大巴市场排放标准等一系列市场知识；在拉丁美洲、非洲等一些欠发达国家，比亚迪与当地客户建立了强连接关系，针对当地市场特点，搜索市场知识，共同搭建新能源汽车运营标准。此外，比亚迪还积极打造与终端客户的沟通平台，通过客户反馈来推动终端产品改进。③传音组织间市场知识搜索。面对错综复杂的非洲手机市场，传音主要通过绑定非洲市场代理商来搜索本地的市场知识，使传音能够及时根据代理商所反馈的市场信息，从消费需求及认知反馈的角度对产品和服务作出准确调整。传音还积极与非洲主要电信公司合作来搜索市场知识，如尼日利亚的Etisalat Nigeria和肯尼亚的Safaricom公司。除了线下渠道，传音积极布局线上渠道，积累市场经验，与非洲地区最大的两个电商平台Jumia和Kilirnall建立战略合作伙伴关系，从线上获取市场反馈。同时，传音通过在Facebook、Twitter及Google+上举办大量的线上活动，扩展一大批关注者，搜索个体消费者的反馈知识。④华为组织间市场知识搜索。华为在海外市场迈开的第一步是与香港长江实业旗下的和记电讯合作，通过从和记电讯搜索市场知识，打入香港市话网；在拉丁美洲市场，华为通过与运营商、渠道商和零售商建立紧密的合作关系，来搜索贴近拉美消费者所需的营销、零售和服务知识；在非洲市场，华为与非洲最大的跨国移动运营商MTN合作，MTN在尼日利亚、乌干达、赞比亚、喀麦隆等国家有网络布局，通过合作获取的市场知识让华为快速打开非洲市场；通过与英国和法国最大的移动营运商Orange公司合作，使华为搜索Orange在欧洲市场固定网络、无线网络、网络能源等方面所积累的市场知识。在全球合作方面，除了法国Orange，华为还与欧洲沃达丰、德国电信、中东Etisalat、韩国LGU+等众多业界顶级运营商建立了战略合作关系，共同致力于网络能效的提升。通过与国际电信运营商合作，华为的国际市场知识储备快速增加。

第三，组织间管理知识搜索。组织间管理知识搜索能够使中国跨国企业获取行业领军企业先进的管理知识，建立标准化的管理体系，提升中国跨国企业在国际市场运营中的管理水平，提高应对国际风险的能力。具体而言：①海尔组织间管理知识搜索。为了弥补管理知识的匮乏，海尔积极引进国际领先的管理体系，如在质量管理上，海尔引入国际先进质量管理标准，在国内同行中率先通过多项国际认证，有效地保障了海尔产品的质量；积极聘请行业领军企业的管理人才，尤其是在国际市场拓展方面，吸引了一大批来自GE、飞利浦、松下等品牌的管理者加入海尔，通过获取在国际市场的管理经验，推动海尔国际化进程；在海外市场采取“融智”的方式吸引东道国本土人才加入海外分公司管理团队，获取本地化的管理知识，如海尔美国分公司管理主要雇佣在本地有管理经验的美国人，授予他们很大的自主权，再通过配置总部派去的中国员工，来学习美国市场的管理经验。②比亚迪组织间管理知识搜索。为了建立标准化的管理体系，比亚迪花重金从摩托罗拉大学聘请知名教授进行授课，使品质部员工对国际上通用的质检术语有深入理解和掌握，并引进先进的六西格玛、统计过程控制等质量管理体系。同时，面对国际市场管理知识的缺失，比亚迪也积极地寻求组织间管理经验，如2002年三洋在美国加利福尼亚州南部地方法院，就比亚迪侵犯三洋的两项有关锂离子电池的专利提出法律诉讼，请求禁止比亚迪向美国出口锂离子电池，并赔偿经济损失。2003年，世界电池业巨头索尼向东京地方法院递交起诉状，指控比亚迪两款锂离子电池侵犯其专利，要求禁止比亚迪向日本出口锂离子等六种型号的充电电池。面对这种情况，比亚迪聘请了日本国内最优秀的律师团队，以获取专利管理方面的知识，由其提供日本当地的法律协助，对相关的涉案产品、技术、相关文献进行分析，使比亚迪最终在诉讼中获胜。③传音组织间管理知识搜索。传音组织间管理知识搜索主要体现在积极汲取其他企业海外市场管理经验，以缓冲自身管理知识缺失带来的问题。在海外市场，传音积极吸引有管理经验的本地员工到传音从事管理工作，以获取本地的管理知识，如在刚开始开拓印度市场时，传音就聘请印度员工来做引导和推广工作，发挥他们的优势，最大限度地减少管理半径，压低管理成本，使传音管理体系更好地与市场运营相匹配。此外，传音还积极与国内企业合作，来获取管理知识。由于非洲有50多个国家，在本地语言、文化、政策、经济、法律等方面存在较大差异，在非洲市场运营面临着较大的风险问题，而传音的风险管控知识极为匮乏，因此，传音与中国信保深圳分公司签署战略合作协议，扩大双方在出口信用保险业务合作上的深度与广度，获取关键的风险管控知识，从合同管理、订单管理到收入管理，从客户引入、资信调查等关键流程入手，深度优化流程管理体系，形成传音特色的应收账款风险管理体系。④华为组织间管理知识搜索。在管理知识获取方面，华为采取两种方式：一方面，积极引进发达市场跨国企业的优秀管理人才，华为聘请了前诺基亚高管出任消费业务副总裁；聘请前爱立信雇员CT Johnson，负责财务和会计事务；聘请前英国政府首席信息官John Suffolk，任职全球网络安全官；通过聘请大批外籍高管来升级华为的管理体系，如华为给财务主管CT Johnson足够的权限来查看华为的财务报表或是运营细节，并积极对待他指出的改善建议；另一方面，华为积极在发达市场成立行政中心，吸收本地的优秀管理知识。在欧美等主要商业活动聚集区，华为通过在当地成立咨询委员会加强与外部管理人员的互动。例如，在英国华为成立了行政中心，在德国成立了跨州业务管理中心，以提高全球运营效率。在新加坡、罗马尼亚成立财务中心，在英国成立风险管控中心，以降低财务管理风险。

2. 组织内知识搜索

面对知识差距所带来的挑战，中国跨国企业也会在组织内部有意识地采取行动来寻求问题的解决方案。通过组织内搜索所获取的知识与企业既有知识基的关联性较高，易于被企业吸收和整合，用以解构复杂知识结构中知识要素的因果联系，并且可以增强知识的可靠性和可预测性。通过对海尔、比亚迪、传音和华为四家案例企业进行分析，本书发现海尔、比亚迪和华为组织内知识搜索行为明显，主要表现在组织内技术知识搜索、组织内市场知识搜索和组织内管理知识搜索三个方面。典型例证（如表3.6所示）。

表3.6 中国跨国企业组织内知识搜索典型证据援引

知识搜索	典型例证援引		
	海尔	比亚迪	华为
组织内技术知识搜索	·海尔产品研发的理念是“全世界都是我的研发部”，通过在美国、欧洲、日本、澳大利亚等地成立研发子公司，将技术知识在组织内部转移和流动。海尔内部拥有1000多个接口人，负责内部技术知识的传导与输送； ·根据我们的市场人员所反馈的当地客户需求信息，我们在组织内部及时搜索与此相关的技术，将创意或概念转化为现实的产品或服务； ·产品研发在组织内跨部门协作，有利于研发团队的管理体系与支撑体系建设，将产品开发环节逐渐流程化、结构化； ·希望从分公司获取利益，缩短产品生产周期，实现准时生产	·收购秦川汽车以后，比亚迪开始将所搜集的知识与自身的知识结构进行复合，又将“人工+夹具”的半自动化模式移植到汽车领域； ·这类纯电动巴士所面临技术难题是车载电池组的供能，为了有效应对这一问题，比亚迪从总部抽调研发小组，自主研发了功率更高、动力更强劲的电机； ·比亚迪成立了一个专门负责专利与知识产权的法务部，是200多人组成的团队，重要的职责就是寻求攻破对手专利壁垒的办法，在企业涉及专利问题时，法律部可以随时告知哪些技术是需要规避的	·IPD采用跨部门团队来负责产品开发，按规划和项目任务书定义的要求，通过先进的项目管理方法，将从产品开发到发布过程中需要的相关功能部门的代表及成员卷入，对产品从开发、测试、生产、上市，一直到生命周期的全过程共同负责； ·每个团队成员贡献自己及其所属领域的专业技术，形成合力，保证产品快速、高质量推向市场； ·我们的技术开发团队会针对现在的形式进行分析和预研，并向上层反映技术研发所需配备的资源
组织内市场知识搜索	·根据我们之前的经验，要通过在市场长期积累，找出哪种产品最容易打开销路，哪种产品最容易激发消费者的购买兴趣，这样进入这个市场的阻力就会减小很多，即使遇到问题也不会有太大的波动或风险； ·由于产品线很多，在一个外国市场上，海尔不可能采取在国内的做法告诉消费者企业将提供什么样的选择，而是需要看哪一种产品竞争力最强，先用它当“尖兵”进入市场，叩开市场大门之后，其他产品再跟进； ·海尔在孟加拉国设立了海尔营销中心，并积极地分析了孟加拉国客户对冰箱的特殊需求，将这种信息反馈回总部	·比亚迪要跟每一个地域的市场人员进行深入沟通，倾听消费者诉求，在进军海外市场之前就要把“因地制宜”这几个字琢磨透彻； ·利用这段时间，比亚迪做了大量工作，与市场调研人员对接，了解巴西的法律法规、汇率、劳工政策、物流市场信息，以此设计产品规划； ·获得引人注目的成就从来不是一蹴而就的，比亚迪电动巴士在日本获得的成功也同样得益于比亚迪先导部队在日本市场长期的深耕和探索； ·在进入日本市场之前，电池、太阳能、储能产品已经成功打入日本市场，作出大量的探索性工作	·抽调有经验的骨干人员，在国际市场直接与国外客户接触以便真正了解市场，积累经验； ·公司决定让我离开香港代表处，调去欧洲，做VDF（Verband Deutscher Elektrotechniker，德国电气工程师协会）客户群的拓展； ·领导层决定复制国内市场的成功经验，集中企业的优势资源，突破目标市场的薄弱环节，即先选择电信基础较为薄弱的市场进入，通过“农村包围城市”，最后攻占发达市场； ·采取“土狼战术”，从国内市场派出100多名有丰富市场经验的员工，严格培训后进行市场开拓

续表

知识搜索	典型例证援引		
	海尔	比亚迪	华为
组织内管理知识搜索	·在人才管理上，我们认为重点是你能够整合多少人才，而不在于你拥有多少员工； ·作为跨国企业，我们所需要注意的不仅仅是如何吸收海外的管理文化，更重要的是如何把我们自己的文化体系和文化理念融合进去，解决管理理念与管理体制不兼容的问题； ·海尔非常重视企业文化，正是因为能够将自己的文化理念成功移植到海外市场的管理中，本土化战略才得以成功； ·我们希望通过组织内部反馈，寻求一种合理的管理模式，并推动管理体系的变革，改善员工工作满意度较低的状况，提升管理的效率	·比亚迪最不缺的就是人才，王传福喜欢跟工程师在一起，共同解决问题，如减少汇报流程，直接听取问题，这种模式可以让他准确地把握紧急问题并迅速解决； ·比亚迪电动巴士在日本冲绳取得的成功，不仅得益于比亚迪电动巴士表现出来的卓越，还受益于各个事业群在日本长期积累下来的资源和获得的经验，由此带来的协同效应正在成为比亚迪成功的推手； ·通过成立总裁工作日，王传福每年到各个事业部视察一天，以检查各个部门的产品研发、生产管理、市场运营情况，并以此为依托，审视管理漏洞	·无论如何，尊重差异、充分沟通、简单透明公正都应该是团队跨文化合作的基石； ·在海外市场，华为采取的是矩阵式的管理模式，项目团队的考核由LPDT（Lead Product Development Team，产品开发团队经理）负责，考核的过程参照各个核心管理人员的意见，并将考核结果及时反馈到职能部门管理处，由职能部门的经理校对和审核最终的考核结果； ·华为采取的是多级预算管控体系，要求各职能中心根据部门实际制定责任中心的预算，在制定的过程中，要将一切收支都纳入预算之内

第一，组织内技术知识搜索。组织内技术知识搜索可以使中国跨国企业组织网络内的技术知识进行系统性集成，所获取的技术知识能够节省技术研发的时间，同时由于是组织内部衍生出来的技术知识，更有利于中国跨国企业进行吸收和应用，从而提升解决复杂问题的效率。具体而言：①海尔组织内技术知识搜索。海尔在海外市场拓展过程中，面对技术问题可以通过组织内知识搜索来获取技术解决方案。为此，海尔打造了独立的开放式创新服务平台HOPE，将知识、技术及创意的需求方与供应方聚集到一起，提供交互性的生态社区，海尔各个产品研发团队和超前研发团队通过组织内技术搜索与交流创造了一系列颠覆性产品（如控氧保鲜冰箱、净水洗衣机、传奇热水器、固态制冷酒柜、小焙烤箱等）。为了解决在海外市场拓展过程中空间因素所带来的问题，海尔智研院虚拟现实技术工业应用联合实验室进行了一系列创造性的研究，在海尔

的海外工厂，如果遇到设备维修、调试等技术问题，只需要利用海尔开发的AR（Augmented Reality，增强现实）眼镜，与总部的技术部门联系，就可以实现远程的视频与语音指导，同时还可以在上面进行标注与传文件等操作，这套AR远程专家指导系统可以使海尔在海外的技术人员更方便获取组织内部技术知识，而且全程录影记录，最终可以形成海尔技术问题案例库。②比亚迪组织内技术知识搜索。面对在海外市场拓展过程中所遇到的技术难题，比亚迪积极通过组织内的技术知识搜索获取问题的解决方案，通过比亚迪母公司和海外分公司所积累的庞大的工程师团队共同攻克技术难题。如比亚迪在开拓英国市场时，英国双层纯电动巴士的布局之路颇为艰难，这类纯电动巴士面临的技术难题是车载电池组的供能，为了应对这一问题，比亚迪成立了专门的研发小组，调动总部研发资源，进行组织内部知识搜索，自主研发了功率更高、动力更强劲的电机。同时，比亚迪在新能源领域打造了专门针对纯电动汽车研发和制造的e平台，将20多年积累的电池、IGBT（Insulated Gate Bipolar Transistor，绝缘栅双极型晶体管）、电机、电控、电子等核心技术进行集成创新，以便更便捷地检索所需的技术知识。③华为组织内技术知识搜索。华为组织内技术知识搜索主要表现在通过跨部门团队合作的模式进行积累和修正。跨部门协作实际上是知识搜索的一种表现形式，通过跨部门协作能保证华为从产品设计前端就关注技术的可靠性、可生产性、可供应性、可销售性、可交付性、可服务性，减少后端修改导致开发时间延长的问题。同时，组织内跨部门团队也使技术研发并行开发成为可能：开发人员在开发测试产品时，制造人员可同时准备批量生产工艺和制造装备；采购人员认证新器件、确定供应商，为产品批量生产准备好所需物料；营销人员可以为产品上市和市场宣传销售提前做好准备；服务人员在产品上市前提前做好产品安装和服务培训。这种跨部门团队开发模式保障了华为各个部门能够及时搜索和获取技术研发的动态变化信息，大大缩短开发周期，并降低开发成本。

第二，组织内市场知识搜索。组织内市场知识搜索可以使中国跨国企业快速获取国际市场运营知识，通过知识模块之间的传导效应，降低市场知识搜索成本，并通过组织内先验经验的累积，大幅度规避在国际市场运营的风险。具体而言：①海尔组织内市场知识搜索。海尔依靠“一路纵队而不是一路横队”的理念在海外进行市场拓展。由于海尔的产品线较多，东道国市场的文化、消费习惯、语言等市场要素有很大的差异性，因此，在进入同一个海外市场时，海尔通常采取“尖刀兵”的方式，先进入东道国市场积累市场经验，其他产品线通过组织内市场知识搜索调整以后再跟进。在美国市场，海尔就是以冰箱为切入点，通过组织内市场经验累积，随后跟进洗衣机产品线；在西欧市场，海尔先以空调产品打先锋，率先在法国和意大利打开市场，积累足够的市场知识后，冰箱、洗衣机等产品线也实现了在欧洲市场的突围；在俄罗斯市场，海尔在建设洗衣机互联工厂的过程中，参照俄罗斯团队前期在该市场所积累的经验和知识，实现定制化的产品研发与生产。②比亚迪组织内市场知识搜索。比亚迪作为中国汽车走出海外的代表，在开拓海外市场时，经常通过搜索组织内知识来拓展新的业务领域。比亚迪电动巴士在日本冲绳取得的成功，不仅仅得益于比亚迪电动巴士表现出来的卓越性能，更为关键的是比亚迪各个事业群在日本长期积累下来的资源和经验。比亚迪电动巴士进入日本市场之前，比亚迪电池、太阳能、储能产品已经成功进入了日本市场，也为比亚迪了解并熟悉日本的市场环境进行了摸索和探路，通过组织内知识搜索，可以使比亚迪快速获取日本市场知识；比亚迪在开拓巴西市场时，之所以能获得成功，得益于“先遣部队”对巴西市场的法律法规、汇率、劳工政策、物流等所作出的重要市场铺垫，使比亚迪在进入巴西市场后，通过组织内知识搜索快速适应本地规则。③华为组织内市场知识搜索。华为的组织内市场知识搜索主要表现在华为在海外市场的拓展过程中，尤其是在与中国相类似的发展中国家进行市场运营时，主要通过组织内搜索来获取市场知识。华为派往海外的员工在出国之前都会经过系统性的培训，了解东道国与母国之间制度、文化、市场规则之间的差异。同时，为了推动国际市场开发进程，华为从2000年开始将国内市场的高层管理人员抽调到海外市场，如原华北大区的代表被抽调到沙特阿拉伯，原新网市场部的经理被抽调到南非，原广州市场的代表被抽调到美国。同时，华为海外分公司的领导也大多由国内市场的市场部总裁或副总裁担任，以便将国内市场的成功经验转移到海外市场以检验适用性，这种市场知识使华为在开拓与中国类似的新兴市场以及经济发展水平较为落后的经济体市场上取得了非常好的效果。

第三，组织内管理知识搜索。组织内管理知识的搜索可以使中国跨国企业以管理知识差距为靶向，系统性地实现组织内部优秀管理经验的快速聚集，有利于中国跨国企业建构适合自身情况的管理体制，提升内部管理的运作效率。具体而言：①海尔组织内管理知识搜索。针对管理知识的差距，海尔创造性地提出“人单合一”的管理模式，抛弃了传统管理模式下的科层制，把以人为本的管理思想向纵深发展，让员工从原来被动的命令执行者转变为平台上的自驱动创新者，更加突出个人和自主经营团队的主体地位，高层主管通过组织内知识搜索来动态调整企业战略决策。“人单合一”的管理模式被推广到海外市场，使海尔能够获取大量的跨文化管理知识。同时，海外子公司的管理团队还积极地搜索母公司的管理知识以实现管理文化的移植，如在美国南卡罗来纳州的海尔工厂，虽然在管理模式上以美国的管理风格为主，但也融入了海尔独特的管理文化。②比亚迪组织内管理知识。为了更方便地获取知识进行管理决策，比亚迪采取了扁平式的组织架构，从生产线上的工人到总裁只有9级，28个事业部总经理都向总裁一人汇报，管理决策下达以后不用层层传递，就能快速传达到基层。管理决策部门在需要相关信息时，也能够及时获取各部门的信息情报。比亚迪还设立总裁工作日，每年到各事业部办公一天，视察并获取事业部的生产管理、业务管理、工厂管理等情况。同时，针对海外市场运营情况，比亚迪每年会邀请海外经理回国进行汇报，实现管理知识的有效获取和转移，对于海外市场管理上表现突出的经理，比亚迪也会调派回总部从事更高级别的管理。③华为组织内管理知识。随着华为在海外市场业务的快速推进，华为在管理上面临着资源部署与分配等问题，表现为管理不同国家、不同文化员工兼容性的问题，支持全球性产品开发管理、市场运营管理及供应链管理等。为了适应全球市场的管理需求，华为构建起了能够进行全球垂直管理的IT组织，搭建了全球工作协同平台和全球移动办公平台eSpace。在平台上，华为的管理者及来自研发、生产、销售各部门的员工都拥有自己的角色门户，可以利用这个平台就所面临的问题进行沟通和协作，既可以订阅和获取平台上其他角色门户的信息，也能够清晰地看到自己的待办事项，快速定位工作内容，使集团总部的管理者和海外员工的知识获取和流动变得更加便捷。同时，华为还积极通过岗位调动的方式获取组织内部的管理知识，华为员工被派到海外市场，经过一段时间的历练后，这些员工有机会回到总部成为管理骨干，通过总结自己在海外市场的管理经验，以培训的方式，增加新一轮海外员工的管理知识储备。

二、中国跨国企业的干中学

在面临技术知识差距、市场知识差距和管理知识差距的情况下，中国跨国企业在国际市场运营过程中呈现出明显的干中学特点，以吸收和转化组织间搜索和组织内搜索所获取的知识资源。通过案例分析，中国跨国企业的干中学特点主要表现在三个方面（如图3.2所示）：第一，干中学的行动目标是“足够好”（Good Enough）。中国跨国企业知识储备通常难以满足海外市场的客户需求。面对这一问题，因此，中国跨国企业通过标杆瞄准（Benchmarking）的方式，对行业领军企业的最佳经营实践进行追踪和模仿，以跳过市场调研、竞争分析及目标需求预测等标准化的国际市场开发流程。第二，干中学的行动逻辑遵循效果逻辑，强调手段驱动，而不是目标驱动，即不会拖延到找到最优或最合适的资源才采取行动，而是不管手上的资源能否创造出可行的成果，都会打破干与学的严格界限，以试错的方式积极寻求应对问题和回应机会的解决方案，这使它不会被传统意义上解决问题的标准化手段所限制。第三，干中学的过程受到时间约束。时间因素对于企业获取和保持竞争优势至关重要，在面临知识差距的情况下，中国跨国企业在相同的时间区间内必须达到更高的行动效率和知识产出，才有可能在知识差距较大的情况下抓住有限的机会，这促使中国跨国企业采用快速响应（Quick Response）的方式，在最短的时间内实现企业、利益相关者及客户之间的有效互动，以缓冲新兴市场跨国企业后发地位所带来的时间压力。

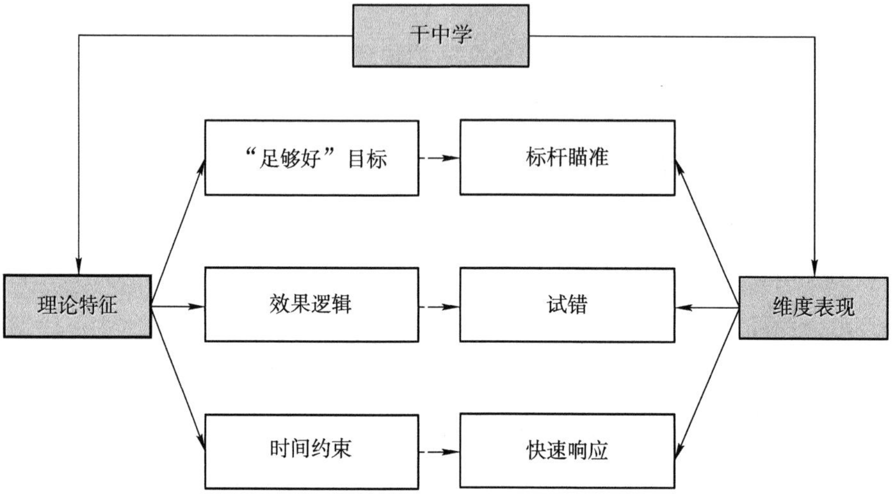

图3.2 干中学的理论特征及维度表现

（一）干中学过程中的标杆瞄准

对在干中学的过程中，标杆瞄准是中国跨国企业对世界一流企业的最佳实践和已经建立的全球竞争规则进行持续和系统的评估，以确定适合企业和合理绩效目标的业务和工作流程。通过标杆瞄准，可以使中国跨国企业跳过知识累积的必要阶段，跳过市场调研、竞争分析及目标需求预测等标准化的国际市场开发流程。具体而言，第一，海尔干中学过程中的标杆瞄准。海尔国际市场拓展是以"创牌"为战略导向，并以索尼为标杆，选择进入以美国为代表的主流市场，以国际标准倒逼质量提升，打出影响后再到其他国家进行销售。为了顺利进入欧美市场，海尔在产品质量保证体系、产品国际认证、检测水平等方面都以行业领军企业为标杆，使海尔的产品相继通过多种最严格的国际质量标准认证。海尔在非常短的时间内就通过了美国的UL、欧盟的CE、德国的GS和VDE、日本的S-MAR、澳大利亚的SAA、沙特阿拉伯的ASO及加拿大的CSA等15个种类的国际认证，并获得了产品在这些国家市场进行销售的许可，极大缩短了海尔从产品研发到海外上市的时间，并规避了可能存在的风险。

第二，比亚迪干中学过程中的标杆瞄准。在传统燃油汽车领域，作为全球汽车市场的后发者，为了实现对行业领军企业的追赶，比亚迪通过对行业基准企业的技术研发和市场运营模式进行创造性模仿来实现学习的积累，实现自身成本优势与国际一流厂商性能优势的有效嫁接。在企业内部治理上比亚迪以丰田为标杆；在市场分析和推广上比亚迪以本田为标杆；在汽车技术上比亚迪则靠对国际主流技术的“非专利性”集成来实现突破。比亚迪第一款车F3，在外观上与丰田花冠几乎一样，甚至内部的零部件也可以通用，但价格却不到花冠的一半；微型车F0高仿丰田AYGO；F3R翻版上海通用的凯越HRV；F6财富版更是被业内人士称为“凯美瑞的享受，凯越的价格”。随着比亚迪汽车由传统燃油汽车转型到电动汽车，比亚迪依然以行业领军企业为标杆，采取国际化的质量考核标准和实际理念，如比亚迪聘请了曾在阿尔法、奥迪等公司任职过的Wolfgang Egger担任全球设计总监，聘请了曾在兰博基尼、法拉利等品牌任职过的JuanMa Lopez担任全球外饰设计总监，聘请了在大众、奔驰等公司任职过的Michele Jauch-Paganetti担任全球内饰设计总监，来对行业领军企业的设计元素进行标杆集成。

第三，传音干中学过程中的标杆瞄准。传音在开拓非洲市场时，诺基亚、三星等品牌已经在非洲市场耕耘已久，为了实现对先发企业的追赶，传音并没有盲目地开拓非洲市场，而是积极寻求获取卓越绩效的行业最佳实践，从而改善从研发、生产到销售的流程来抢占非洲市场。在渠道建设上，传音以OPPO和vivo两家企业的市场运营经验为标杆，通过自建渠道拓展市场，而不是过度依靠代理商，将国内经验复制到非洲市场，以价格为撬动杠杆，并提供更具性价比的产品；在产品设计上，尤其是高端产品，传音对标的是华为、三星等国际主流手机厂商的高端品牌，产品设计上紧贴国际一线手机厂商的主流产品，旗舰产品也紧跟国际厂商的步伐，并将细分市场定位于思想比较前沿的非洲年轻人；在生产供应上，传音积极引进锐嘉科、龙旗、MKT、萨基通、华勤等一流公司的供应链体系，以此对标行业内领军企业的供应链管理流程，大幅降低在非洲市场的生产运营成本。

第四，华为干中学过程中的标杆瞄准。华为在国际市场拓展过程中，为了熟悉国际市场规则，积极地学习和吸收行业标杆企业的实践经验，通过标杆瞄准建构了与国际接轨的管理体系。从1996年开始，华为先后邀请IBM等十多家美国和欧洲的咨询公司来推动生产、研发、渠道、财务与人力资源管理等方面的变革，成为国内第一家采用HAY管理体系的企业；华为的任职资格管理体系对标的是英国国家职业任职标准；产品研发流程、供应链管理流程以及财务管理流程都来自IBM；财务管理系统由毕马威制作，股权由韬睿协助定制，客户关系管理由埃森哲制定；质量控制与生产工艺由德国国家技术研究院协作研发，精益生产体系来自日本丰田。通过标杆瞄准，华为能够将国际一流的管理流程与制度标准内化到企业的管理体系中，尽管标杆瞄准使华为经历了“削足适履”的痛苦，但也使华为打破了原来落后的研发、运营和管理体系，实现了从不规范到制度化推出产品和服务的转变。

（二）干中学过程中的试错

在干中学的过程中，中国跨国企业通过反复试错来寻求问题的解决方案。试错的本质是企业对不同层次、不同内容、不同结构和不同来源的资源进行选择、配置与有机地融合，使中国跨国企业逐渐实现组织内部最佳和最有效工作流程的标准化，辨别完成任务的最佳方式。具体而言，第一，海尔干中学过程中的试错。在产品研发上，海尔根据东道国市场的特点，通过试错的方式调整产品功能，以期在竞争激烈的海外市场培育独特的竞争优势。在印度市场，大部分的消费者为素食主义者，所以在印度市场销售的冰箱大多以上冷冻下冷藏为主，在不断尝试过程中，海尔将冷藏室与冷冻室位置进行调换，开发了“不弯腰的冰箱”，获得印度冰箱产品“年度产品”奖。通过以东道国客户需求为靶向不断进行试错，海尔还开发了“莎莉冰箱”“1小时制冷冰箱”“会唱歌的热水器”等产品，在东道国市场广受好评；在市场运营管理上，海尔也通过不断试错探索适合本地的管理体制。海尔集团内部采取的是“优胜劣汰”的负激励制度，每月会针对员工的绩效表现展开考评，考评结果不好的员工会站在6S[整理（Seiri）、整顿（Seiton）、清扫（Seiso）、清洁

（Seiketsu）、素养（Shitsuke）、安全（Safety）］的“大脚印”上反思自己工作的不足。但这套在国内市场非常有效的激励制度在美国却受到了抵制，由于文化的差异，美国员工不愿意在6S脚印上充当反面教材。通过不断试错摸索，海尔将这种模式改为工作表现优异的员工要站在6S大脚印上向同事们介绍经验，由“负激励”转变成“正激励”，取得了非常好的效果。

第二，比亚迪干中学过程中的试错。为了实现在技术上的突破，比亚迪围绕技术研发和成本管控展开一系列试错。在电池研发上，生产镍镉电池需要大量耐腐蚀的镍片，而镍片价格较贵，通过不断试错，比亚迪改变了镍镉电池溶液的化学成分，所研发出的镀镍片相比于镍片不但不易被腐蚀，而且直接节约单项原材料成本的90%。锂电池的生产线需要剪裁很大的极片，通过不断试错，比亚迪成功用中国裁纸刀配上长宽相等的挡板夹具替代了日本价格高昂的分切机。比亚迪通过不断试错所研发的电池涂布机，第一代产品要分两道工序涂完双面，第二代就可以同时涂两面，第三代则可以控制涂刷的具体位置。在汽车生产上，比亚迪汽车上市前要进行测试。在上海试车场里，比亚迪专门设计了包括斜坡、鹅卵石、沙地等八种路况对其进行测试，在这个过程中，比亚迪工程师不断分析，汽车存在哪些问题及如何改善，通过不断试错进行严格检验，在推向市场前把所有问题都解决掉，使产品完全达到国际化最高水准。

第三，传音干中学过程中的试错。传音的试错主要体现在产品功能的改进上，以适应非洲本土化需求，最为典型的就是非洲手机的拍照功能。目前主流的手机拍照都是依据脸部识别进行定位，相机的测光标准为18%灰阶，在这种标准下，对于亚洲人的黄皮肤，照片成像效果会很清晰，但由于非洲消费者肤色较黑，手机会抓取肤色及轮廓范围进行判断，在弱光环境中难以获得非洲消费者清晰的人像。通过不断试错，传音最终确定了非洲消费者的灰阶在5%~10%是最理想的状态，为了增强人脸辨识精准度，着眼于发展出黑肤色用户的美肌模式，传音建立数据资料库，大量搜集当地人照片，改为透过眼睛和牙齿来定位，开展脸部轮廓与成像效果的反复分析和试错，通过加强曝光，改善并解决非洲消费者的拍照问题，还能把深肤色拍成巧克力色、栗子色等，极大刺激了非洲消费者的购买欲望，也让传音手机的口碑爆棚。此外，传音针对非洲市场经常断电所推出的超长待机电池技术，针对图片处理所推出的“夜景”和“美黑”技术，以及针对非洲天气特点所开发的防滑技术都是在反复试错的基础上得以形成的，得到广大非洲消费者的好评。

第四，华为干中学过程中的试错。面对资源端的约束，华为从成立之初的低端产品组装到自主研发，始终不断进行试错，以实现技术上的追赶与超越。华为的首款产品BH01型交换机主要是从国有单位购买散件进行组装，再贴上华为的标签进行销售，但由于供应链被切断，导致华为在市场上的产品供应陷入停滞状态，华为开始以试错的方式进行自主知识产权的电路设计和软件开发。设备开发过程中硬件和软件同步研发，华为的技术人员一边进行电路设计，另一边还要编写软件程序，进行产品测试，在缺乏检测设备的协助下，华为的技术人员通过放大镜一个一个地检查和调整电路板上的焊点。由于没有交换机的性能测试设备，只能一次次不断尝试和校正，通过工程师一台一台地调试、修改、再测试，华为最终成功攻破交换机的技术壁垒。即使是技术研发成熟以后，华为仍通过不断试错攻破技术壁垒。华为在拓展欧洲市场时，根据荷兰运营商机房特点，通过不断试错，创造性开发出分布式基站，体积只有DVD机大小，最终被沃达丰采用，斩获一连串大单。

（三）干中学过程中的快速响应

在干中学的过程中，快速响应强调在最短的时间内实现企业与利益相关者、客户等东道国市场行为主体的有效互动，通过快速迭代，最大限度地在应对约束和回应机会过程中扩大干与学的互动效果，使中国跨国企业抓住“稍瞬即逝”的机会，更好地理解和预测客户需求，有效地向客户传递产品和服务的价值（如表3–7所示）。具体而言，第一，海尔干中学过程中的快速响应。快速响应是海尔在海外市场获取竞争优势的关键。通过快速响应，海尔力求实现与用户零距离，并对客户需求变化第一时间作出反应。在印度市

表 3.7 中国跨国企业干中学典型证据援引

干中学	典型例证援引			
	海尔	比亚迪	传音	华为
标杆瞄准	· 我们说的下棋找高手，就是指我们一定要找最好的做我们的学习榜样； · 向 SAP 和 GE 学习先进的人力资源管理理念，建立海豚式升迁制度、竞争上岗制度、转换制度和届满轮流制度等； · 通过澳大利亚贸易公司，我们联系到澳大利亚检测机构 NATA 实验室，拿到这个实验室的认证证书，就相当于得到了当地经销商和消费者对海尔滚筒洗衣机品质的信赖	· 我觉得走日本、韩国这条路更适合，在技术、工艺方面，包括设计的一些流行元素，我觉得中国人更能接受，我们借助他们的理念来打造一款比亚迪自己生产的车； · 在电池行业，学习过超霸（GP），也向日本电池企业学习；在汽车行业，也向日韩企业学习； · 学习跨国企业严谨的考核制度，而不是全面复制国外的管理模式，否则就很容易消化不良； ·我们不会从头开始去创造一辆车，而是要站在世界比较领先的平台上去做	· 传音就是学习 OPPO 和 vivo 两家，相信市场都是用自己的脚量出来的，自建渠道，而不是把一个国家市场交给一个代理商； · 针对三星、苹果等国际厂商的高端品牌，传音公司也推出自主高端品牌 Infinix，品牌理念为“时尚 + 科技”，在产品策略上紧跟国际和国内一线手机厂商的主流产品，Infinix 的产品线与国际主流厂商的机型为同一档次的产品； ·引进华勤、龙旗、锐嘉科、萨基通、MKT 等一流公司高效的供应链体系	· 在开始进行国际化时，华为就坚持做事的方向性，遵循国际惯例与标准做事； · 有了这套与国际接轨的世界级管理体系，华为的战略才能够落地； · 在合作交流的过程中，IT 部门与外部顾问的合作，使我们能够快速了解和汲取国际领先企业的做法； · 建立 IPD 流程及管理体系，除了摆脱对人的依赖外，还使华为学到业界最佳的研发管理方法，拥有了国际交流的共同语言并减少了开拓国际市场的障碍
试错	· 一个部门一个部门地走，看材料、找问题，一个问题接一个问题地学习、讨论、研究、攻克，有的时候由于没有吃透标准，也会造成十几个部门加班搞出来的文件推倒重来； · 在这款空调上市之前，我们开发人员已经做过可靠性试验和多次跌落实验，因此，我们对自己的产品有信心	· 今年年初我们定下销售目标，是一个很大的错误，由于我们在制订销售计划时，错误高估了市场而造成了恶果，现在我们付出了代价，随着市场的转变，我们认识到了错误，并调整了预期	· 传音打开非洲市场的利器就是贴近本地消费者，根据非洲的特点，不断试错，提升、改进了部分功能； · 为了适应非洲消费者的需求，研发团队不断进行脸部轮廓、曝光补偿分析，调整了手机摄像头算法，以增加曝光度，最终成功研发出适合非洲消费者的美肤相机	· 从适应规则到改变或创造规则，我们善于根据外部环境的变化不断作出调整，以达到最好的状态； · 从经验和教训中不断反思，从而达到能对类似项目群提供警示的效果

续表

干中学	典型例证援引			
	海尔	比亚迪	传音	华为
	· 我们聚焦的是满足用户的需求，要走进发达市场，就要在市场中找一条缝挤进去，就像斧头砍进去，前面进去了，后面还有很大空间	· 为了实现在技术上的突破，我们反反复复进行尝试，错了就改，这样才能保持高效，只有高效才能适应市场快速成长； · 日本生产的电池，要在干燥的环境下进行，投资非常高。我们在设计上试了很多次，在配方上加吸水药剂进去，最后才研制成功	· 不断试错，使我们将灰阶黑色区块区分得更细，加强测光辨识度，或者是将标准灰阶直接提高2阶，增加曝光度，能拍摄出深肤色的人更多脸部细节，帮助非洲消费者拍出更满意的照片	· 我们经历了削足适履、穿美国鞋的痛苦，实现了从依赖个人、偶然地推出成功产品，到可以制度化可持续地推出满足客户需求的、有市场竞争力的成功产品的转变； · 回顾华为开发NGN、软交换、核心网等产品过程，都是走过错路的，最后才得以成功
快速响应	· 过去新品研发再快也需要一年半的时间，但是这个产品只做了9个月就已经在日本上市 · 快速捕获客户需求，并在最短的时间内提供满意的用户体验，一直是海尔的极致追求。通过分析孟加拉当地消费信息，再将这些信息快速传导给设计部门，实现产品设计的本土化	· 我们学得很快，改进得也很快，尤其是在生产设备应用，及产品工艺和功能提升上； · 打开了市场的大门，接下来就需要抓住市场机遇，快速成长起来； · 充分了解了当地的市场情况，政策、法规、销售体系等，摸清了竞争对手的情况及弱点，快速出击	· 在这个市场，Tecno设有专门的办公室，随叫随到，负责销售及售后维修； · 在大多数国际厂商在比拼硬件规格的时候，我们已经把竞争力培育的焦点放在消费体验上。事实上，有些技术难度并不是很高，但很多企业忽略消费体验，在细节上做的不好，但我们在最短的时间内作出了回应	· 为了能够完成任务要求，我们的研发部门没日没夜地工作了60天； · 华为在内部的企业文化中曾经倡导"薇甘菊精神"，以"一分钟一英里"的速度极其快速地疯狂成长； · 进入国际化第二个10年，华为人从爱立信、阿朗和诺西的薄弱环节找到了突破口——快速响应客户需求

场，海尔在印度全国建立了广泛的经销商网络，销售渠道超过6500家，形成以Delhi为总部的33个销售分中心，24×7的呼叫中心和165个海尔体验中心，分布在印度各地，使海尔能够根据印度客户需要作出实时响应。以印度市场为例，每年3~5月都是印度家电的销售旺季，市场需求远远超过工厂产能，然而在海尔印度分公司的全流程充分预算和团队快速响应下，工厂产能快速增长，100%满足了市场交付需求，使产品能够以最好的状态、最快的速度到达用户手中。印度市场南部的泰米尔纳德邦发生严重的洪涝灾害，海尔印度分公司在第一时间就刊发了声明，可以为洪灾中受到损害的海尔电器提供免费维修服务，第一时间帮助灾民解决困难，通过快速响应，海尔的产品和服务快速融入东道国市场，并获取东道国客户的信任。

第二，比亚迪干中学过程中的快速响应。由于国际化起步较晚，比亚迪强调无论是生产研发还是市场拓展，都要在响应速度上建立足够的优势，从无到有，从有到优，比亚迪处处体现了“快文化”。在生产上，比亚迪针对市场变化加速新车推广速度，曾经用一年半的时间就推出六款新车型；在市场运营上，比亚迪能够快速根据国际市场主流客户需求作出产品方案的调整。在日本市场，比亚迪敏锐地捕捉到在冲绳未来两年的规划中，将新建两个游轮停靠港，并需要大量的电动大巴，于是快速与Ships Agency公司进行合作，针对港口情况进行电动客车研发和生产；此外，比亚迪为适应日本尾濑国立公园的特点，快速对车辆进行适应性调整，更低的踏板、更多的扶手符合日本老龄化的趋势，更窄的车身更适应尾濑狭窄的山道，从而使比亚迪广受好评。在巴西市场，比亚迪根据巴伊亚州古城地形、地貌的特殊性，既要保障民生，又要促进当地旅游的要求，在极短的时间内设计并提出空中“云轨”的解决方案，快速满足了当地客户需求。通过快速响应本地客户需求，比亚迪还顺势拿下了巴西最古老的城市——萨尔瓦多的云轨项目。

第三，传音干中学过程中的快速响应。快速响应是传音在非洲市场取得成功的关键。进入非洲市场以后，传音没有以渐进的方式逐步开拓非洲市场，而是快速将渠道网络和服务网络下沉到乡镇市场，以此捕获细分市场客户的基本消费诉求，并快速利用可用资源进行产品生产与推广，通过性价比极高的T系列功能机快速抢占非洲市场。同时，由于非洲市场错综复杂，建立服务网点会消耗大量的成本，因此，主流手机厂家很少在非洲地区建设服务网络，但传音认为售后服务网络是提高对客户需求响应速度和客户品牌认知最为关键的一环，传音在建立完整的售后服务与物流体系上也花费了大量精力，成立了专门的售后服务品牌Carlcare，并在非洲市场成立了86个专业化的售后服务中心及1000多个售后维修服务网点，通过配置专业的售后服务和维修人员，成为非洲市场最大的手机服务网络。渠道与服务布局的下沉，使传音可以深度洞察消费者需求并快速作出反应。

第四，华为干中学过程中的快速响应。从通信业到IT业，华为在海外市场获得成功的关键在于快速响应，也就是说华为在快速响应客户需求方面做得尤为突出。华为认为，只有比竞争对手响应更快，在定制开发、用户服务、安装调试等方面更细致，才能争得市场机会。华为的快速响应能力来自拉网式的全球化布局，为了提高响应速度，华为在海外市场运营过程中，对组织机构进行了重大针对性的调整，将过去集权化的组织机构调整为以产品布局、缩小利润单元为核心，以便提高决策反应速度，适应快速变化的市场，进而获取“以小搏大”的差异化竞争优势。华为开拓日本市场的过程中，日本电信公司NTT在没有签约的情况下，要求华为其提供一款技术和质量要求都极高的产品，为了能够满足日本客户的需求，华为研发部门通过连续两个月的高强度工作，攻破了技术难题，创造了“中国速度”。合作伙伴沃达丰在其增速最快的西班牙，试图对高铁进行信号覆盖，跟华为协商后，不到三个月的时间，华为就在上海磁悬浮沿线搭建了模拟的信号覆盖，并邀请沃达丰高层管理人员到上海进行参观与体验。通过快速响应，华为在国际市场的业务量极速扩张。

三、中国跨国企业的国际市场适应性

国际市场适应性是指跨国企业能够感知并把握潜在国际市场机遇，及时作出反应调整，形成与市场环境相匹配的持续性国际竞争优势，是跨国企业最理想的生存状态（许晖和单宇，2018）。对于中国跨国企业而言，由于受外来者劣势和后发者劣势的双重约束，在海外市场面临的最大挑战是能否适应东道国市场环境。参照Benner和Tushman（2003）的研究，本书利用市场反应性与市场绩效来衡量中国跨国企业国际市场适应性的动态变化。通过案例分析，本书发现由于企业知识差距的异质性，导致中国跨国企业国际市场适应性在初期呈现差异化的特点，但共同的规律是在知识搜索与干中学协同演进的过程中，中国跨国企业的国际市场适应性呈现出由低到高的演化轨迹（如表3.8所示）。

第一，海尔的国际市场适应性。海尔在国际化初期的国际市场适应性表现出“低反应性—低绩效”的特点，这是因为海尔一开始就选择先难后易的国际市场进入战略，把国际化的目标对准了德国、美国、意大利等欧美发达国家，按照“创牌”而不是“创汇”的方针开拓海外市场，试图以发达市场激烈的竞争倒逼企业成长。但欧美市场对于产品的质量标准的要求极为严格，市场贸易壁垒与专利壁垒也非常高，同时本地消费者的品牌认知偏见使来自新兴市场的品牌遭受歧视，海尔也不可避免地受到美国和欧洲消费者的偏见，市场反应性较低。同时，由于选择高起点、高嫁接、创名牌的国际化路径，海尔消耗了大量的资源，又难以挤进主流产品市场和销售渠道，在东道国市场的绩效表现很差。随着国际市场进程的深入，通过知识搜索与干中学的迭代交互，海尔深度扎根海外市场，国际市场适应性呈现出“高反应性—高绩效”的特点。在市场反应性上，2020年美国《财富》杂志公布了“全球最受赞赏公司”榜单，最受赞赏公司反映的是品牌在用户层面的综合口碑，海尔智家再次上榜，在家电家居领域，不仅是欧亚唯一入选公司，也是唯一入选的非美国本土企业。在市场绩效上，海尔在海外市场的盈利能力也稳步上升，2019年海尔的非美国本土海外市场收入增长25%，基本上全为自有品牌收入。

第二，比亚迪的国际市场适应性。比亚迪在国际化初期的国际市场适应性表现出“低反应性—高绩效”的特点，这是因为比亚迪在国际化初期阶段，采取的是以贴牌代工的方式进入国际市场，比亚迪先后拿下中国台湾大

表3.8　中国跨国企业国际市场适应性典型证据援引

国际市场适应性	典型例证援引			
	海尔	比亚迪	传音	华为
国际市场拓展初期	·德国有句谚语大意是“我祖母和母亲买的就是米勒，所以我也买米勒”，欧洲的用户相对传统，这部分人是很难被转化的； ·印度消费者都不知道海尔是哪里的，这就导致，他知道了海尔，但是他去卖场选择的时候，由于概念比较模糊，首选的不是海尔	·对中国品牌的歧视是我们最大的挑战，他们认为中国品牌的品牌价值不高，产品品质没有日韩、欧美好； ·比亚迪在刚进入欧洲市场的时候并不被看好，长期以来，中国企业品牌在海外市场都是廉价、质量差的代名词，这也导致比亚迪在国际化初期市场认可度很低	·传音在非洲的三个品牌中没有一个产品真正成功进入高端手机市场； ·传音手机在非洲市场大展风头之前，经过国产山寨机的冲击，“中国制造”的手机在非洲的名声并不太好； ·服务质量没有跟上业务拓展速度，影响品牌形象	·对于俄罗斯客户而言，电信是西门子、朗讯的专利，他们并不信任来自中国的华为，我们在大部分客户那里碰了钉子； ·名不见经传的华为突然冒出来，并没有引发多少关注，很多客户有自己固定的合作伙伴，并不打算买华为的账
国际市场拓展中后期	·海尔已经从一个印度市场上的新晋品牌成长为印度消费者“最信任品牌”的50强之一，为印度当地人量身定制的家电产品深入人心； ·海尔冰箱在哪个国家知名消费者杂志《Que Choisir》评选中获评“用户最喜爱品牌”称号，一举改变“中国造”在欧洲市场的形象	·自推出以来，比亚迪云轨就获得了强烈的市场响应，在国内，银川花博园段云轨线路已经通车运行； ·比亚迪全系列的巴士都配备了符合欧洲标准的公共交通管理系统，是行业内为数不多能够配备该系统的汽车生产商，使比亚迪拥有欧洲地区无限制“入场券”	·传音已经将业务扩展到整个非洲，每六个非洲人里就有一个是传音的用户； ·根据《African Business》2018年所发布的“最受非洲消费者喜爱的品牌”百强榜，传音控股下属三个手机品牌TECNO、itel和Infinix分别位列第7、第16和第28名	·我们成功拿下了德国、意大利和英国项目，在VDF最核心的欧洲四张大网里，我们进入的每一个子网，都成为主要供应商； ·MBLM发布了《2020年墨西哥品牌亲密度报告》，华为以64.5分的成绩首次进入榜单前十，是唯一一家上榜的中国品牌

霸，日本NIKK、飞利浦等厂商的OEM订单，随后又与摩托罗拉、诺基亚等国际厂商合作，并与三洋、东芝等国际电池巨头取得合作，凭借着巨大的成本优势，使比亚迪获得了丰厚的利润回报，市场绩效很高。但由于是贴牌生产，没有自主品牌，比亚迪长期被视为低端产品的代名词，在海外市场更是没有独立的生产空间，市场反应性极低。随着国际市场进程的深入，在知识搜索与干中学的迭代交互下，比亚迪另辟蹊径，选择以电动车打开国际市场，成功打入美国、欧洲、日本、巴西等43个不同的国家和地区，尤其是比亚迪的全电动大巴已经成为众多公司和政府的首选，国际市场适应性呈现出“高反应性—高绩效”的特点。在市场反应性上，比亚迪受到ADL、Thriev、Ships Agency等客户的一致好评，甚至与东道国政府建立强连接关系，正如比亚迪海外支持工程师所言“比亚迪的电动大巴在海外市场，几乎每到之处都是当地的市长或者国家的部长给我们站队”；在市场绩效上，到2018年，比亚迪连续三年新能源汽车全球销量第一，超越特斯拉、日产等品牌，全球市场占有率超过11%，成为中国制造走出国门，在行业领域“弯道超车”的标杆。

第三，传音的国际市场适应性。传音在国际化初期的国际市场适应性表现出“低反应性—高绩效”的特点，这是因为传音选择进入的非洲市场，市场十分不规范，在传音进入之前，中国大量的翻新机、山寨机及售后维修机充斥着当地市场，各种渠道管理混乱，产品以次充好的现象频发，售后服务基本等同于无，使非洲消费者对于中国企业品牌认知限定在一个较低的范围内。传音进入非洲市场以后，在品牌美誉度、品牌知名度与品牌满意度等方面都与国际一流厂商相差甚远，再加上没有营销策略，无法刺激人们的购买欲望，市场反应性较低。但是，由于非洲市场人口红利大，在乌干达、坦桑尼亚、加纳等地区，拥有一部手机的人不足10%，传音进入非洲市场时，抓住了非洲手机市场迅猛发展和市场容量不断扩大的机遇，通过大量输入功能机，获得了很好的市场绩效。随着国际市场进程的深入，在知识搜索与干中学的迭代交互下，传音将自身定位于非洲本土化品牌，在肯尼亚、坦桑尼亚、喀麦隆、尼日利亚等40多个国家和地区成立分公司，并在尼日利亚、埃塞俄比亚等地成立组装工厂，国际市场适应性呈现出“高反应性—高绩效”的特点。在市场反应性上，传音成为“非洲手机之王”，深受非洲消费者的喜爱；在市场绩效上，传音在非洲功能机和智能机出货量市场占有率排名第一，市场份额高达64%，2019年净利润增幅超过150%。

第四，华为的国际市场适应性。华为在国际化初期的国际市场适应性表现出“低反应性—低绩效”的特点，这是因为华为选择了“农村包围城市”的国际市场进入战略。尽管华为在国际化之前已经在国内市场小有名气，但是进入国际市场以后，相比于爱立信、西门子等国际大牌，在海外市场的知名度几乎为零，而且华为主要产品为交换机，除了提供产品还要有充足的服务支持，对于华为这个名不见经传的外来者，海外市场客户信任度非常低。以华为第一个海外市场俄罗斯为例，俄罗斯客户的基本认知是西门子、朗讯等跨国巨头的电信产品是有保障的，对于来自中国的华为缺乏基本的信任，加上部分国内企业产品质量不过关，影响了中国制造在俄罗斯的品牌形象，导致华为在俄罗斯市场的市场反应性较低。在市场绩效上，华为前几年在海外业务收入不到总营业额的4%。随着国际市场进程的深入，通过知识搜索与干中学的迭代交互，华为从“设备提供商”转变为“全球领先的ICT（Information And Communication Technology，信息和通信技术）解决方案供应商”，业务遍及170多个国家和地区，国际市场适应性呈现出“高反应性—高绩效”的特点。在市场反应性上，华为成为2019年《Interbrand》和2019年《福布斯》百大最有价值排行榜中唯一上榜的中国品牌，征服了众多海外客户；在市场绩效上，2019年，华为全球销售收入超过千亿美元。

第三节 结论与讨论

通过选取海尔、比亚迪、传音和华为四家企业进行多案例分析，本书探索了中国跨国企业在国际市场拓展过程中知识差距的表现，以及由此驱动的知识搜索的类型，提炼了中国跨国企业干中学的维度，并系统分析了在知识搜索与干中学迭代作用下，中国跨国企业国际市场适应性的演化路径。

一、中国跨国企业国际市场适应性的实现机制

中国跨国企业的国际市场拓展是一个不断试错、调整、验证和匹配的动态过程。在这个过程中，由于缺乏传统意义上的关键性和必要性优势资源，中国跨国企业难以按照常规路径建构基于资源优势的国际市场竞争力，导致国际市场适应性水平较低。通过对四家案例企业进行分析，本书发现关键性和必要性优势资源的缺失表现在中国跨国企业所拥有的知识基与在全球市场竞争中至关重要的新知识之间的差距。在面临知识差距的情况下，会触发中国跨国企业知识搜索行为，并通过干中学的方式吸收和转化通过组织间搜索和组织内搜索所获取的知识资源，在弥补知识差距的过程中提升国际市场适应。本书基于组织学习理论探索中国跨国企业国际市场适应性的实现机制，尝试构建“知识搜索—干中学—国际市场适应性”的理论框架，揭示中国跨国企业国际市场拓展的内在逻辑和微观机理（如图3.3所示）。

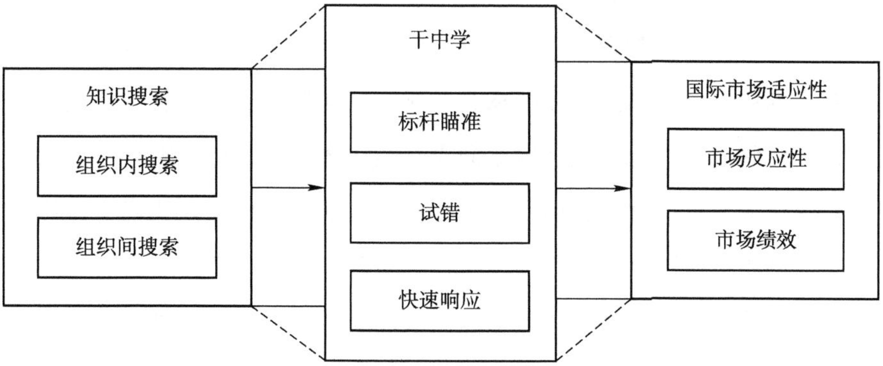

图3.3　中国跨国企业国际市场适应性实现机制框架图

随着竞争越来越集中于技术密集型竞争的趋势，知识来源也越来越分散，

跨国企业获取和利用知识的能力逐渐成为竞争优势的主要来源（Almeida，1996；Hansen and Løvås，2004）。作为全球市场的后发者，为了克服知识差距，中国跨国企业积极通过知识搜索来寻求应对问题的解决方案，通过与客户、竞争对手、大学和公共研发机构建立合作关系，获取分散在全球运营网络中的知识来增加企业知识存量、弥补自有知识基中存在的漏洞。通过案例分析，本书发现中国跨国企业知识搜索主要集中于组织间和组织内的技术知识搜索、市场知识搜索和管理知识搜索。第一，技术知识搜索。由于缺乏关键性的技术知识资源，中国跨国企业开展类似发达市场跨国企业的创新活动非常困难，为了缩小与发达市场跨国企业之间的差距，中国跨国企业技术知识搜索的重点在于识别、采用和修改从外部获取的技术知识，并将其与组织内部技术知识相结合。技术知识搜索的重点不是简单地获取成熟技术，而是获得参与技术创造和改进的机会并具备相应的能力基础（Perez and Soete，1988）；第二，市场知识搜索。由于起步较晚，中国跨国企业在国际化初期，市场进入模式主要以出口方式为主，被锁定在全球价值链低端。随着国际化进程的深入，市场知识差距推动了中国跨国企业去搜索海外市场运营知识，以推动企业能够适应易变性、不确定性、复杂性和模糊性的海外市场环境，达成自身能力的“进化”。通过市场知识搜索，中国跨国企业能够保持对国际市场机会的高度警觉性，更好地理解和预测客户需求，推动企业更好地向客户传递产品和服务的价值。第三，管理知识搜索。中国跨国企业国际市场拓展，不仅涉及地理距离的拓展，还涉及制度距离、文化距离的扩张。由于制度环境的差异性，中国跨国企业在计划经济体制向市场经济体制转轨过程中形成了自己独特的管理体系与管理文化，但在复杂、多变的国际市场运营环境中，管理知识差距推动中国跨国企业积极搜索领先的管理知识，以突破滞后的管理理论框架。通过管理知识搜索，中国跨国企业能够更清晰地定位符合企业能力与条件的管理体系，厘清国际市场战略制定的科学逻辑，并提高管理决策的针对性和有效性。

干中学是中国跨国企业知识搜索与国际市场适应性的内在作用机制，也是导致不同企业国际市场适应性呈现差异性特点的关键因素。通过对四家案例企业的分析可以发现，面对知识差距，知识搜索为中国跨国企业国际市场适应性的实现提供了“资源池”，但知识搜索所获取的知识通常具有无序性、复杂性和重叠性等特点，这种未被编码的知识由于与中国跨国企业原有知识惯例存在一定的差异性，很难被中国跨国企业直接转化、吸收并作用于国际市场适应性。此外，由于受到资源约束和时间约束，面对知识搜索所获取的知识，中国跨国企业无法像发达市场跨国企业一样在知识储备充足以后才进行编码和转化，而是强调约束情境下的机会寻求。为了在有限的时间内抢占机会，在中国跨国企业不会拖延到找到最优或最合适的解决方案才采取行动，而是应对约束和回应机会过程中不断修正企业行为（Rui et al., 2016），即干与学是相互交融的。通过干中学，中国跨国企业将通过知识搜索所获取的内部知识资源与其他组织的知识成果与最佳实践在创新网络的不同位置进行嵌入，并能够在“干”与“学”快速迭代的过程中，推动内外部知识模块（如价格、质量、速度、服务、设计等）的有机配置，创造性地为客户提供价值增值，并作用于国际市场适应性。

二、中国跨国企业知识搜索与维度划分

企业开发的知识库是其竞争优势的主要来源，知识在企业网络结构中转移的效率可以决定企业与对手竞争时能否成功（Gupta and Govindarajan, 2000）。在面对知识差距的情况下，中国跨国企业具有明显的知识搜索动机，知识搜索情境下对外直接投资被认为是中国跨国企业独特的所有权特征（Hennart, 2012）。中国跨国企业通过知识搜索所获取的知识可以对企业欠缺的知识进行补充，促进知识的重组和交叉效应，并允许企业通过使用资本和投入创造更多的价值，从而提高国际市场适应性。通过对四家企业的案例分析，本书将知识搜索划分为组织间搜索和组织内搜索两种类型（如图3.4所示）。

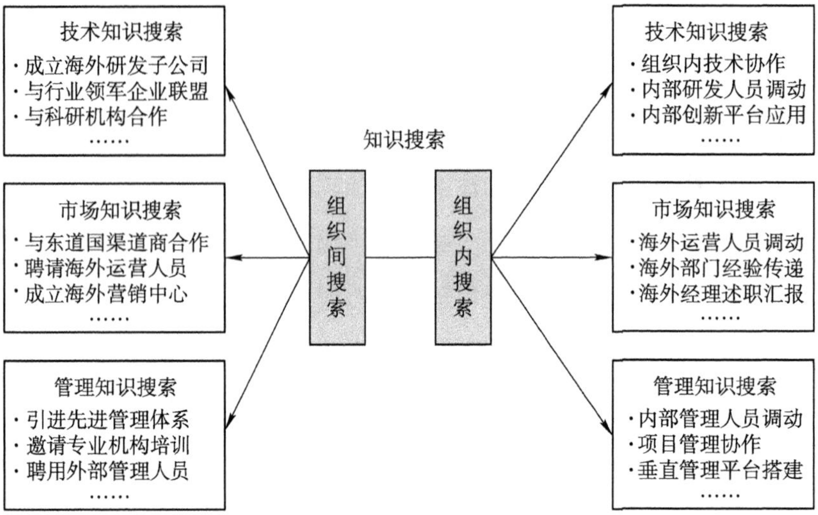

图3.4 中国跨国企业知识搜索的维度划分

第一，组织间知识搜索。组织间知识搜索是企业通过与其他组织进行交互，跨越组织边界以搜集新知识和探索新机会的活动，这种搜索行为通常跨越了组织既有的知识惯例、禀赋与边界，通过搜索所获取的知识与企业既有知识基差异较大，甚至是跨越认知领域的知识。根据组织理论的基本假设，企业所拥有的知识资源是有限的，尤其是在复杂、动荡的国际市场环境下，企业所面临的环境压力和资源压力不断加剧，过度依赖原有的知识路径和组织惯例，会造成知识资源的重叠和冗余，导致企业思维僵化并限制其创新行为，使企业陷入“核心刚性”的陷阱。随着全球化进程的加快，资源、人才等要素的全球流动更加频繁，通过组织间搜索能够帮助企业扫描和监测不同组织的技术动态和市场趋势，拓宽企业知识的选择和接触范围，促进中国跨国企业从组织外部获取互补性的技术知识、市场知识和管理知识，弥补企业知识缺口，为知识结构重组提供更多的可能性，为中国跨国企业在国际市场提供新的突破途径。通过案例分析，中国跨国企业组织间的技术知识搜索主要通过在发达市场成立研发子公司、与行业领军企业联盟、与科研机构合作等方式来完成；组织间市场知识搜索主要通过与东道国渠道商（运营商、渠道商和零售商）合作、聘请东道国本地企业的市场运营人员、在东道国市场成立营销中心等方式实现；组织间管理知识搜索主要通过引进先进的管理体系、邀请专业机构培训、聘用行业领军企业的管理人才等方式实现。

第二，组织内知识搜索。组织内知识搜索是企业在组织内部寻求问题解决方案过程中获取和积累知识的行动，这种搜索行为所获取的知识与企业既有知识的关联性较高，易于被吸收和整合，并且可以增强知识的可靠性和可预测性。知识基础观认为企业所拥有的知识资源具有稀缺、有价且不可替代的特征，是企业建构全球市场竞争优势的基础，知识在组织内部搜索与转移比通过外部市场更为高效，可以使企业知识基进一步强化。同时，由于组织作为有限理性的个体存在，对于搜索效果和效率的估测是不确定的，企业知识搜索的过程中伴随着成本的损耗，需要企业配置资源并付出一定的代价，而组织内知识搜索能够提升企业对于潜在价值知识和错误知识的警觉性，规避无效的搜索步骤并降低搜索成本，帮助中国跨国企业解构复杂知识结构中知识要素的因果联系。通过案例分析，中国跨国企业组织内的技术知识搜索主要通过跨部门技术协作、内部研发人员调动、内部创新平台应用等方式得以实现；组织内市场知识的搜索主要是通过海外市场运营人员调动、其他业务部门海外市场经验传递等方式实现；组织内管理知识搜索则主要通过内部管理人员调动、项目管理协作、垂直管理平台搭建等方式得以实现。

三、中国跨国企业干中学与维度划分

知识搜索所获取的知识通常具有无序性、复杂性和重叠性等特点，这种未被编码的知识与企业原有知识惯例存在一定的差异性，很难被直接转化和吸收，而通过干中学，中国跨国企业能够将通过知识搜索所获取的技术知识、市场知识和管理知识内化为企业新的知识基（如图3.5所示）。基于过程视角，本书将干中学划分为标杆瞄准、试错和快速响应三个方面。在干中学的过程中，标杆瞄准使中国跨国企业能够对行业领军企业的最佳经营实践进行追踪和模仿，以跳过市场调研、竞争分析及目标需求预测等标准化的国际市场开发流程，试错使中国跨国企业可以通过标杆瞄准来确定优先级，并专注于问题的解决和功能的改进，而快速响应通过在最短的时间内实现企业、利益相关者及客户之间的有效互动，能够对试错过程中所确定的解决方案予以验证，并回馈于新一轮的标杆瞄准，在标杆瞄准、试错和快速响应的动态迭代中完成干中学知识的转化。

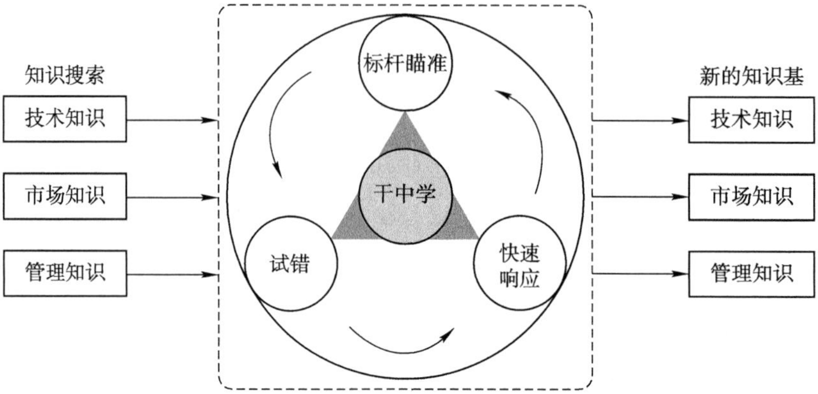

图3.5 中国跨国企业干中学的微观机制

第一，标杆瞄准。标杆瞄准是对行业领军企业进行持续和系统的评估，以确定代表最佳实践和合理绩效目标的业务和工作流程（Rolstadas，2013）。通过标杆瞄准，中国跨国企业可以寻求获取卓越绩效行业的最佳实践，从而改善从生产到销售的运营过程并提升企业绩效。相对于发达市场跨国企业，中国跨国企业处于后发地位，作为追随者，中国跨国企业能够对国际市场领军企业的最佳实践进行基准测试以获取全球竞争规则（Bartlett and Ghoshal，2000）。最佳实践是指最能满足客户要求的在工作流程中使用的方法。通过案例分析可以发现，标杆瞄准为知识搜索所获取的知识提供了转化的方向，同时也会反向刺激中国跨国企业的知识搜索。无论是在欧美市场，还是在其他新兴市场，中国跨国企业都会通过标杆瞄准快速定位到打开目标市场的关键“钥匙”，从而通过快速跟随策略进行能力升级（Mathews et al.，2011）。

第二，试错。试错是中国跨国企业通过反复尝试来寻求问题解决方案的过程。关键知识资源的缺乏意味着中国跨国企业在路径依赖方面的约束很小，这可以使中国跨国企业对知识搜索所获取的技术知识、市场知识和管理知识的处理更为灵活，这种灵活性可以将这些知识配置以新颖的方式与现有知识相结合（McGaughey，2002）。由于研发成本和失败风险较低，促使中国跨国企业更愿意通过试错的方式进行重复性实验、持续性改进和适应性行动，对不同层次、不同来源、不同结构的资源进行选择、配置与激活（Luo and Child，2015；Fang et al.，2011），使之具有较强的柔性、系统性和价值性。通过案例分析可以发现，试错使中国跨国企业逐渐辨别完成任务的最佳方式，在对错误知识和无用知识逐渐剔除的过程中，重新构造一个不包含已剔除知识的新知识基，从而提高中国跨国企业行动和决策的效率。

第三，快速响应。快速响应是指中国跨国企业识别到市场上的机会以后，通过采取正确定位、快速行动等方式，在最短的时间内实现企业与利益相关者、客户等东道国市场行为主体之间的有效互动，通过快速迭代，最大限度地在应对约束和回应机会过程中扩大干与学的互动效果，使中国跨国企业抓住动荡环境中稍纵即逝的机会。通过快速响应，知识搜索所获取的技术知识、市场知识和管理知识能够在组织内加速流动，从而使企业通过干中学迭代出最适应东道国市场需求的知识结构。通过案例分析可以发现，中国跨国企业快速响应是在感知到东道国市场需求发生变化时，能够快速作出调整和反应，活化静态的资源模块，以最快的速度向客户传递产品和服务的价值。同时，通过快速响应，能够帮助企业在受到时间约束的情况下，提升对国际市场不确定性环境中机会和风险的警觉性，帮助企业实现与东道国市场环境变化的同频共振。

四、案例研究总结与讨论

伴随着全球经济和政治格局的深刻变化，市场环境变化速度不断加快、客户需求和偏好更加难以预测，国际市场运营复杂性不断增加。面对后发者劣势和外来者劣势，在海外市场拓展过程中，如何不断调整自身能力以适应环境变化已经成为中国跨国企业建构竞争优势的关键。因此，探讨中国跨国企业在面临知识差距的情况下，如何通过知识搜索与干中学的迭代提升国际市场适应性，对于解构中国跨国企业如何实现国际市场的快速追赶具有重要的理论意义。本书通过对海尔、比亚迪、传音和华为四家案例企业进行多案例分析，得到以下几个结论：第一，中国跨国企业在国际市场拓展过程中由于缺乏关键性和必要性的技术知识、市场知识和管理知识，难以按照常规路径建构基于资源优势的国际市场竞争力，从而导致资源分配限制、战略聚焦困难、短期—长期目标冲突等一系列矛盾，企业国际化初期国际市场适应性水平较低；第二，面对知识差距，中国跨国企业积极通过组织间搜索和组织内搜索对企业知识差距进行补充，为知识结构提供更多重组的可能性；第三，由于知识搜索所获取的知识具有无序性、复杂性和重叠性等特点，这种未被编码的知识与企业原有知识惯例存在一定的差异性，很难被直接转化和吸收，中国跨国企业采取干中学的方式将通过知识搜索所获取的技术知识、市场知识和管理知识内化为企业新的知识基，在弥补知识差距的过程中提升国际市场适应。

案例分析的理论贡献主要表现在三个方面：第一，探索了在面临知识差距的情况下，中国跨国企业知识搜索的表现形式，挖掘了组织间搜索和组织内搜索差异性特征，依托于中国跨国企业独特的国际市场情境，拓宽了知识搜索理论的解释边界（Laursen and Salter，2006；Wu and Wu，2014）。尤其是，本书对于知识差距驱动企业知识搜索行为差异性的研究，延伸了Ramamurti和Williamson（2019）关于中国跨国企业补充“能力洞”的观点。本书所分析的中国跨国企业知识搜索的独特性在一定程度上也是对Luo和Tung（2007）提出的“跳板视角”的补充。第二，洞察了中国跨国企业干中学的内在微观机理，基于流程观视角，提炼了干中学过程中标杆瞄准、试错和快速响应的重要作用，重新定义了有别于传统发达市场跨国企业的“学习规则”，响应了国际商务领域学者强调用干中学理论来解构以中国为代表的新兴市场跨国企业的呼吁，并为理解中国跨国企业参与国际市场竞争过程中独特的学习行为提供了一个新的理论视角，这在一定程度上拓展了干中学理论的解释范畴（Rui et al.，2016；Thompson，2010）。第三，提炼了中国跨国企业国际市场适应性实现机制，基于组织学习理论视角，搭建了“知识搜索—干中学—国际市场适应性”的理论框架，系统分析了其中的内在理论逻辑，响应了近期国内外学者对于拓宽中国跨国企业理论解释边界及扩展原创性本土管理理论的呼吁，能够为后续研究提供一个新的研究视角。

尽管本书通过案例分析对于中国跨国企业如何实现国际市场适应性的内在机理作出了有益的探讨，但仍有不足之处有待继续完善。具体表现在：第一，中国跨国企业的国际市场拓展是一个不断试错、调整、验证和匹配的动态过程，在这个过程中，中国跨国企业面临着诸多不确定因素，而对于知识搜索和干中学的探讨，更多的是对内生性因素的研究，忽视了外部环境变化对中国跨国企业国际市场拓展行为的影响，需要在后续的研究中考虑情境因素的重要作用。第二，尽管搭建了“知识搜索—干中学—国际市场适应性”的理论框架，提炼了中国跨国企业国际市场适应性实现机制，但对于知识搜索、干中学与国际市场适应性具体维度之间的关系没有进行充分的验证。中国跨国企业国际市场拓展过程是极其复杂的，为了清晰地厘清现象背后的理论规律，有必要对于具体维度之间的理论关系进行进一步的验证。第三，尽管采用了多案例研究的方法，并严格遵循复制逻辑，所得到的研究结论也具有一定的可推广性，但为了充分验证这种关系，仍有待于依赖大样本予以检验。

第四章
概念模型构建与研究假设发展

本章主要根据文献梳理与案例研究的结果，阐述构念模型的理论逻辑，引入情境因素，构建知识搜索、干中学与国际市场适应性之间作用关系与影响机理的整体构念模型，尝试从理论层面解释本书关键构念之间的潜在逻辑和作用机制，并在理论的指引下，提出模型中相关概念之间作用关系的具体假设，为实证检验提供理论指引。

第一节　概念模型构建及其理论逻辑

一、“知识搜索—干中学—国际市场适应性”概念模型的理论逻辑

通过理论回顾与案例分析可以发现，中国跨国企业国际化起步较晚，通常缺乏无区位束缚的企业特殊优势（Rugman et al.，2007）。在开发国际市场的过程中，与欧美等发达市场的跨国企业相比，中国跨国企业在资源端和客户端面临着严重的资源约束。面对高度不确定的国际市场环境，中国跨国企业国际市场适应性实现过程表现出验证性、试错性与创新性的行动机制，而本书提炼的“知识搜索—干中学—国际市场适应性”所遵循的理论逻辑表现为“手段—目标”的效果逻辑，强调将既有的手段作为机会创造的触发因素，审视可利用的知识、经验、社会网络、资金、专利技术等，在可承受的损失

范围内利用这些手段，灵活处理问题，以共负盈亏的方式尽可能建立广泛的合作伙伴关系，以获取更多资源及增强合法性来降低不确定性，从而创造市场和商机。

效果逻辑由美国弗吉尼亚大学达顿商学院Sarasvathy教授于2001年首次提出。Sarasvathy解释了在不确定环境或市场不存在的情况下，创业者在其创业过程中的独特状态，并与传统的因果推理理论进行了对比。Sarasvathy所提出的效果逻辑是在其导师赫伯特·西蒙教授"有限理性"基本命题的基础上进行提炼和发展的，强调了决策者的认知局限与环境的不确定性，认为决策主体因认知有限，难以掌握与决策相关的全部信息和方案，无法一次性得出完美分析，因此，序贯分析是更为有效的决策逻辑方式（Simon，1973；方世建，2012；李雪灵等，2020）。目前被广泛接受的效果逻辑遵循"已知状态—能动行为—新的状态"范式，并呈现出不断循环往复的路径模式特征，强调在不确定情境下通过手段驱动而不是目标驱动识别潜在市场，在评估机会时，考虑的是"可承受损失"而不是预期收益，即注重投资可承担损失范围内的资源，通过与外部主体保持互动以整合稀缺资源，充分利用突发事件创造可能的结果（Sarasvathy，2001；李雪灵等，2020；张玉利等，2011）。

随着理论研究的深入，国际商务领域学者发现中国跨国企业国际市场拓展行为也遵循效果逻辑（Lingelbach et al.，2015）。中国跨国企业由于国际化起步较晚，所积累的资源有限，在高度不确定的市场环境下，为了实现对欧美等发达市场跨国企业的追赶，表现出明显的机会寻求型特征。为了在有限的时间内抢占机会，中国跨国企业不会拖延到找到最优或最合适的解决方案才采取行动，而是在应对约束和回应机会的过程中不断修正企业行为，其背后遵循的理论逻辑是效果逻辑。而欧美等发达市场跨国企业由于在国际市场耕耘已久，资源储备充足且组织管理体系成熟，其"犯错成本"极高，更多的是从既有的目标出发，关注从现有的手段中寻求最佳解决方案以实现目标，强调在不确定情境下的风险规避，其背后遵循的理论逻辑是因果逻辑（如表4.1所示）。

表4.1　效果逻辑与因果逻辑的对比分析

类型	效果逻辑	因果逻辑
对未来的认识	**创造**：未来的行动是偶然的结果，预测并不重要，更关注如何创造未来	**预测**：把未来看作是过去的延续，可以进行有效的预测
行为的原因	**能够**：做能够做的，而不是根据预测的结果做应该做的	**应该**：以利益最大化为标准，通过分析决定应该做什么
采取行动的出发点	**手段**：从现有的手段出发，挖掘现有手段可以采取什么行动，实现什么样的目标；子目标共同构成最终的总目标	**目标**：以总目标为起始点来设置子目标，子目标决定采取哪些行动
行动路径的选择	**偶然性**：选择现在的路径是为了使以后能出现更多、更好的途径，因此路径可能随时变换	**既定承诺**：根据对既定目标的承诺来选择行动的路径
对风险的态度	**可承受的损失**：在可承受的风险范围内采取行动，而不是愿意触碰超出承受能力的风险	**预期的回报**：更关注预期回报的多少，搜寻利益最大化的机会，而不是降低风险
对其他公司的态度	**伙伴**：强调合作关系，与顾客和供应商甚至是竞争对手共同创造市场	**竞争**：强调竞争关系，根据需要对顾客和供应商承担有限的责任

资料来源：Read和Sarasvathy（2005）。

根据本书第二章的文献梳理以及第三章的探索性多案例研究，本书所提炼的理论框架“知识搜索—干中学—国际市场适应性”背后所遵循的是效果逻辑。一方面，效果逻辑的适用条件是高度不确定的情境，面对环境状态、手段选择和结果均无法预测的情况，强调审视手边的知识、经验、社会网络、资金、专利技术等，以获取更多资源及增强合法性来降低不确定性。中国跨国企业在面对易变性、不确定性、复杂性和模糊性的海外市场环境时，在知识差距很大的情况下通过组织间搜索和组织内搜索，能够更好地回答效果逻辑所强调的可能的“问题”，即“我是谁”和“我了解什么”。另一方面，效果逻辑事先不对既有的手段范围进行规定，主要关注序贯式、非计划式的行为，在可承受的损失范围内利用这些手段，灵活处理问题，以共负盈亏的方式尽可能建立广泛的合作伙伴关系，从而实现对未来的控制（张玉利等，2011；Villani et al.，2018）。面对知识搜索所获取的技术知识、市场知识和管理知识，中国跨国企业积极通过干中学的方式将所获取的知识内化到企业知识基中，而干中学的过程强调在最短的时间内实现企业与利益相关者、客户等东道国市场行为主体之间的有效互动，通过快速迭代，最大限度地在应对约束和回应机会的过程中扩大干与学的互动效果，使中国跨国企业抓住动荡环境中稍瞬即逝的机会，符合效果逻辑的理论内涵。

二、“知识搜索—干中学—国际市场适应性”概念模型构建

根据文献梳理与案例研究，遵循效果逻辑，本书搭建了“知识搜索—干中学—国际市场适应性”的主体理论框架。同时，为了弥补案例研究对于情境因素考虑不足所带来的问题，根据中国跨国企业在国际市场运营过程中所面临的现实问题，本书增加了“资源约束”和“制度复杂性”两个情境因素，探讨情境变化对于中国跨国企业国际市场适应性作用机制的影响，最终本书所搭建的概念模型框架（如图4.1所示）。

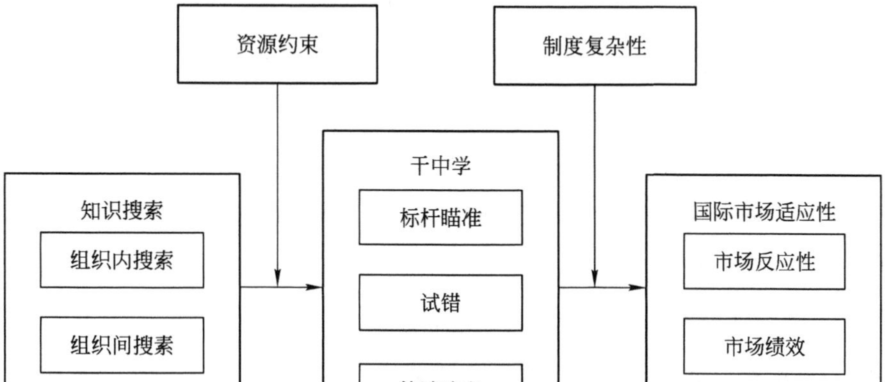

图4.1　知识搜索、干中学与国际市场适应性作用关系概念框架

（一）资源约束情境

资源基础观认为，组织是各种资源的集合体，资源对于组织变革与组织创新具有重要的作用（Rao et al., 2002）。Barney（1991）的研究指出，资源是指由企业所掌握的能够帮助企业提升效率与效益的资产、信息、知识等综合性要素，当企业所拥有的资源具有稀缺和有价值的特征时，有助于帮助企

业建构竞争优势。当企业资源还具备不可模仿和不可替代两项特征时，企业的竞争优势将变得可持续，即获取持续竞争优势。跨国企业的经典理论主要是在发达市场跨国企业研究的基础上得以提炼的。这些企业倾向于拥有垄断性的知识资源、难以复刻的技术、成熟的全球分销体系等优质资源，能以压倒性优势打败全球竞争对手（Ramamurti and Williamson，2019）。中国跨国企业国际化起步较晚，缺乏传统发达市场跨国企业可以转移的企业特定优势，因而在国际市场拓展上面临着一系列的资源约束，具体表现在全球领先研发技术的缺失（Hernandez，2018；Luo and Zhang，2016）、国际市场运营知识储备的不足（Buckley et al.，2018）、品牌资产的羸弱（Kumar and Steenkamp，2013；熊莎莎等，2018）以及优质的全球性渠道资源的缺失（Madhok and Keyhani，2012；Nair et al.，2015）等方面。理论界关于资源约束情境对于企业的影响尚未达成一致。传统的资源管理学派强调占据优质、异质性资源是企业获取竞争优势的必要条件，认为约束通常会掣肘企业发展，约束越大企业越难以成长（Barney，1991；Nguyen and Rugman，2015）；而创业理论学派则认为约束能够推动企业快速成长，尽管缺乏传统意义上的垄断性资源优势，且在国际市场拓展过程中面临着严重的资源约束，但仍有中国跨国企业在与发达市场跨国企业的竞争中获胜（Kotabe and Kothari，2016），因为约束可能刺激创新和冒险，提升创业警觉性和学习敏捷性（Madhok and Keyhani，2012）。针对理论界的争论，本书认为中国跨国企业在知识搜索与干中学的过程中，资源约束会对企业行为产生深刻的影响，因此，为了检验这种作用关系，本书将资源约束情境纳入整体理论框架予以分析。

（二）制度复杂性情境

制度理论研究认为，无论是在国内还是在东道国，企业的战略选择都受到正式规则和非正式文化规范和价值观的根本影响（North，1990；Oliver，1997；Wright et al.，2005）。从战略进入的角度来看，企业进入国外市场是为了利用企业特有的优势获得最大的经济回报（进攻性行为），并最大限度地减少制度不确定性、市场需求下降以及现有市场中其他环境威胁等带来的相关损失和风险（防御性行为）（Caves，1971；Porter，1986）。鉴于东道国环境可能与其母国截然不同，因此国际扩张对于中国跨国企业而言是一个充满困难的过程（Guler and Guillen，2010），因为其所面临的制度环境往往更加复杂，不仅存在于多个方面，而且每个方面在不同时间段产生的影响也不同。即使在高度规范的制度环境中，政治稳定、政府效率、公共服务、法律保护和寻租性腐败都将对企业的投资行为产生不同的影响。导致这种复杂性的一个原因是，中国跨国企业面临制度压力以及处理复杂环境的策略与能力有所不同。现有研究中，对于母国与东道国之间制度距离的研究已经获得了很好的成果，但是对复杂制度环境给中国跨国企业带来的影响尚未进行深入的探讨。制度复杂性可能会抑制中国跨国企业的适应能力，从而导致其需求与所嵌入的业务系统之间出现不一致，在制度复杂性较高时，盲目的国际市场扩张会给中国跨国企业带来极大的风险。这种风险表现为：一旦中国跨国企业违背了东道国的制度体制内的"游戏规则"，就可能会付出高昂的代价，包括在东道国可能会面临监管障碍（Rugman et al.，2014），受到东道国利益持有者的排斥（Sauvant，2010），造成东道国的不信任，加剧外来者劣势（Meyer et al.，2014；吴冰等，2018）等，从而影响企业在东道国市场的长远发展。基于此，本书认为制度复杂性会对中国跨国企业国际市场适应性产生深刻的影响，因此，为了检验这种作用关系，本书将制度复杂性情境纳入整体理论框架予以分析。

第二节 研究假设发展

一、中国跨国企业知识搜索与国际市场适应性

知识基础观认为，企业的专用性知识是企业建构竞争优势的基础，已有研究发现这种竞争优势的构建依赖于知识搜索（Afuah and Tucci，2012）。Kogut 和 Zander（1993）的研究将跨国企业视为一个知识整合的机构，并将

跨国企业的竞争优势归结为其在国际化过程中的知识生产与创造，跨国企业通过在全球市场搜索并获取所需的知识资源，识别新机会并培育和升级能力，以更好地适应复杂、不确定的国际市场环境。对于中国跨国企业而言，由于国际化起步较晚，因而其在世界一流的国际市场知识、管理知识和技术知识储备上仍有所欠缺（Peng，2012；Ramamurti and Hillemann，2018）。为了克服知识资源约束所带来的外来者劣势和后发者劣势，中国跨国企业通过在海外收购、合资或建立子公司和研发机构等举措来搜索所需的知识，以对所欠缺的知识进行补充，建立专业知识，促进知识的重组和交叉（Nieto and Rodrigues，2011；Leiponen and Helfat，2011），并允许企业通过使用资本和投入创造更多的价值，提高生产效率（Todo and Shimizutani，2008；Griffith et al.，2006）。

国际市场适应性是指跨国企业能够感知并把握潜在国际市场机遇，及时作出反应调整，形成与市场环境相匹配的持续性国际竞争优势，这是跨国企业最理想的生存状态（许晖和单宇，2018；Mu et al.，2015）。相比于发达市场跨国企业，中国跨国企业尚处于国际化的初级阶段，全球足迹和国际经验有限，其在海外市场所面临的最大的挑战是如何适应东道国的制度、文化及市场变化所带来的挑战（周楠，2019）。尤其是在国际化的早期，中国跨国企业的国际收入所占的销售比例要比欧美等发达市场跨国企业小得多，且大部分雇员和资产通常集中于母国（Ramamurti and Singh，2009），由于资金压力和资源限制，为了能够在国际市场立足，其必须比竞争对手更快地适应东道国的环境（Luo，2011）。因此，中国跨国企业通过知识搜索，一方面能够从产品要素中发现新的联系，这些发现实际上连接了不同的设计参数或以前没有关联的想法（Krishnan and Ulrich，2001；Luo and Tung，2017），为中国跨国企业母公司提供了不同的知识，并使其可以利用和整合这些知识，挑战传统的产品开发视角，打破以前的规定和程序，发现新的联系并开发新产品（Deng，2012）；另一方面，中国跨国企业通过知识搜索可以获取国际化知识，以减轻国际市场的拓展压力，更好地了解东道国市场的动态变化，以降低业务的不确定性（Ramamurti and Williamson，2019）。

基于此，本书提出以下假设：

假设1：中国跨国企业知识搜索对国际市场适应性具有显著的正向影响。

此外，中国跨国企业由于资源禀赋与所面对的国际市场环境的差异性，知识搜索的模式与路径也不尽相同。因此，依据不同维度区分的知识搜索策略对于国际市场适应性的影响也存在差异性。

组织间搜索是指企业通过与其他组织进行交互，跨越组织边界以搜集新知识和寻求新机会的活动。这种搜索行为跨越了组织惯例、知识禀赋、区域与技术边界，通过搜索所获取的知识与既有知识基差距较大，甚至是跨领域的知识（Nelson and Winter，1982；Katila and Ahuja，2002）。中国跨国企业在国外市场的扩张，与其能够学习和利用母公司所没有的知识资源密切相关（Kedia、Gaffney and Clampit，2012；Lessard and Lucea，2009；Mathews，2002）。已有研究表明，中国跨国企业积极通过搜索和引进行业领军企业的关键技术（Cuervo-Cazurra and Rui，2017；Awate，2015）、与拥有卓越知识的企业结成战略联盟（He et al.，2016）、并购所需知识的发达国家竞争对手（Luo and Tung，2007；谢洪明等，2019）来获取企业所需的知识，并突破知识约束的掣肘（Luo et al.，2011；Ramamurti and Ravi，2012）。Fang（2012）的研究指出，在新兴经济体中，企业利用战略联盟来获取和学习伙伴的知识，特别是当合作伙伴拥有互补性知识时，能够增强其创新能力，并推动战略目标的实现。

组织间搜索主要得益于两个方面。一方面，内向国际化为中国跨国企业知识搜索提供了便利。Luo and Tung（2007）认为，以中国为代表的新兴市场跨国企业通过与可以转移技术和组织技能以及金融和运营资产的全球参与者合作，从内向国际化中受益匪浅，这可以减少外来者劣势，并为后续国际化活动提供便利。另一方面，全球知识可获得性的增强，使外向国际化为中国跨国企业扩大知识搜索范围提供了更多的可能。Luo和Zhang（2016）研究指出，中国跨国企业通过搜索全球资源来升级母公司知识，然后通过使用升级后的母公司知识来进一步利用全球机会。组织间搜索能够使中国跨国企业通过向行业领导者、竞争者以及企业间网络进行间接学习来克服国际市场运营直接经验缺乏所带来的不足，有助于企业搜索新的机会和知识、获取新的技术以及培养新的能力，并借助搜索到的新知识脱离原有知识轨迹，以迎合新兴市场或客户的需求，提升对市场环境变化的反应性，进而作用于企业的市场绩效（Banerjee，2015；Buckley，2018；Prabhu and Jain，2015）。

基于此，本书提出以下假设：

假设1a：中国跨国企业的组织间搜索正向影响其市场反应性。

假设1b：中国跨国企业的组织间搜索正向影响其市场绩效。

组织内搜索是指企业在组织网络内部寻求问题解决方案的过程中获取和积累知识的行动，这种搜索行为所获取的知识与企业既有知识的关联性较高，易于被吸收和整合，并且可以增强知识的可靠性和可预测性（Phene et al.，2006；Wu and Wu，2014）。知识基础观认为，知识在内部存储与转移比通过外部市场更有效率（Kogut，2000；Kogut and Zander，1992），企业知识在内部产生和转移的效率可以决定企业在与对手竞争时能否成功（Gupta and Govindarajan，2000；Kostova，1999）。对于跨国企业而言，知识分散在母公司与全球各个子公司构成的组织网络中，随着全球行业竞争的日益加剧，跨国企业可以通过分散在全球运营网络中的技能和知识来提升市场竞争力（Awate et al.，2012，2014；Williams and Lee，2016）。跨国企业的一个核心目标就是令其成员能够通过分享各自的知识来获益（Gibson and Gibbs，2006；Snow et al.，1996）。Haas和Cummings（2015）的研究进一步发现，跨国企业团队的成员怀有共同的目标，因此可以根据要求彼此分享知识，这为跨国企业组织内知识搜索提供了可能。

中国跨国企业的国际市场进入战略往往比传统的跨国企业更为激进，速度也更快，在试图摆脱后来者的位置时，其国际化进程要比发达市场中的传统跨国企业快得多，且更具风险追求偏好（Cui and Jiang，2009；Li，2010；Morck et al.，2008；Ramasamy et al.，2012）。这使得中国跨国企业更有可能遭受时间压缩的不经济性困扰，从而阻碍对国外运营管理和新知识的吸收（Vermeulen and Barkema，2002）。因此，会积极在全球母子公司网络中寻求组织内部解决方案，进而在具体的操作层面上使知识在组织内部进行传递和转移并保持紧密耦合关系，以此带动组织知识结构的改进和适应，规避在国际市场拓展过程中可能出现的风险，降低知识搜索的成本，这对于中国跨国企业应对易变性、不确定性、复杂性和模糊性的国际市场环境尤为重要（Vincenti，1990；Alon，2012；Ramamurti and Williamson，2019）。同时，组织内搜索是提升中国跨国企业市场反应性和市场绩效的决定性因素，它能够使中国跨国企业识别、利用和整合可用资源，深度洞察不同知识模块之间的多重属性特征和契合点，最大限度地激发协同效应，在成本、速度和性价比方面创造临时性的竞争优势，并迅速响应大众市场需求（Luo and Child，2015；许晖和单宇，2019）。

基于此，本书提出以下假设：

假设1c：中国跨国企业的组织内搜索正向影响其市场反应性。

假设1d：中国跨国企业的组织内搜索正向影响其市场绩效。

二、中国跨国企业知识搜索与干中学

为了在竞争中实现快速追赶，中国跨国企业无法像传统发达市场跨国企业那样，在知识积累到一定程度后才开展行动（Santo and Williamson，2015），而是在相同的时间区间内必须达到更高的行动效率和知识产出（Baker and Nelson，2005；Salunke et al.，2013），才有可能在资源端与客户端均受到限制的情况下抓住有限的机会窗（吴晓波等，2019），这使得中国跨国企业的学习过程呈现干中学的特点，即不被普遍接受的物质投入、实践、定义和标准所限制，也不会拖延到找到最优或最合适的解决方案才采取行动（李平，2017；Luo and Tung，2018），而是打破干与学的严格界限，最大限度地在应对约束和回应机会的过程中完成知识的积累（Ramamurti and Williamson，2019）。干中学是指企业在应对约束与回应机会的过程中，通过解决自身运营挑战的方式创建新知识（Rui et al.，2016）。

干中学的理论研究，早期是用来解释组织内的生产效率问题的，即在生产中所形成的尝试解决问题的实践将会极大促进生产的发展（Levinthal. and March，1993；Schank et al.，1999）。随着时间的推移以及生产数量的增加，企业学会更有效率地完成任务，降低生产额外产品的单位成本，并在减少缺陷的过程中提高效率（Macher and Mowery，2003）。近期，国际商务领域的学者强调，应该将干中学引入到跨国战略领域，来探讨以中国为代表的新兴市场跨国企业如何提高国际化能力（Aulakh et al.，2016）。中国跨国企业在干中学的过程中，面临着企业内部知识资源储备不足以及外部国际市场环境的复杂性、动荡性的挑战，为了保障干中学的效率，中国跨国企业在很大程度上依赖于通过知识搜索来获取开展学习行动所必需的知识资源（Awate，2015；McGaughey，2002；Nieto and Rodrigues，2011）。同时，当企业采取有计划的行动寻找问题的解决方案时，运营挑战会激发其采用干中学方式来寻找知识，创造解决方案，并通过重复来解决类似的挑战，从而提高效率并降低成本（Hatch and Mowery，1998；Macher and Mowery，2003）。

基于此，本书提出以下假设：

假设2：中国跨国企业知识搜索对干中学具有显著的正向影响。

此外，知识搜索行为面临着机会与成本的博弈，这表现在尽管企业对于搜索所需知识的目标是明确的，但组织作为有限理性的个体存在，对于搜索效果的估测是不确定的，企业需要为知识搜索提供相应的资源配置并付出一定的成本代价。因此，跨国企业在不同情境下知识搜索的侧重点会有所不同。中国跨国企业的组织间搜索和组织内搜索对干中学的作用也存在较大的差异性，主要表现在以下六个方面。

第一，组织间搜索与干中学过程中的标杆瞄准。知识差距是促进组织学习的重要触发因素。国际化进程的深入，会使中国跨国企业逐渐意识到知识差距的存在，从而推动组织寻找解决方案，以获取新知识并缩小相应的差距（Wang，2014）。为了减小知识差距，中国跨国企业通过系统地对世界一流企业的最佳实践进行标杆瞄准来密切监视和遵循已建立的全球竞争规则（Bartlett and Ghoshal，2000；Makino et al.，2002）。标杆瞄准是指对行业领军企业进行持续和系统的评估，以确定代表最佳实践和合理绩效目标的业务和工作流程（Rolstadas，2013；Camp，1989）。标杆瞄准的实质是基于知识的搜索工作，以寻求确定并复制世界一流企业的最佳做法。为了保障标杆瞄准的顺利实施，最重要的就是通过组织间搜索，探查行业领军企业所展示的最佳实践，确定最佳实践的驱动力以及开展和执行该类实践所需做出的努力（Mittelstaedt，1992；Sarkis，2001）。组织间搜索能够拓宽中国跨国企业知识的选择和接触范围，识别和考虑不同领域知识元素间可能产生的新联系，构建起更为广泛的知识结构，有助于挑战约束的固有假定和观念，为解决研发问题提供多种可行的方法，从而为标杆瞄准的顺利实施提供多样性的选择（许晖和单宇，2019；Boh et al.，2014；Bartlett and Ghoshal，2000）。

基于此，本书提出以下假设：

假设2a：中国跨国企业的组织间搜索正向影响干中学过程中的标杆瞄准。

第二，组织内搜索与干中学过程中的标杆瞄准。标杆瞄准是为世界一流企业的最佳实践而设计的重要环节，为了保障标杆瞄准的效果，企业需要明确在哪些领域解决问题（Goh and Richards，1997）。中国跨国企业进行标杆瞄准的前提是识别出与行业领军企业的知识差距，即企业当前所拥有的知识与企业在国际市场拓展过程中所需的至关重要的新知识之间的差异。如果不能找到这些知识鸿沟的解决方案，中国跨国企业将没有机会与发达市场的强大公司竞争，甚至没有机会生存（Wang,2014;Child and Rodrigues,2005）。因此，中国跨国企业需要通过组织内的知识搜索来确定问题的优先级，并专注于有助于解决问题和升级其功能的知识反馈（Hansen and Løvås，2004；Hennart，2012）。组织内的知识搜索能够加深跨国企业对现有知识渠道的利用效率，解构复杂知识结构中知识要素的因果联系，规避无效的搜索步骤并降低搜索成本，以帮助企业快速确定需要改进的地方，并为企业定位标杆瞄准的关键要点（Zhang and Baden-Fuller，2010；Fang et al.，2017）。同时，组织内搜索可以帮助中国跨国企业识别在国际市场拓展过程中知识资源的利用效率与差距，进而借助标杆瞄准使企业明确如何更好地利用现有资源，将其扩展到新的领域，从而促进知识资源的功能性重组和扩展。

基于此，本书提出以下假设：

假设2b：中国跨国企业的组织内搜索正向影响干中学过程中的标杆瞄准。

第三，组织间搜索与干中学过程中的试错。与发达市场跨国企业相比，中国跨国企业最初的全球足迹有限，国际市场运营经验缺失，其雇员和资产通常集中于母国，对出口的依赖明显大于海外生产（Ramamurti and Singh，2009）。为了在国际市场立足，中国跨国企业开始尝试整合全球价值链中的一小部分，以便利用其成本优势和能力快速学习，从而扩展到链条的其他活动，从初级伙伴转化为主要参与者，而这一过程最为重要的就是在受到时间限制的情况下通过试错完成知识的快速迭代和累积。试错是指通过反复尝试来寻求问题解决方案的过程，是干中学过程中最为关键的一环（Rui，2016；宁烨等，2016）。中国跨国企业在国际市场拓展过程中的试错遵循效果逻辑，强调手段驱动，而不是目标驱动，即不会拖延到找到最优或最合适的资源才采取行动，而是不管手上的资源能否创造出可行的成果，都会积极寻求应对问题和回应机会的解决方案（Read and Sarasvathy，2005；Luo and Child，2015）。事实上，中国跨国企业的试错并不是盲目地进行的，而是在积极搜索行业领军企业有益知识的基础上不断迭代和排除错误知识。而组织间搜索能够使中国跨国企业从组织外部获取互补性的技术知识、市场知识和管理知识，弥补企业知识缺口，为试错学习的开展提供必要的知识基础，实现内外部可用资源模块（如质量、价格、设计、服务等）的有效复合（Salunke et al.，2013；Witell et al.，2017）。

基于此，本书提出以下假设：

假设2c：中国跨国企业的组织间搜索正向影响干中学过程中的试错。

第四，组织内搜索与干中学过程中的试错。中国跨国企业干中学过程中试错的关键点是以最小的成本将假设转化为知识，以保障其在国际市场的特殊优势（如性价比、速度等）。但在试错的过程中，中国跨国企业面临着很高的失败风险，甚至会在不断修补的过程中增加企业的时间成本，并损耗掉企业仅有的资源（Levi-Strauss，1967），这很大程度上归因于组织资源协同效果差所导致的低效甚至无效的错误尝试（Senyard et al.，2014）。因此，为了保障中国跨国企业干中学过程中试错的效果，需要通过组织内搜索来创造组织资源模块间的互补性和协同效应，在知识来源之间进行协调，以促进其相互作用（Rasmussen and Li，2004；Haas and Cummings，2015）。一方面，组织内搜索强调在现有的经验或相似知识领域特征的范围内开展知识搜索行为，通过搜索所获取的是熟悉、成熟且易于企业吸收和整合的知识，与企业既有知识基关联性较高，知识的可靠性和可预测性也更为稳定（Phene et al.，2006；胡畔和于渤，2017；张海军，2017），有助于为中国跨国企业试错提供持续性和稳定性的知识资源（Wu and Wu，2014）；另一方面，组织内搜索能够降低搜索的风险和成本，将试错所造成的成本损耗降到最低。同时，通过组织内搜索所形成的内部知识基，也有助于中国跨国企业通过试错形成专业化优势（Rui，2016；Thompson，2010）。

基于此，本书提出以下假设：

假设2d：中国跨国企业的组织内搜索正向影响干中学过程中的试错。

第五，组织间搜索与干中学过程中的快速响应。在不确定性的国际市场环境中，制度法规、行业准入、技术标准及客户需求不断变化，会导致及时、准确获取国际市场信息的难度大幅提升（Eisenhardt and Bourgeois，1988）。随着国际市场竞争以及环境动荡性的加剧，跨国企业需要抓住转瞬即逝的机会（Hernandez and Guillén，2018；Maury，2017），这就要求中国跨国企业对外部市场所释放的信号能够作出快速反应。快速响应是指中国跨国企业识别到市场机会以后，通过采取正确定位、快速行动和快速学习等方式，筛选问题解决方案，以快速地对市场潜在机会作出响应（Lingelbach et al.，2015）。这是企业干中学的关键一环。快速响应是建立在对市场信息深度洞察的基础上，但中国跨国企业由于受到外来者劣势的限制，因而其进入国际市场以后难以捕捉到其他企业市场份额、销售历史以及消费者需求偏好等市场信息，面临着较强的信息不对称（Wei and Nguyen, 2017; Conroy and Collings, 2016）。因此，中国跨国企业需要通过组织间搜索，扩大信息收集与采集的范围（Sidhu et al., 2004），活化相互分割与静态的知识模块，使企业按照经营需要对不同来源、不同层次、不同结构和内容的资源进行快速融合，有选择地将行业领先企业先进的技术、设计、产品功能、服务方式、流程、系统等应用于自身的经营管理中（许晖和单宇，2019；Kumar et al., 2017），以提升国际市场运营的响应速度。

基于此，本书提出以下假设：

假设2e：中国跨国企业的组织间搜索正向影响干中学过程中的快速响应。

第六，组织内搜索与干中学过程中的快速响应。从知识视角来看，快速响应的本质是企业所掌握的，与市场运营各个环节相关的，能够帮助企业满足市场需求并获取持续竞争优势的知识的快速流动，而这种知识主要通过企业内部、企业之间的相互学习来获得或增强，从而进一步用于企业建立和维持市场关系。这就要求中国跨国企业在干中学过程中的快速响应不仅应该具有“外部导向性”，对外部市场信号作出快速反应，还应该具有“内部导向性”，通过精准定位顾客资产和创新资产之间的有效协同点，放大资源模块之间的协同效应，并最终产生“1+1>2”的协同效果（许晖和单宇，2019）。已有研究表明，不同规模、不同类型的企业在网络内进行知识的共享与整合，更加容易在某一专业分工环节形成专有知识和创新能力，在处理客户关系管理等方面起到推动作用，有助于加快对客户需求的响应速度（Vorhies and Morgan，2005；Chaiy，2015）。因此，中国跨国企业在国际市场的快速响应还得益于通过组织内搜索，使企业加深对现有知识渠道的利用效率，并通过反复应用某领域的专业知识，提升企业对专业领域知识掌握的熟练程度，以保障企业在市场环境变化速度加快、客户需求和偏好变化难以预测的情况下（Sidhu et al.，2004；Xie and Li，2017），能够准确把握市场机会，对市场环境作出有效的响应。

基于此，本书提出以下假设：

假设2f：中国跨国企业的组织内搜索正向影响干中学过程中的快速响应。

三、中国跨国企业干中学与国际市场适应性

中国跨国企业在国际市场拓展过程中存在着多种学习模式，不同的学习模式对中国跨国企业知识的累积与解决方案的提出发挥了不同的作用，但干中学是中国跨国企业实现对发达市场跨国企业快速追赶最有效的学习模式（Rui et al.，2016），这是因为中国跨国企业只有在相同的时间区间内获得更高的行动效率和知识产出，才有可能在受到约束的情况下抓住有限的机会窗，而干中学的过程不会被物质投入、实践、定义和标准所限制，打破了干与学的严格界限，能够最大限度地在应对约束和回应机会的过程中扩大干与学的互动效果（Witell et al.，2017）。中国跨国企业在干中学过程中对于学习规则的调整是极具动态性与时效性的，这与强调"通过长期经验累积完善与固定学习规则"的传统学习模式相比具有极大的差异性（Andersson and Evers，2015）。通过干中学，能够使中国跨国企业以"足够好"为目标来激活内外部可用资源的价值，创造令人印象深刻的性价比，在最短的时间内实现企业、利益相关者以及客户之间的有效互动，并实现内外部可用资源模块的有效整合（Luo and Bu，2018），提升中国跨国企业在国际市场的适应性。

基于此，本书提出以下假设：

假设3：中国跨国企业干中学对国际市场适应性具有显著的正向影响。

此外，随着国际化进程的深入，中国跨国企业干中学表现出了差异性的特征，其干中学的焦点选择也会不断发生迁移。为了进一步验证中国跨国企业干中学与国际市场适应性的关系，本书将分别检验干中学过程中标杆瞄准、试错和快速响应与国际市场适应性的作用关系。

标杆瞄准是企业通过快速跟进策略进行能力提升最为有效的方式，它能使企业迅速确定提高目标管理效率（Wang，2014；Mathews，Hu and Wu，

2011)。标杆瞄准对于国际市场适应性的影响主要集中于两个方面。一方面，标杆瞄准涉及不断识别、解释和整合市场上的最佳实践（Camp，1995），作为一种有针对性的持续学习机制，通过标杆瞄准，能够使中国跨国企业对行业领军企业的最佳经营实践进行追踪和模仿，快速跳过市场调研、竞争分析以及目标需求预测等标准化的国际市场开发流程，提升对国际市场环境的适应性。此外，通过标杆瞄准能够使中国跨国企业获取更多的市场信息，并促使企业有针对性地根据客户需求制订相应的解决方案，很大程度上促进了市场反应性的提高（Sarkis，2001）。Banerjee等（2015）的研究指出，以中国为代表的新兴市场跨国企业在发达市场实现了快速成长，尽管缺乏经验，但通过向发达市场间接学习，克服了直接经验不足的劣势。另一方面，标杆瞄准有助于引导中国跨国企业把握专有资源缺口的填补方向，准确了解实现特定目标所需分配的组织资源，通过持续的改进来追赶行业最佳实践，以此来更好地建构企业在全球市场的核心竞争力（Goh and Richards，1997；Makino et al.，2002；Ramasamy et al.，2012）。同时，标杆瞄准可以推动中国跨国企业寻求获取卓越绩效的行业最佳实践，从而将其应用在从生产到销售的各种类型的运营和流程上，并最终作用于国际市场绩效（Yasin，2002；Buckley et al.，2014）。

基于此，本书提出以下假设：

假设3a：中国跨国企业的标杆瞄准正向影响其市场反应性。

假设3b：中国跨国企业的标杆瞄准正向影响其市场绩效。

试错能够使中国跨国企业逐渐实现组织内部最佳和最有效工作流程的标准化，辨别完成任务的最佳方式（Rui，2016；宁烨等，2016），并作用于企业的国际化绩效。试错对于国际市场适应性的影响主要集中于两个方面。一方面，通过试错能够使中国跨国企业提升对国际市场环境和客户需求变化的反应力，并有助于推动其实现从价值链低端向价值链高端的跃迁。由于国际化起步较晚，中国跨国企业在海外市场面临着外来者劣势（如信任缺失、负面形象标签、信息不对称等）（Wei and Nguyen，2017；Conroy and Collings，

2016），导致其目标客户群体被限定在购买承受能力有限的中低端市场，并难以打破通往高端市场的壁垒（刘洋，2017）。试错强调以目标为导向的重复性实验、持续性改进和适应性行动。通过不断的试错，中国跨国企业能够利用在母国市场积累的独特资源禀赋深刻洞察客户需求，通过创造性和快速适应市场需求的方式实现资源的有效整合，并在产品和服务上形成复合优势（Luo and Zhang，2016），提升对市场变化的动态反应性。另一方面，试错的本质是企业对不同层次、不同来源、不同内容和结构的资源进行汲取、选择、激活、配置和有机融合（Luo and Child，2015；Fang et al.，2011），使之具有较强的柔性、系统性和价值性。尽管企业在开始试错的时候会造成资源和时间成本的损耗（Schank et al.，1999），但随着错误知识和无用知识被逐渐剔除，中国跨国企业会认识到哪些特定的行动方案不会成功，从而避免再次尝试，提高其行动和决策的效率，而通过试错所形成的最优问题解决方案将被企业持续使用，并形成组织惯性，作用于国际市场绩效的提升。

基于此，本书提出以下假设：

假设3c：中国跨国企业的试错正向影响其市场反应性。

假设3d：中国跨国企业的试错正向影响其市场绩效。

快速响应是企业将外部环境与内部流程相连接，以快速响应客户需求的能力。对于国际市场适应性的影响主要集中在两个方面。一方面，快速响应能够使中国跨国企业抓住动荡环境中转瞬即逝的机会，更好地理解和预测客户的需求，并能够有效地向客户传递产品和服务的价值（Bhaumik et al.，2016）。已有研究表明，由于缺乏传统意义上的垄断资源，中国跨国企业在国际市场拓展中遵循的底层逻辑是效果逻辑，即不预设目标，强调在可承担风险范围内寻求不确定环境中的潜在机会，并利用突发事件来创造可能结果。效果逻辑使中国跨国企业不拘泥于传统跨国企业的决策流程，而是针对市场环境的动态变化快速作出反应，活化静态和相互分割的资源模块，使客户资产和创新资产的配置能够根据新兴市场机会的变化进行动态调整（许晖和单宇，2019），进而更好、更快地洞察终端客户的需求变化，提升市场反应性

（Guillen and Garcia-Canal.，2009）。另一方面，快速响应能够提升组织流程的响应性和效率，帮助企业快速调整经营理念或重新界定产品的属性，从而把握机遇或规避风险，对中国跨国企业的国际市场绩效有正向作用（许晖和单宇，2019）。

基于此，本书提出以下假设：

假设3e：中国跨国企业的快速响应正向影响其市场反应性。

假设3f：中国跨国企业的快速响应正向影响其市场绩效。

根据上述内容可知，中国跨国企业干中学在知识搜索与国际市场适应性之间可能起着中介作用。这是因为，知识搜索能够使知识在组织内外部进行传递和转移并保持紧密的耦合关系，以此带动组织知识结构的改进，能够提升企业的国际市场适应性。同时，知识搜索能够促进中国跨国企业获取互补性的技术知识和市场知识，对中国跨国企业的干中学产生积极的影响，而且干中学过程中的标杆瞄准、试错和快速响应也会影响国际市场适应性中的市场反应性和市场绩效。可见干中学在中国跨国企业知识搜索与国际市场适应性之间的关系中起着一定的传递作用，可能在二者之间充当着中介角色。

基于此，本书提出以下假设：

假设4：中国跨国企业干中学在知识搜索与国际市场适应性之间起中介作用。

假设4a：干中学在组织间搜索与市场反应性之间起中介作用。

假设4b：干中学在组织间搜索与市场绩效之间起中介作用。

假设4c：干中学在组织内搜索与市场反应性之间起中介作用。

假设4d：干中学在组织内搜索与市场绩效之间起中介作用。

四、资源约束的调节作用

资源约束是指中国跨国企业在国际化过程中，由于缺乏传统意义上的关键性和必要性优势资源，因而难以按照常规路径建构基于资源优势的国际市场竞争力，从而使企业参与国际市场竞争的手段受到限制，考量的是企业视角下基于资源基础的竞争逻辑。中国跨国企业在资源端的约束主要表现在全球领先研发技术的缺失（Hernandez，2018；Luo and Zhang，2016）、国际市场运营知识储备的不足（Buckley et al.，2018）、品牌资产的羸弱（Kumar and Steenkamp，2013）以及优质的全球性渠道资源的缺失（Madhok and Keyhani，2012；Nair et al.，2015）等方面。事实上，跨国企业的经典理论主要是在发达市场企业研究的基础上提炼的，这些企业倾向于拥有垄断性的知识、难以复刻的技术、成熟的全球分销体系等优质资源，能以压倒性优势打败全球竞争对手（Ramamurti and Williamson，2019）。中国跨国企业国际化由于起步较晚，因而难以具备发达市场跨国企业可以转移的企业特定优势。在面临着资源约束的情况下，中国跨国企业的国际市场拓展并不能简单重复发达市场跨国企业的发展路径，而是要对国际市场机会保持高度警觉，以期在不确定和竞争激烈的市场环境中寻求成长空间。因此，本书认为，资源约束会对中国跨国企业知识搜索与干中学之间的作用关系产生影响。

基于此，本书提出以下假设：

假设5：资源约束对中国跨国企业知识搜索与干中学有调节作用。

但由于知识搜索涉及组织间搜索和组织内搜索两个不同的维度，中国跨国企业在进行知识搜索时注意力焦点、搜索策略、资源利用方式等均表现出差异性的特征，对干中学的作用关系也不尽相同，因此，本书认为资源约束对于不同维度划分的知识搜索策略与干中学之间作用关系的影响也存在着较大的差异性。

第一，资源约束对组织间搜索与干中学关系的影响。相比于欧美等发达市场跨国企业，中国跨国企业在参与全球竞争的过程中面临着较强的资源约束（刘洋，2017；Ramamurti and Hillemann，2018；Hu et al.，2019）。一方面，关键“卡脖子”技术直指中国跨国企业发展动脉，研发实验室、分销渠道、全球市场运营经验的缺失成为制约其发展的短板（Wan et al.，2015；Nguyen and Rugman，2015）；另一方面，国际甚至国内的高端市场仍被发达市场跨国企业所把控，中低端客户支付能力不足以及高端客户品牌认知偏差（Alon et al.，2012；Li and Chang，2016；Kumar and Steenkamp，2013），使中国跨国企业长期被锁定在全球价值链的低端位置。已有研究表明，在资源约束较强的情况下，中国跨国企业具有明显的战略资产寻求动机，通过搜索和引进行业领军企业的关键技术（Cuervo-Cazurra and Rui，2017；Awate，2015）、与拥有卓越知识的企业结成战略联盟（He et al.，2016）、并购持有所需知识的发达国家竞争对手（Luo and Tung，2007；谢洪明等，2019；范黎波等，2018；程聪等，2017）等方式来获取高端的、世界一流的技术，提高研发能力，弥补其竞争缺陷并克服后发劣势（Guillén and García-Canal，2009；Forbes，2016）。也就是说，当面临资源约束程度较高的时候，中国跨国企业更倾向于通过组织间搜索，扩大知识搜索的覆盖范围，探查行业领军企业先进的技术、设计、产品功能、服务方式、流程、系统等方面的知识，为干中学的顺利开展构建更为广泛的知识结构（Wang，2014）。

基于此，本书提出以下假设：

假设5a：资源约束正向调节组织间搜索与标杆瞄准之间的关系。

假设5b：资源约束正向调节组织间搜索与试错之间的关系。

假设5c：资源约束正向调节组织间搜索与快速响应之间的关系。

第二，资源约束对组织内搜索与干中学关系的影响。当中国跨国企业面临较强资源约束的时候，在其国际拓展过程中会呈现出明显的"外部导向性"特征，强调获取企业稀缺的、互补性的知识来缩小与发达市场跨国企业之间的知识差距（Wang，2014）。已有研究表明，中国跨国企业的国际市场扩张，与其通过搜索、学习或利用母国市场中没有的知识资源密切相关（Child and Rodrigues，2005；Kedia et al.，2012；Li，2010），其通过不断寻找新的知识以跟上快速变化的市场环境和制度环境（Kittsteiner and Ockenfels，2006；Krug and Hendrischke，2012）。尤其是在面临较强的资源约束时，组织间搜索比组织内搜索对国际市场知识的累积更为重要（Banerjee et al.，2015），这是因为组织内搜索通常强调在现有的经验或相似知识领域特征的范围内开展知识搜索的行为，通过组织内搜索所获取的是熟悉、成熟且易于企业吸收和整合的知识，强调对现有知识渠道的利用效率，规避无效的搜索步骤并降低搜索成本。当资源约束程度较高时，组织内搜索所获取的知识对于国际市场拓展过程中干中学的作用是边际递减且有明显限制的。因此，本书认为资源约束程度较高会降低中国跨国企业组织内搜索对干中学的影响。

基于此，本书提出以下假设：

假设5d：资源约束负向调节组织内搜索与标杆瞄准之间的关系。

假设5e：资源约束负向调节组织内搜索与试错之间的关系。

假设5f：资源约束负向调节组织内搜索与快速响应之间的关系。

五、制度复杂性的调节作用

制度理论被广泛用于解释新兴市场跨国企业的对外直接投资研究，用于探讨在企业的国际市场拓展过程中母国和东道国制度环境对企业国际市场进入模式、竞争等行为的影响（Dacin et al.，2002）。Peng（2006）研究指出，制度基础观（Institutional-based View，IBV）对于理解以中国为代表的新兴市场跨国企业国际化现象尤为重要，应该与资源基础观和产业基础观结合运用，并强调了制度要素在新兴市场跨国企业的国际市场拓展过程中的重要地位（Peng et al.，2008；Peng et al.，2009；Li and Ding，2013）。现有研究主要从两个观点来解释制度要素对以中国为代表的新兴市场跨国企业的影响：制度规避和制度套利。制度规避观点认为，在新兴经济体中，母国制度的不完善被视为制度缺陷（Doh et al.，2017；Khanna and Palepu，1997），通常具有负面影响，抑制了企业的内生增长（Buckley et al.，2007；Chari and David，2012；Hermelo and Vassolo，2010）。该观点认为这些企业走向全球是为了避开国内恶劣的制度环境，从而试图降低由此类制度落后和不确定性带来的相关交易成本（Yamakawa et al.，2008）。但也有学者指出，尽管新兴市场跨国企业起源于市场制度较为落后的新兴经济体，但这也促使其形成一种独特的能力，即在复杂的制度环境中更好运作的能力。制度复杂性是指在高度动荡的制度环境下，正式规则和非正式约束交叉波动所形成的复杂制度结构。在制度环境较为复杂的情况下，Luo等（2011）研究指出，以前在本国遭受的不利条件在进行海外投资时会成为一种优势，尤其是对于来自发展中国家的企业，其习惯于在“困难的”治理条件下进行经营（Boisot and Meyer，2008；Cuervo-Cazurra and Genc，2008）。中国跨国企业的干中学由于不会被物质投入、实践、定义和标准所限制，且能够在相同的时间区间内最大限度地扩大在应对约束和回应机会的过程中的知识积累（Ramamurti and Williamson，2019），因而被视为在面对复杂制度环境时最为有效的一种方式。因此，本书认为制度环境的复杂性会影响干中学与国际市场适应性之间的关系。

基于此，本书提出以下假设：

假设6：制度复杂性对中国跨国企业干中学与国际市场适应性有调节作用。

本书认为中国跨国企业的干中学是依据其在母国市场独特的资源禀赋以及对东道国环境系统认知的基础上，所形成的一套精准定位、快速迭代的学习模式。中国跨国企业干中学过程中的标杆瞄准、试错和快速响应在应对国际市场运营约束挑战时所体现出来的作用是存在差异性的。因为制度效应往往更加复杂，不仅存在多个方面，并且每个方面在不同时间阶段产生的影响也不同（Luo and Zhang，2016），因此，制度复杂性对于干中学过程中的标杆瞄准、试错和快速响应的影响也存在一定的差异性。

第一，制度复杂性对于标杆瞄准与国际市场适应性的影响。鉴于东道国的环境可能与其母国截然不同，因此国际扩张对于中国跨国企业而言是一个充满困难的过程（Guler and Guillen，2010）。即在高度规范的制度环境中，政府效率、政治稳定、法律保护、公共服务和腐败寻租都会对企业的投资行为和日后面临的复杂环境产生不同的影响。制度的不稳定性或波动性与制度环境随时间变化的程度有关（Li et al.，2008），复杂的制度环境会抑制企业的适应能力，从而导致其需求与所嵌入的业务系统不一致，在制度复杂性较高时，盲目的国际市场扩张会给中国跨国企业带来极大的风险。干中学过程中的标杆瞄准能够使企业对行业领军企业的最佳经营实践进行持续和系统的评估，以确定代表最佳实践和合理绩效目标的业务和工作流程（Rolstadas，2013；Bartlett and Ghoshal，2000）。这种最佳实践包含两个层面的意思，一方面是指最能满足客户要求的工作流程中使用的方法，另一方面则是指行业领军企业对市场规则和制度规则的适应方式。因此，制度复杂性高会推动中国跨国企业以标杆瞄准的方式学习行业领军企业如何更好地适应外部环境变化，并专注于解决问题，增强对国际市场的适应性。

基于此，本书提出以下假设：

假设6a：制度复杂性正向调节标杆瞄准与市场反应性之间的关系。

假设6b：制度复杂性正向调节标杆瞄准与市场绩效之间的关系。

第二，制度复杂性对于试错与国际市场适应性的影响。正如前文所述，试错是强调以目标为导向的重复性实验、持续性改进和适应性行动，以寻求问题的解决方案，是中国跨国企业突破资源端约束最为关键的一环（Rui，2016；宁烨等，2016）。试错所带来的负面影响使试错的过程伴随着失败风险，甚至在不断修补过程中增加企业的时间成本，并损耗掉企业仅有的资源（Levi-Strauss，1967）。当制度复杂性较高时，高度动荡和复杂的制度环境涉及很多不稳定因素，这些因素抑制了企业预测制度变化轨迹的能力（Fulmer，2000），并且会扩大企业试错失败所带来的风险。这种风险表现在：一旦中国跨国企业因为试错违背了东道国制度体制内的“游戏规则”，就会导致其付出高昂的代价（Ahlstromet al.，2002；Clissold，2004；Volkov，2002），包括面临监管障碍（Rugman et al.,2014），受到东道国利益持有者的排斥（Globerman and Shapiro，2009；Meyer et al.，2014；Sauvant，2010），造成东道国的不信任，加剧外来者劣势，加大在东道国所面对的制度环境压力（Globerman and Shapiro，2009；Meyer et al.，2014），从而影响企业在东道国市场的长远发展。因此，制度复杂性较高会削弱中国跨国企业试错与国际市场适应性之间的关系。

基于此，本书提出以下假设：

假设6c：制度复杂性负向调节试错与市场反应性之间的关系。

假设6d：制度复杂性负向调节试错与市场绩效之间的关系。

第三，制度复杂性对于快速响应与国际市场适应性的影响。快速响应能够帮助中国跨国企业更好、更快地洞察终端客户需求变化，通过与客户、供应商、渠道成员等市场主体的互动，向客户传递产品和服务的价值（Bhaumik et al., 2016）。在受到时间约束的情况下，为了能够在竞争激烈的海外市场立足，中国跨国企业必须快速、有效地获取市场环境变化的信息，通过动态调整企业行为来降低环境变化所带来的风险，并捕获可能存在的潜在机会（许晖和单宇，2019；Madhok and Keyhani，2012；Meyer and Thaijongrak，2013）。当制度复杂性较高时，中国跨国企业倾向于提升对环境变化的响应速度，一方面，快速响应能够使中国跨国企业在与东道国市场主体互动的过程中提升对制度环境变化所产生的风险的警觉性，通过与东道国制度环境的“同频共振”，将国际市场运营风险维持在较低水平（Lyles et al., 2014；Chen，2011）；另一方面，当制度复杂性较高时，通过快速响应能够使中国跨国企业比发达市场跨国企业更快地识别到制度机会，并以此作为杠杆实现对先发企业的追赶（Luo and Tung，2018；Mathews，2006）。因此，本书认为，制度复杂性较高会对中国跨国企业快速响应与国际市场适应性之间的关系产生积极影响。

基于此，本书提出以下假设：

假设6e：制度复杂性正向调节快速响应与市场反应性之间的关系。

假设6f：制度复杂性正向调节快速响应与市场绩效之间的关系。

基于上述分析，本书进一步明确了知识搜索、干中学与国际市场适应性的理论关系框架（如图4.2所示），同时，对上文所提炼出来的假设关系进行汇总（如表4.2所示）

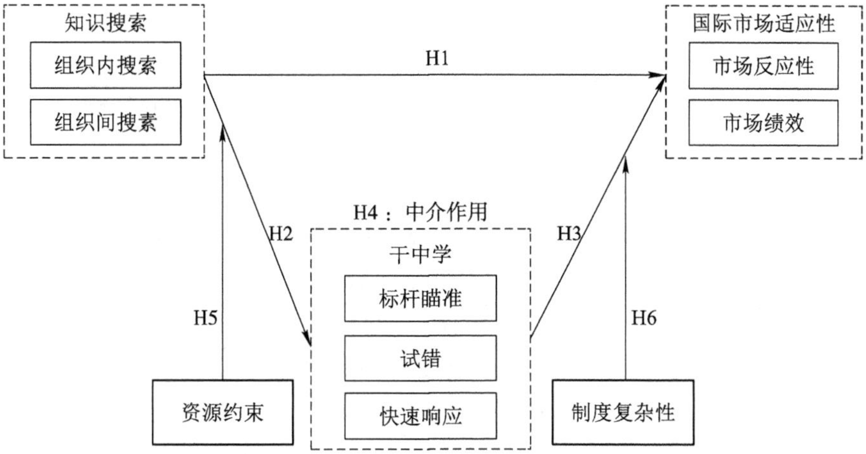

图4.2　基于研究假设的知识搜索、干中学与国际市场适应性关系框架

表4.2　研究假设汇总

作用路径	假设内容
知识搜索—国际市场适应性	假设1：中国跨国企业知识搜索对国际市场适应性具有显著的正向影响
	假设1a：中国跨国企业的组织间搜索正向影响其市场反应性
	假设1b：中国跨国企业的组织间搜索正向影响其市场绩效
	假设1c：中国跨国企业的组织内搜索正向影响其市场反应性
	假设1d：中国跨国企业的组织内搜索正向影响其市场绩效
知识搜索—干中学	假设2：中国跨国企业知识搜索对干中学具有显著的正向影响
	假设2a：中国跨国企业的组织间搜索正向影响干中学过程中的标杆瞄准
	假设2b：中国跨国企业的组织内搜索正向影响干中学过程中的标杆瞄准
	假设2c：中国跨国企业的组织间搜索正向影响干中学过程中的试错
	假设2d：中国跨国企业的组织内搜索正向影响干中学过程中的试错
	假设2e：中国跨国企业的组织间搜索正向影响干中学过程中的快速响应
	假设2f：中国跨国企业的组织内搜索正向影响干中学过程中的快速响应
干中学—国际市场适应性	假设3：中国跨国企业干中学对国际市场适应性具有显著的正向影响
	假设3a：中国跨国企业的标杆瞄准正向影响其市场反应性
	假设3b：中国跨国企业的标杆瞄准正向影响其市场绩效
	假设3c：中国跨国企业的试错正向影响其市场反应性
	假设3d：中国跨国企业的试错正向影响其市场绩效
	假设3e：中国跨国企业的快速响应正向影响其市场反应性
	假设3f：中国跨国企业的快速响应正向影响其市场绩效

续表

作用路径	假设内容
干中学的中介作用	假设4：中国跨国企业干中学在知识搜索与国际市场适应性之间起中介作用
	假设4a：干中学在组织间搜索与市场反应性之间起中介作用
	假设4b：干中学在组织间搜索与市场绩效之间起中介作用
	假设4c：干中学在组织内搜索与市场反应性之间起中介作用
	假设4d：干中学在组织内搜索与市场绩效之间起中介作用
资源约束的调节作用	假设5：资源约束对中国跨国企业知识搜索与干中学有调节作用
	假设5a：资源约束正向调节组织间搜索与标杆瞄准之间的关系
	假设5b：资源约束正向调节组织间搜索与试错之间的关系
	假设5c：资源约束正向调节组织间搜索与快速响应之间的关系
	假设5d：资源约束负向调节组织内搜索与标杆瞄准之间的关系
	假设5e：资源约束负向调节组织内搜索与试错之间的关系
	假设5f：资源约束负向调节组织内搜索与快速响应之间的关系
制度复杂性的调节作用	假设6：制度复杂性对中国跨国企业干中学与国际市场适应性有调节作用
	假设6a：制度复杂性正向调节标杆瞄准与市场反应性之间的关系
	假设6b：制度复杂性正向调节标杆瞄准与市场绩效之间的关系
	假设6c：制度复杂性负向调节试错与市场反应性之间的关系
	假设6d：制度复杂性负向调节试错与市场绩效之间的关系
	假设6e：制度复杂性正向调节快速响应与市场反应性之间的关系
	假设6f：制度复杂性正向调节快速响应与市场绩效之间的关系

第五章
研究设计与小样本测试

本章将针对理论模型所确定的知识搜索、干中学、国际市场适应性、资源约束、制度复杂性等核心变量，开展问卷设计与样本测试。具体而言，首先，在现有研究的基础上，结合多案例分析的结果，明确理论模型核心构念的内涵、维度以及相关的测量量表；其次，参照标准化的问卷设计流程，针对核心构念设计问卷；最后，发放和收集小样本数据，利用探索性因子分析的方法对小样本问卷收集的结果进行净化与修正，并以此确定最终问卷。

第一节　问卷设计

调研问卷是获取研究数据的必要前提，因此，问卷设计的科学性与合理性对于实证分析结果至关重要。本节主要借鉴Churchill（1979）、Rattray和Jones（2007）及罗胜强和姜嬿（2014）的建议，分四个步骤进行问卷设计。第一，明确知识搜索、干中学、国际市场适应性、资源约束、制度复杂性等核心构念的内涵与边界；第二，梳理已有的成熟的研究量表，选择信度和效度较高的量表进行分析，对于英文量表，参照Farh等（2006）的意见，采用中英互译的方式，并保证原有问项的准确转移与对接；第三，根据研究背景与研究问题，有针对性地对现有量表进行调整和修正，并邀请本领域专家对问卷合理性、清晰性与逻辑性进行评估；第四，邀请企业管理人员对问卷的设计、措辞、表述进行检验，并在修正的基础上形成初始的调研问卷。

一、知识搜索的测量

知识搜索是指组织为了解决问题或把握机会而开展的信息和知识搜寻活动（Shanley，2009；Laursen，2012）。本书借鉴Almeida等（2003）、Kim和Park（2013）、Piezunka等（2015）对于是否跨组织边界来衡量知识搜索的主张，将知识搜索划分为组织间搜索和组织内搜索两个维度。组织间搜索是指企业通过与其他组织进行交互和互动，跨越组织边界以搜集新知识和探索新机会的活动。这种搜索行为通常跨越了组织惯例、知识禀赋、区域与技术边界，通过搜索所获取的知识与企业既有知识基差异较大（Nelson and Winter，1982；Katila and Ahuja，2002）。组织内搜索是指企业在组织网络内部寻求问题解决方案过程中获取和积累知识的行为，这种搜索行为所获取的知识与企业既有知识的关联性较高，易于被吸收和整合，并且可以增强知识的可靠性和可预测性（Phene et al.，2006；Wu and Wu，2014）。本书根据Sofka和Grimpe（2010）、Tortoriello等（2010）、Laursen和Salter（2006）、Wu和Wu（2014）、张海军（2017）、吴航和陈劲（2015）、唐宜红等（2019）的研究，结合案例研究归纳的维度，设计了预调研测试量表，从组织内搜索和组织间搜索2个二级指标共8条题项进行评价和测度（如表5.1所示）。

表5.1 知识搜索的测量条目

变量	维度	编号	测量问项
知识搜索	组织间搜索	KS1	我们与合作伙伴、客户等利益相关者经常接触并共享信息
		KS2	我们从不同来源收集多样性的市场信息和技术动态
		KS3	我们在国际范围内扫描和监测产品创新和技术知识
		KS4	我们通过与大学、科研单位、咨询公司合作获取新知识
	组织内搜索	KS5	我们在企业内部寻求应对问题的解决方案
		KS6	我们有方法获取企业不同业务部门的知识
		KS7	我们根据需要收集和整理集团系统中的信息
		KS8	我们非常了解企业不同业务部门的动态变化

二、干中学的测量

干中学是指企业在应对约束与响应机会的过程中，通过解决自身运营挑战的方式创建新知识的过程（Rui et al.，2016）。根据Rui等（2016）、Fang等（2017）的研究建议，结合第三章案例研究的结论，本书将干中学划分为标杆瞄准、试错和快速响应三个方面的重要内容。其中，标杆瞄准是指对行业领军企业进行持续和系统的评估，以确定代表最佳实践和合理绩效目标的业务和工作流程（Makino et al.，2002；Rolstadas，2013）；试错是指通过反复尝试来寻求问题解决方案的过程，是干中学过程中最为关键的一环（宁烨等，2016）；快速响应是指中国跨国企业识别到市场上的机会以后，通过采取正确定位、快速行动和快速学习等方式，从现有手段中筛选出最优方案以实现预设目标（Lingelbach et al.，2015）。本书根据Wang（2014）、Bartlett和Ghoshal（2000）、Camp（1989）和Rolstadas（2013）对干中学的研究，Rui（2016）、Rerup和Feldman（2011）、Tomàs和Antoni（2010）对于试错的研究，及Luo和Bu（2018）、Fang和Zou（2009）、许晖和单宇（2019）对于快速响应的研究，结合案例研究归纳的维度，设计了预调研测试量表，从标杆瞄准、试错和快速响应3个二级指标共13条题项进行评价和测度（如表5.2所示）。

表5.2　干中学的测量条目

维度	编号	测量问项
标杆瞄准	LD1	我们对行业领军企业的目标产品或流程进行学习和转化
	LD2	我们通过关注行业领军企业战略变化，不断调整计划和行动
	LD3	我们会对行业领军企业的产品、服务或管理实践进行反思
	LD4	我们在行业领军企业管理实践的基础上进行二次创新
	LD5	我们以先进作业流程为基准，不断审查和调整新产品研发流程
试错	LD6	我们公司愿意通过试错不断改进业务流程
	LD7	我们公司愿意通过试错学习新的知识
	LD8	我们公司愿意从错误中汲取经验教训
	LD9	我们公司愿意将错误进行转化以贡献于未来发展

续表

维度	编号	测量问项
快速响应	LD10	我们公司迅速对客户和竞争对手的变化做出反应
	LD11	当发现竞争对手的相关活动没有达到预期效果，我们公司会快速作出反应
	LD12	当发现需要改进的产品和服务时，我们公司会快速作出反应
	LD13	我们公司快速实施针对客户和竞争对手的计划活动

三、国际市场适应性的测量

国际市场适应性是指跨国企业能够感知并把握潜在国际市场机遇，及时作出反应调整，形成与市场环境相匹配的持续性国际竞争优势，是跨国企业最理想的生存状态（许晖和单宇，2018；Mu et al.，2015）。本书将国际市场适应性划分为市场反应性与市场绩效两个维度进行衡量（Benner and Tushman，2003）。不同于竞争优势、财务绩效等静态指标，国际市场适应性具有选择和改变图式的动态性特征，兼顾短期与长期的视角，更为全面和系统地阐释企业的竞争优势，更好地揭示国际化绩效的动态路径变化（许晖等，2017）。本书根据Benner和Tushman（2003）、Cavusgil（1993）、Julien和Lisa（2012）、王睿智（2015）、冯永春（2016）对于市场反应性的研究，以及Vorhies和Morgan（2005）、Morgan等（2004）、Fang和Zou（2009）、Luo和Bu（2018）对于市场绩效的研究，结合案例研究归纳的维度，设计了预调研测试量表，从市场反应性和市场绩效2个二级指标共6条题项进行评价和测度（如表5.3所示）。

表5.3　市场适应性的测量条目

变量	维度	编号	测量问项
市场适应性	市场反应性	MA1	与竞争对手相比，我们的产品/服务更能满足客户的实际需求
		MA2	与竞争对手相比，我们的产品/服务更符合客户的文化特征
		MA3	与竞争对手相比，我们的营销宣传更能赢得客户的关注
	市场绩效	MA4	与竞争对手相比，我们实现了更高的市场份额
		MA5	与竞争对手相比，我们的销售增长率更高
		MA6	与竞争对手相比，我们的资产收益率更高

四、资源约束的测量

资源约束是指中国跨国企业在国际化过程中，由于缺乏传统意义上的关键性和必要性优势资源，难以按照常规路径建构基于资源优势的国际市场竞争力，从而使参与国际市场竞争的手段受到限制，考量的是企业视角下基于资源基础的竞争逻辑。中国跨国企业在资源端的约束主要表现在全球领先研发技术的缺失（Hernandez，2018；Luo and Zhang，2016）、国际市场运营知识储备的不足（Buckley et al.，2018）、品牌资产的羸弱（Kumar and Steenkamp，2013）以及优质的全球性渠道资源的缺失（Madhok and Keyhani，2012；Nair et al.，2015）等方面。本书根据Wang（2014）、Ramamurti和Williamson（2019）、Alon等（2012）、Li和Chang（2016）、Kumar和Steenkamp（2013）、Child和Rodrigues（2005）的研究，结合案例研究归纳的维度，设计了预调研测试量表，从4条题项进行评价和测度（如表5.4所示）。

表5.4　资源约束的测量条目

变量	编号	测量问项
资源约束	RC1	我们公司缺乏国际市场运营的研发资源
	RC2	我们公司缺乏国际市场运营的品牌资产
	RC3	我们公司缺乏国际市场运营的管理经验
	RC4	我们公司缺乏国际市场运营的渠道资源

五、制度复杂性的测量

制度复杂性是指在高度动荡或动态的制度环境下，正式规则（法律、法规、专业标准、程序）和非正式约束（习俗、规范、文化）交叉波动所形成的复杂制度结构。制度理论研究认为，无论是在母国还是在东道国，企业的战略选择都受到正式规则和非正式文化规范和价值观的影响（North，1990；Oliver，1997；Wright et al.，2005；叶广宇和黄胜，2016；吴晓云和陈怀超，2013），制度复杂性能够反映出跨国企业在国际市场运营过程中制度环境的波动性和不稳定性。本书根据Luo和Zhang（2016）、Wu和Chen（2014）、Guler

和Guillen（2010）、Meyer等（2014）、Peng（2012）、Deng（2009）的研究，结合案例研究归纳的维度，设计了预调研测试量表，从4条题项进行评价和测度（如表5.5所示）。

表5.5 制度复杂性的测量条目

变量	编号	测量问项
制度复杂性	IC1	我们所处的行业中，存在很多相互冲突或无效的制度
	IC2	我们所处的行业中，影响市场运营的制度总是不断变化
	IC3	我们所处的行业中，市场运营受到多重制度的交互影响
	IC4	我们所处的行业中，制度的变化难以被预测

第二节 小样本测试

本节在知识搜索、干中学、国际市场适应性、资源约束与制度复杂性变量的量表设计过程中，尽管充分梳理和借鉴了国内外相关研究的成熟量表，但考虑到中国跨国企业在国际市场拓展中的现实情境，需要就所开发的量表开展小规模的调研，以便对初始量表进行修正，最终形成适合正式调研的量表，为下一步开展大规模问卷调研奠定基础。从2018年1月开始，基于中国跨国企业国际市场运营的现实情况，依托南开大学研究团队在北京、天津、青岛、广州等地发放调研问卷125份，经过回收和筛选，共获得有效问卷103份，问卷回收率为82.4%。本节中将针对最终回收的103份问卷进行测试和修正。

一、预测试检验标准

本书涉及知识搜索、干中学、国际市场适应性、资源约束与制度复杂性等多个变量，预测试主要从量表的信度和效度两个方面出发，予以检验和修正。具体而言：信度检验的目的在于对量表题项的稳定性与一致性进行检验，结果越好，证明所开发的量表标准误就越低；效度检验是为了考虑量表对于拟研究问题的反映程度的真实程度，即通过该量表所得到的研究结果应满足于测量的预期。

在信度检验方面，本书以Cronbach's α值作为检测标准，以衡量所开发的量表各个题项的信度。此外，还采用了修正后总相关系数（Corrected Item-Total Correction，CITC）对预调研量表的题项进行净化，通过信度检验相关系数找到对所研究变量贡献度小或影响整体量表贡献度的题项，在理论允许范围内考虑是否予以删除。具体而言，在信度检验的过程中主要参照两个方面的指标：第一，Cronbach's α值，参照Peterson（1994）的建议，当测量变量量表的Cronbach's α值大于0.7时，表明量表的信度为可以接受的标准；第二，修正后总相关系数（CITC），参照Henrysson（1963）对总相关系数的建议，当CITC大于0.5时，表明量表的信度达到可以接受的标准。

在效度检验方面，将采取探索性因子分析的方法对测量量表的效度进行检验，在进行探索性因子分析之前，需要进行KMO值和Bartlett's球形检验，以验证预调研量表是否符合探索性因子分析的检验条件。此外，本书还衡量了量表的组成信度（CR）来检测模型的建构效度。具体而言，在效度检验的过程中主要参照三个方面的指标：第一，参照Kaiser（1974）的建议，测量变量量表的KMO值大于0.6且Bartlett检验卡方值显著（$sig<0.05$）是非常理想的标准；第二，参照Tabachnick和Fidell（2007）的建议，因子载荷大于0.7且解释方差百分比大于50%是非常理想的标准；第三，参照Hair（1997）的建议，组成信度（CR）大于0.6且平均方差萃取率（AVE）大于0.5是非常理想的标准。

二、量表测试检验

（一）知识搜索的量表测试检验

在初始量表中，知识搜索包括组织间搜索和组织内搜索两个维度，测量问项共有8个，本书分别就组织间搜索和组织内搜索量表的信度和效度进行检验。

1. 组织间搜索的净化与探索性因子分析

从表5.6对组织间搜索量表的CITC和Cronbach's α系数分析结果可以发现，组织间搜索整体量表的Cronbach's α值为0.779，达到高于0.7的标准水平；组织间搜索的前3个题项（KS1、KS2、KS3）的CITC值为0.614~0.690，数值达到大于0.5的标准水平；但组织间搜索的第4个题项KS4“我们通过与大学、科研单位、咨询公司合作获取新知识”的CITC值为0.388，低于0.5的标准水平。导致KS4的CITC值过小的原因可能是，中国跨国企业在知识搜索的过程中与大学、科研机构或咨询公司的合作相对较少，导致其一般不倾向于通过这种途径获取外部知识，事实上我们在调研的访谈中也发现了这个问题，即大部分企业与大学、科研机构等单位保持着弱联系。根据量表净化原则，CITC值小于0.5，应予以剔除，删除该题项后组织间搜索量表的整体信度将会提升到0.819，因此将问项KS4删除。

表5.6　组织间搜索量表的CITC和Cronbach's α系数分析结果（N=103）

测试条目	CITC	删除该条目后Cronbach's α值	变量的Cronbach's α值
KS1	0.614	0.710	0.779
KS2	0.667	0.685	
KS3	0.690	0.666	
KS4	0.388	0.819	

从表5.7对组织间搜索量表的KMO值和Bartlett's球形检验分析结果可以发现，组织间搜索的KMO值为0.712，数值达到大于0.6的标准水平，Bartlett检验卡方值的显著性水平为0.000，数值达到小于0.05的标准水平，表明组织间搜索经过净化后的研究量表可以进一步开展因子分析。

表5.7　组织间搜索量表的KMO值和Bartlett's球形检验分析结果（N=103）

检验项目		数值
Kaiser–Meyer–Olkin取样适当性		0.712
Bartlett's球形检验	卡方	108.520
	自由度	3
	显著性	0.000

从表5.8对组织间搜索量表的探索性因子分析结果可以发现，组织间搜索3个题项的因子载荷为0.831~0.876，数值达到大于0.7的标准水平；特征值为2.209，累计方差解释率为73.64%，达到高于50%的理想水平；组成信度（CR）值为0.893，达到高于0.6的标准水平；平均方差萃取率（AVE）为0.736，数值达到大于0.5的标准水平。基于以上对组织间搜索的信度和效度检验，最终形成该变量的正式量表。

表5.8 组织间搜索量表的探索性因子分析结果（N=103）

变量	条目	因子载荷	CR	AVE
组织间搜索	KS1	0.831	0.893	0.736
	KS2	0.866		
	KS3	0.876		
特征值	2.209			
累计方差解释率	73.64%			

2. 组织内搜索的净化与探索性因子分析

从表5.9对组织内搜索量表的CITC和Cronbach's α系数分析结果可以发现，组织内搜索整体量表的Cronbach's α系数为0.917，数值达到大于0.7的标准水平；组织内搜索的4个题项（KS5、KS6、KS7、KS8）的CITC值为0.737~0.868，数值达到大于0.5的标准水平。

表5.9 组织内搜索量表的CITC和Cronbach's α系数分析结果（N=103）

测试条目	CITC	删除该条目后Cronbach's α值	变量的Cronbach's α值
KS5	0.829	0.886	0.917
KS6	0.811	0.893	
KS7	0.868	0.873	
KS8	0.737	0.917	

从表5.10对组织内搜索量表的KMO值和Bartlett's球形检验分析结果可以发现，组织内搜索的KMO值为0.840，数值达到大于0.6的标准水平，Bartlett检验卡方值的显著性水平为0.000，数值达到小于0.05的标准水平，表明组织内搜索经过净化后的研究量表可以进一步开展因子分析。

表5.10 组织内搜索量表的KMO值和Bartlett's球形检验分析结果（N=103）

检验项目		数值
Kaiser-Meyer-Olkin取样适当性		0.840
Bartlett's球形检验	卡方	300.072
	自由度	3
	显著性	0.000

从表5.11对组织内搜索量表的探索性因子分析结果可以发现，组织内搜索4个题项的因子载荷为0.846~0.931，数值达到大于0.7的标准水平；特征值为3.209，累计方差解释率为80.213%，数值达到大于50%的理想水平；组成信度（CR）为0.942，数值达到大于0.6的标准水平；平均方差萃取率（AVE）为0.803，数值达到大于0.5的标准水平。基于以上对组织内搜索的信度和效度检验，最终形成该变量的正式量表。

表5.11 组织内搜索量表的探索性因子分析结果（N=103）

变量	条目	因子载荷	CR	AVE
组织内搜索	KS5	0.908	0.942	0.803
	KS6	0.896		
	KS7	0.931		
	KS8	0.846		
特征值	3.209			
累计方差解释率	80.213%			

（二）干中学的量表测试检验

在初始量表中，干中学包括标杆瞄准、试错和快速响应三个维度，测量问项共有13个，本书分别就标杆瞄准、试错和快速响应量表的信度和效度进行检验。

1.标杆瞄准的净化与探索性因子分析

从表5.12对标杆瞄准量表的CITC和Cronbach's α系数分析结果可以发现，标杆瞄准整体量表的Cronbach's α系数为0.913，数值达到大于0.7的标准水平；标杆瞄准的5个题项（LD1、LD2、LD3、LD4、LD5）的CITC值为0.725~0.828，数值达到大于0.5的标准水平。

表5.12　标杆瞄准量表的CITC和Cronbach's α系数分析结果（N=103）

测试条目	CITC	删除该条目后Cronbach's α值	变量的Cronbach's α值
LD1	0.741	0.900	0.913
LD2	0.795	0.889	
LD3	0.725	0.905	
LD4	0.828	0.882	
LD5	0.807	0.888	

从表5.13对标杆瞄准量表的KMO值和Bartlett's球形检验分析结果可以发现，标杆瞄准的KMO值为0.891，数值达到大于0.6的标准水平，Bartlett's检验卡方值的显著性水平为0.000，数值达到小于0.05的标准水平，表明标杆瞄准经过净化后的研究量表可以进一步开展因子分析。

表5.13　标杆瞄准量表的KMO值和Bartlett's球形检验分析结果（N=103）

检验项目		数值
Kaiser-Meyer-Olkin取样适当性		0.891
Bartlett球形检验	卡方	333.157
	自由度	10
	显著性	0.000

从表5.14对标杆瞄准量表的探索性因子分析结果可以发现，标杆瞄准5个题项（LD1、LD2、LD3、LD4、LD5、）的因子载荷为0.822~0.897，数值达到大于0.7的标准水平；特征值为3.720，累计方差解释率为74.393%，数值达到大于50%的理想水平；组成信度（CR）为0.936，数值达到大于0.6的标准水平；平均方差萃取率（AVE）为0.744，数值达到大于0.5的标准水平。基于以上对标杆瞄准的信度和效度检验，最终形成该变量的正式量表。

表5.14　标杆瞄准量表的探索性因子分析结果（N=103）

变量	条目	因子载荷	CR	AVE
标杆瞄准	LD1	0.836	0.936	0.744
	LD2	0.874		
	LD3	0.822		
	LD4	0.897		
	LD5	0.882		

续表

变量	条目	因子载荷	CR	AVE
特征值	3.720			
累计方差解释率	74.393%			

2. 试错的净化与探索性因子分析

从表5.15对试错量表的CITC和Cronbach's α系数分析结果可以发现，试错整体量表的Cronbach's α系数为0.816，数值达到大于0.7的标准水平；试错的4个题项的CITC值为0.553~0.715，数值达到大于0.5的标准水平。

表5.15 试错量表的CITC和Cronbach's α系数分析结果（N=103）

测试条目	CITC	删除该条目后Cronbach's α值	变量的Cronbach's α值
LD6	0.597	0.787	0.816
LD7	0.715	0.730	
LD8	0.688	0.746	
LD9	0.553	0.806	

从表5.16对试错量表的KMO值和Bartlett's球形检验分析结果可以发现，试错的KMO值为0.725，数值达到大于0.6的标准水平，Bartlett's检验卡方值的显著性水平为0.000，数值达到小于0.05的标准水平，表明试错经过净化后的研究量表可以进一步开展因子分析。

表5.16 试错的KMO值和Bartlett's球形检验分析结果（N=103）

检验工具		数值
Kaiser-Meyer-Olkin取样适当性		0.725
Bartlett's球形检验	卡方	149.400
	自由度	6
	显著性	0.000

从表5.17对试错量表的探索性因子分析结果可以发现，试错4个题项（LD6、LD7、LD8、LD9）的因子载荷为0.738~0.860，数值达到大于0.7的标准水平；特征值为2.585，累计方差解释率为64.623%，数值达到大于50%的理想水平；组成信度（CR）为0.879，数值达到大于0.6的标准水平；平均方

差萃取率（AVE）为0.646，数值达到大于0.5的标准水平。基于以上对试错的信度和效度检验，最终形成该变量的正式量表。

表5.17　试错量表的探索性因子分析结果（N=103）

变量	条目	因子载荷	CR	AVE
试错	LD6	0.771	0.879	0.646
	LD7	0.860		
	LD8	0.840		
	LD9	0.738		
特征值	2.585			
累计方差解释率	64.623%			

3. 快速响应的净化与探索性因子分析

从表5.18对快速响应量表的CITC和Cronbach's α系数分析结果可以发现，快速响应整体量表的Cronbach's α系数为0.849，数值达到大于0.7的标准水平；快速响应的3个题项（LD10、LD12、LD13）的CITC值为0.800~0.888，数值达到大于0.5的标准水平；但快速响应的第2个题项LD11“当发现竞争对手的相关活动没有达到预期效果，我们公司会快速作出反应”的CITC值为0.262，低于0.5的标准水平。导致LD11的CITC值过小的原因可能是，竞争对手的相关活动的预期效果评估可能是一个持续、系统、内隐性的过程，中国跨国企业作为市场的后来者，受外来者劣势和后发者劣势的双重影响，短时间之内很难对此类信息进行准确预判并给出回应。根据量表净化原则，CITC值小于0.5，应予以剔除，删除该题项后快速响应量表的整体信度将会提升到0.942，因此将问项LD11删除。

表5.18　快速响应量表的CITC和Cronbach's α系数分析结果（N=103）

测试条目	CITC	删除该条目后Cronbach's α值	变量的Cronbach's α值
LD10	0.850	0.731	0.849
LD11	0.262	0.942	
LD12	0.888	0.711	
LD13	0.800	0.758	

从表5.19对快速响应量表的KMO值和Bartlett's球形检验分析结果可以发现，快速响应的KMO值为0.742，数值达到大于0.6的标准水平，Bartlett's检验卡方值的显著性水平为0.000，数值达到小于0.05的标准水平，表明快速响应经过净化后的研究量表可以进一步开展因子分析。

表5.19 快速响应量表的KMO值和Bartlett's球形检验分析结果（N=103）

检验项目		数值
Kaiser-Meyer-Olkin取样适当性		0.742
Bartlett's球形检验	卡方	287.101
	自由度	3
	显著性	0.000

从表5.20对快速响应量表的探索性因子分析结果可以发现，快速响应3个题项（LD10、LD12、LD13）的因子载荷为0.929~0.965，数值达到大于0.7的标准水平；特征值为2.688，累计方差解释率为89.604%，数值达到大于50%的理想水平；组成信度（CR）为0.963，数值达到大于0.6的标准水平；平均方差萃取率（AVE）为0.896，数值达到大于0.5的标准水平。基于以上对快速响应的信度和效度检验，最终形成该变量的正式量表。

表5.20 快速响应量表的探索性因子分析结果（N=103）

变量	条目	因子载荷	CR	AVE
快速响应	LD10	0.945	0.963	0.896
	LD12	0.965		
	LD13	0.929		
特征值	2.688			
累计方差解释率	89.604%			

（三）国际市场适应性的量表测试检验

在初始量表中，国际市场适应性包括市场反应性和市场绩效两个维度，测量问项共有6个，本书分别就市场反应性和市场绩效量表的信度和效度进行检验。

1. 市场反应性的净化与探索性因子分析

从表5.21对市场反应性量表的CITC和Cronbach's α系数分析结果可以发现，市场反应性整体量表的Cronbach's α系数为0.840，数值达到大于0.7的标准水平；市场反应性的3个题项（MA1、MA2、MA3）的CITC值为0.547~0.840，数值达到大于0.5的标准水平。

表5.21 市场反应性量表的CITC和Cronbach's α系数分析结果（N=103）

测试条目	CITC	删除该条目后Cronbach's α值	变量的Cronbach's α值
MA1	0.547	0.914	0.840
MA2	0.840	0.637	
MA3	0.768	0.719	

从表5.22对市场反应性量表的KMO值和Bartlett's球形检验分析结果可以发现，市场反应性的KMO值为0.631，数值达到大于0.6的标准水平，Bartlett's检验卡方值的显著性水平为0.000，数值达到小于0.05的标准水平，表明市场反应性经过净化后的研究量表可以进一步开展因子分析。

表5.22 市场反应性量表的KMO值和Bartlett's球形检验分析结果（N=103）

检验项目		数值
Kaiser-Meyer-Olkin取样适当性		0.631
Bartlett's球形检验	卡方	164.740
	自由度	3
	显著性	0.000

从表5.23对市场反应性量表的探索性因子分析结果可以发现，市场反应性3个题项（MA1、MA2、MA3）的因子载荷为0.761~0.938，数值达到大于0.7的标准水平；特征值为2.280，累计方差解释率为75.991%，数值达到大于50%的理想水平；组成信度（CR）为0.904，数值达到大于0.6的标准水平；平均方差萃取率（AVE）为0.761，数值达到大于0.5的标准水平。基于以上对市场反应性的信度和效度检验，最终形成该变量的正式量表。

表5.23　市场反应性量表的探索性因子分析结果（N=103）

变量	条目	因子载荷	CR	AVE
市场反应性	MA1	0.761	0.904	0.761
	MA2	0.938		
	MA3	0.907		
特征值	2.280			
累计方差解释率	75.991%			

2. 市场绩效的净化与探索性因子分析

从表5.24对市场绩效量表的CITC和Cronbach's α系数分析结果可以发现，市场反应性整体量表的Cronbach's α系数为0.844，数值达到大于0.7的标准水平；市场绩效的3个题项（MA4、MA5、MA6）的CITC值为0.677~0.733，数值达到大于0.5的标准水平。

表5.24　市场绩效量表的CITC和Cronbach's α系数分析结果（N=103）

测试条目	CITC	删除该条目后Cronbach's α值	变量的Cronbach's α值
MA4	0.721	0.773	0.844
MA5	0.677	0.814	
MA6	0.733	0.760	

从表5.25对市场绩效量表的KMO值和Bartlett's球形检验分析结果可以发现，市场绩效的KMO值为0.724，数值达到大于0.6的标准水平，Bartlett's检验卡方值的显著性水平为0.000，数值达到小于0.05的标准水平，表明市场绩效经过净化后的研究量表可以进一步开展因子分析。

表5.25　市场绩效量表的KMO值和Bartlett's球形检验（N=103）

检验项目		数值
Kaiser-Meyer-Olkin取样适当性		0.724
Bartlett's球形检验	卡方	125.459
	自由度	3
	显著性	0.000

从表5.26对市场绩效量表的探索性因子分析结果可以发现，市场绩效3个

题项（MA4、MA5、MA6）的因子载荷为0.853~0.887，数值达到大于0.7的标准水平；特征值为2.287，累计方差解释率为76.248%，数值达到大于50%的理想水平；组成信度（CR）为0.906，数值达到大于0.6的标准水平；平均方差萃取率（AVE）为0.763，数值达到大于0.5的标准水平。基于以上对市场绩效的信度和效度检验，最终形成该变量的正式量表。

表5.26　市场绩效量表的探索性因子分析结果（*N*=103）

变量	条目	因子载荷	CR	AVE
市场绩效	MA4	0.880	0.906	0.763
	MA5	0.853		
	MA6	0.887		
特征值	2.287			
累计方差解释率	76.248%			

（四）调节变量的量表测试检验

1. 资源约束的净化与探索性因子分析

从表5.27对资源约束量表的CITC和Cronbach's α系数分析结果可以发现，资源约束整体量表的Cronbach's α系数为0.857，数值达到大于0.7的标准水平；资源约束的4个题项（RC1、RC2、RC3、RC4）的CITC值为0.624~0.765，数值达到大于0.5的标准水平。

表5.27　资源约束量表的CITC和Cronbach's α系数分析结果（*N*=103）

测试条目	CITC	删除该条目后Cronbach's α值	变量的Cronbach's α值
RC1	0.673	0.830	0.857
RC2	0.765	0.791	
RC3	0.744	0.800	
RC4	0.624	0.849	

从表5.28对资源约束量表的KMO值和Bartlett's球形检验分析结果可以发现，资源约束的KMO值为0.796，数值达到大于0.6的标准水平，Bartlett's检验卡方值的显著性水平为0.000，数值达到小于0.05的标准水平，表明资源约束经过净化后的研究量表可以进一步开展因子分析。

表5.28 资源约束量表的KMO值和Bartlett's球形检验分析结果（N=103）

检测项目		数值
Kaiser-Meyer-Olkin取样适当性		0.796
Bartlett's球形检验	卡方	186.379
	自由度	6
	显著性	0.000

从表5.29对资源约束量表的探索性因子分析结果可以发现，资源约束4个题项（RC1、RC2、RC3、RC4）的因子载荷为0.779~0.881，数值达到大于0.7的标准水平；特征值为2.803，累计方差解释率为70.079%，数值达到大于50%的理想水平；组成信度（CR）为0.903，数值达到大于0.6的标准水平；平均方差萃取率（AVE）为0.701，数值达到大于0.5的标准水平。基于以上对资源约束的信度和效度检验，最终形成该变量的正式量表。

表5.29 资源约束量表的探索性因子分析结果（N=103）

变量	条目	因子载荷	CR	AVE
资源约束	RC1	0.817	0.903	0.701
	RC2	0.881		
	RC3	0.868		
	RC4	0.779		
特征值	2.803			
累计方差解释率	70.079%			

2. 制度复杂性的净化与探索性因子分析

从表5.30对制度复杂性量表的CITC和Cronbach's α系数分析结果可以发现，制度复杂性整体量表的Cronbach's α系数为0.801，数值达到大于0.7的标准水平；制度复杂性的3个题项（IC2、IC3、IC4）的CITC值为0.634~0.728，数值达到大于0.5的标准水平；但制度复杂性的第1个题项IC1"我们所处的行业中，存在很多相互冲突或无效的制度"的CITC值为0.419，低于0.5的标准水平。导致IC1的CITC值过小的原因可能是，预调研企业国际化所进入的市场是有较大差异性的，尤其是对于进入欧美等发达市场的中国企业，其所面临的制度环境较为成熟，相互冲突或无效的制度相对较少，即使是进入制度环境较差的欠发达市场，相互冲突或无效的制度可能也并不一定在每一个企业国际化运营中出现。根据量表净化原则，CITC值小于0.5，应予以剔除，删除该题项后制度复杂性量表的整体信度将会提升到0.855，因此将问项IC1删除。

表5.30　制度复杂性量表的CITC和Cronbach's α系数分析结果（N=103）

测试条目	CITC	删除该条目后Cronbach's α值	变量的Cronbach's α值
IC1	0.419	0.855	0.801
IC2	0.634	0.742	
IC3	0.726	0.693	
IC4	0.728	0.702	

从表5.31对制度复杂性量表的KMO值和Bartlett's球形检验分析结果可以发现，制度复杂性的KMO值为0.720，数值达到大于0.6的标准水平，Bartlett's检验卡方值的显著性水平为0.000，数值达到小于0.05的标准水平，表明制度复杂性经过净化后的研究量表可以进一步开展因子分析。

表5.31　制度复杂性量表的KMO值和Bartlett's球形检验分析结果（N=103）

检验项目		数值
Kaiser-Meyer-Olkin取样适当性		0.720
Bartlett's球形检验	卡方	137.761
	自由度	3
	显著性	0.000

从表5.32对制度复杂性量表的探索性因子分析结果可以发现，制度复杂性3个题项（IC2、IC3、IC4）的因子载荷为0.859~0.906，数值达到大于0.7的标准水平；特征值为2.329，累计方差解释率为77.633%，数值达到大于50%的理想水平；组成信度（CR）为0.912，数值达到大于0.6的标准水平；平均方差萃取率（AVE）为0.777，数值达到大于0.5的标准水平。基于以上对制度复杂性的信度和效度检验，最终形成该变量的正式量表。

表 5.32　制度复杂性量表的探索性因子分析结果（N=103）

变量	条目	因子载荷	CR	AVE
制度复杂性	IC2	0.859	0.912	0.777
	IC3	0.906		
	IC4	0.878		
特征值	2.329			
累计方差解释率	77.633%			

三、正式问卷的确定

经过初期的预调研与小样本测试，本书参照国际化相关理论，在与研究团队充分论证和反复讨论的基础上，对知识搜索、干中学、国际市场适应性、资源约束与制度复杂性各变量的量表题项进行净化和修正，并调整了题项的表述与措辞，提升问卷题项的清晰度，在此基础上形成最终的正式调研问卷，（如表5.33所示）。

表 5.33　正式调查问卷中研究变量的测项条目

变量	题项	题项内容
组织间搜索	组织间搜索 1	我们与合作伙伴、客户等利益相关者经常接触并共享信息
	组织间搜索 2	我们从不同来源收集多样性的市场信息和技术动态
	组织间搜索 3	我们在国际范围内扫描和监测产品创新和技术知识
组织内搜索	组织内搜索 1	我们在企业内部寻求应对问题的解决方案
	组织内搜索 2	我们有方法获取企业不同业务部门的知识
	组织内搜索 3	我们根据需要收集和整理集团系统中的信息
	组织内搜索 4	我们非常了解企业不同业务部门的动态变化
标杆瞄准	标杆瞄准 1	我们对行业领军企业的目标产品或流程进行学习和转化
	标杆瞄准 2	我们通过关注行业领军企业战略变化，不断调整计划和行动
	标杆瞄准 3	我们会对行业领军企业的产品、服务或管理实践进行反思
	标杆瞄准 4	我们在行业领军企业管理实践的基础上进行二次创新
	标杆瞄准 5	我们以先进作业流程为基准，不断审查和调整产品研发流程

续表

变量	题项	题项内容
试错	试错1	我们公司愿意通过试错不断改进业务流程
	试错2	我们公司愿意通过试错学习新的知识
	试错3	我们公司愿意从错误中汲取经验教训
	试错4	我们公司愿意将错误进行转化以贡献于未来发展
快速响应	快速响应1	我们公司迅速对客户和竞争对手的变化作出反应
	快速响应2	当发现需要改进的产品和服务时，我们公司会快速作出反应
	快速响应3	我们公司快速实施针对客户和竞争对手的计划活动
市场反应性	市场反应性1	与竞争对手相比，我们的产品/服务更能满足客户的实际需求
	市场反应性2	与竞争对手相比，我们的产品/服务更符合客户的文化特征
	市场反应性3	与竞争对手相比，我们的营销宣传更能赢得客户的关注
市场绩效	市场绩效1	与竞争对手相比，我们实现了更高的市场份额
	市场绩效2	与竞争对手相比，我们的销售增长率更高
	市场绩效3	与竞争对手相比，我们的资产收益率更高
资源约束	资源约束1	我们公司缺乏国际市场运营的研发资源
	资源约束2	我们公司缺乏国际市场运营的品牌资产
	资源约束3	我们公司缺乏国际市场运营的管理经验
	资源约束4	我们公司缺乏国际市场运营的渠道资源
制度复杂性	制度复杂性1	我们所处的行业中，影响市场运营的制度总是不断变化
	制度复杂性2	我们所处的行业中，市场运营受到多重制度的交互影响
	制度复杂性3	我们所处的行业中，制度的变化难以被预测

第六章 研究数据与实证分析

根据第五章所确定的研究量表和正式问卷，本书针对中国跨国企业进一步扩大问卷的收集范围，调研的主要内容聚焦于中国跨国企业的知识搜索、干中学与国际市场适应性。本章的具体内容主要包括：第一，针对所收集的调研问卷进行描述性统计分析与相关说明；第二，采用验证性因子分析的方式对问卷统计数据进行检验，并对知识搜索、干中学、市场适应性、资源约束、制度复杂性等变量进行信度与效度的评估；第三，运用SPSS 22.0和AMOS 24.0等数据分析工具对研究模型中变量之间的相关性、中介效应、调节效果等作用关系进行系统性检验，并根据最终数据的量化分析结果检验本书第四章所提出的研究假设，为研究结论的提炼提供科学、可靠的分析基础。

第一节　研究数据的收集与特征描述

一、数据收集

本书的研究对象为中国跨国企业，因此，在数据收集过程中主要选取从事国际化经营业务的中国企业作为分析单元。本次调研主要依托于南开大学的研究平台，为中国跨国企业数据收集及获取提供了便利性，在量表开发、问卷设计、问卷发放以及样本选择等方面充分考虑中国企业国际化情境并进行了深度论证，保障了数据收集的科学性和有效性。为了保障前期数据收集和后期数据分析的信度，本书对研究对象的标准选择进行了清晰的界定。具体而言，第一，调研对象在国际市场运营时间超过一年，主营业务为出口贸易、绿地投资、建立合资企业、成立海外分支机构以及跨境电商等；第二，企业国际市场的销售额占总销售额的10%以上；第三，企业总部位于中国大陆境内，且企业所有权为中国大陆境内的机构或法人。

为了保障本次调研的信度和效度，在调研对象选择上以中高层管理者为主，包括董事长、总经理等高层管理者，也包含市场部、研发部以及战略部等相关部门的经理。此外，本书探讨的核心主题涉及企业市场战略层面的问题，这就要求受访对象必须对本企业海外市场运营情况有清晰、深入的了解，并对企业内部知识获取、组织学习等方面的内容有相对透彻的掌握。从2018年1月到2019年11月，数据收集历时将近2年，共经历了5轮的问卷发放，在天津、北京、山东、河北等地对中国跨国企业国际市场运营活动进行调查。问卷发放以纸质问卷为主，共发放调研问卷450份，回收问卷395份，并剔除不满足条件的问卷52份。此外，对于未完成作答或同一选项连续出现超过6次（包含6次）的问卷予以剔除处理。最终得到有效问卷309份，有效率为68.67%，样本量符合研究模型的需要（Chin and Newsted，1999）。

二、大样本的统计描述

（一）企业特征描述

本书所收集的问卷涉及汽车制造、医疗器械、家电、生物制药、工程器械、冶金等多个行业的数据，行业分布多样性很强，能够在一定程度上降低行业属性差异对研究结论的影响，提升研究结论的可靠性与可推广性。通过统计问卷的数据信息可以发现：第一，企业性质方面，本次调研涵盖了不同所有制类型的企业，其中，国有企业106家，民营企业163家，合资等其他类型企业40家，民营企业占比最高，占比52.75%；第二，企业规模方面，受访对象的企业规模以500人以下的中小型企业为主，占比68.28%；第三，企业成立时间的分布相对比较平均；第四，在企业国际化年限方面，绝大多数的企业国际化年限在2年以上，占比89.16%。通过对受访企业的描述性统计可以发现，本书所调研的这些中国企业国际化特征较为明显，研究样本具有一定的代表性且与本书主题较为契合（如表6.1所示）。

表6.1 中国跨国企业特征描述统计（*N*=309） %

特征	类别	样本数量	占比
企业性质	国有企业	106	34.30
	民营企业	163	52.75
	其他	40	12.94
企业规模（员工人数）	100人以下	86	27.83
	100~500人	125	40.45
	501~1000人	77	24.91
	1000人以上	21	6.81
企业成立时间	10年及以下	69	22.48
	11~20年	72	23.45
	21~30年	71	23.13
	30年以上	96	30.94
国际化年限	2年及以下	33	10.84
	2~5年	145	46.80
	6~10年	99	32.02
	10年以上	32	10.34

（二）研究变量的统计描述

针对所收集的调研数据，本书对问卷中涉及的知识搜索、干中学、国际市场适应性、资源约束以及制度复杂性等变量进行描述性统计分析，调研数据的均值、标准差、偏度、峰度值（如表6.2所示）。

表6.2 研究变量的描述性统计表（N=309）

构念	变量	题项	均值	标准差	偏度	峰度	变量/维度均值	
知识搜索	组织间搜索	组织间搜索1	4.470	1.754	−0.429	−0.877	4.525	4.765
		组织间搜索2	4.693	1.641	−0.554	−0.490		
		组织间搜索3	4.413	1.779	−0.330	−0.977		
	组织内搜索	组织内搜索1	5.011	1.387	−0.747	0.391	5.004	
		组织内搜索2	5.006	1.393	−0.678	0.059		
		组织内搜索3	4.979	1.435	−0.713	0.226		
		组织内搜索4	5.019	1.385	−0.829	0.504		
干中学	标杆瞄准	标杆瞄准1	5.524	1.362	−0.964	0.511	5.268	4.841
		标杆瞄准2	5.252	1.327	−0.741	0.123		
		标杆瞄准3	5.153	1.447	−0.734	−0.112		
		标杆瞄准4	5.282	1.320	−0.829	0.519		
		标杆瞄准5	5.129	1.447	−0.720	0.048		
	试错	试错1	5.210	1.301	−0.761	0.409	5.115	
		试错2	5.149	1.343	−0.922	0.793		
		试错3	5.126	1.233	−0.703	0.078		
		试错4	4.974	1.299	−0.524	−0.098		
	快速响应	快速响应1	4.107	1.801	−0.208	−0.996	4.141	
		快速响应2	4.223	1.821	−0.276	−0.982		
		快速响应3	4.094	1.768	−0.211	−0.985		
国际市场适应性	市场反应性	市场反应性1	5.233	1.226	−0.378	−0.046	5.057	4.889
		市场反应性2	4.929	1.436	−0.382	−0.184		
		市场反应性3	5.011	1.451	−0.366	−0.128		
	市场绩效	市场绩效1	4.744	1.476	−0.577	−0.105	4.721	
		市场绩效2	4.709	1.499	−0.536	−0.291		
		市场绩效3	4.709	1.514	−0.588	−0.144		
资源约束		资源约束1	3.919	1.899	−0.043	−1.208	3.652	
		资源约束2	3.353	1.941	0.312	−1.215		
		资源约束3	3.443	1.764	0.246	−1.069		
		资源约束4	3.893	1.964	0.031	−1.204		
制度复杂性		制度复杂性1	5.177	1.369	−0.849	0.362	4.997	
		制度复杂性2	4.841	1.461	−0.609	0.019		
		制度复杂性3	4.972	1.406	−0.676	0.205		

通过对表6.2主要变量的描述性统计可以发现，在知识搜索的变量中组织间搜索和组织内搜索两个维度的差异较大，其中组织内搜索得分相对较高；在干中学的变量中，标杆瞄准、试错和快速响应三个维度的差异较大，其中标杆瞄准和试错的得分相对较高，说明对于干中学而言，标杆瞄准和试错可能更为重要，但需要进行进一步验证；在国际市场适应性中，市场反应性和市场绩效两个维度的差异相对较小。此外，表中各指标统计分布的偏度绝对值都低于1（一般认为偏度绝对值小于3即满足标准），而且峰度的绝对值均小于2（一般认为峰度绝对值小于10即满足标准），各变量相关的数据分布符合正态分布的标准。因此，可以进行下一步的数据分析和检验。

第二节　数据质量评估

本节主要应用SPSS 22.0和AMOS 24.0等数据分析软件对调研所收集的数据进行信度与效度评估，以检验数据质量。

一、数据信度评估

本书通过评价某一组观测变量所反映的潜在变量是否唯一，采用Cronbach's α系数来评价各变量的信度水平。Cronbach's α系数是专门针对李克特量表所开发的评价指标，具体测度值（如表6.3所示）。通过数据分析，本书发现所有潜在变量的α值为0.799~0.942，均大于0.7的理想水平，说明问卷数据符合内部一致性标准，满足进一步假设关系统计检验的要求。

表6.3　研究变量及其维度信度检验汇总（*N*=309）

变量及维度		问项条目	Cronbach's α值	
知识搜索	组织间搜索	组织间搜索1、组织间搜索2、组织间搜索3	0.828	0.869
	组织内搜索	组织内搜索1、组织内搜索2、组织内搜索3、组织内搜索4	0.910	

续表

变量及维度		问项条目	Cronbach's α值	
干中学	标杆瞄准	标杆瞄准1、标杆瞄准2、标杆瞄准3、标杆瞄准4、标杆瞄准5	0.878	0.800
	试错	试错1、试错2、试错3、试错4	0.819	
	快速响应	快速响应1、快速响应2、快速响应3	0.942	
国际市场适应性	市场反应性	市场反应性1、市场反应性2、市场反应性3	0.838	0.870
	市场绩效	市场绩效1、市场绩效2、市场绩效3	0.903	
资源约束		资源约束1、资源约束2、资源约束3、资源约束4	0.799	
制度复杂性		制度复杂性1、制度复杂性2、制度复杂性3	0.849	

二、数据效度评估

本书主要基于问卷数据，遵照Thomopson等（2007）的研究思路，通过验证性因子分析法（CFA），应用AMOS 24.0数据分析软件，对研究变量的建构效度进行检验。在收敛效度方面，本书通过测度知识搜索、干中学、国际市场适应性、资源约束与制度复杂性的组成信度（CR）和平均方差萃取率（AVE）两个指标来进行模型建构效度的检验。参考Hair（1997）以及Fornell和Larcker（1981）的建议，研究模型应满足：第一，因素载荷量大于0.5；第二，组成信度大于0.6；第三，平均方差萃取率大于0.5。在区别效度检验方面，区别效度分析用来验证不同的变量在统计学上是否有差异，本书采用Fornell和Larcker（1981）提出的区分效度判定标准进行评价，即每一个潜在变量的AVE值平方根应大于该变量与其他各变量之间的相关系数。

（一）收敛效度检验

1. 知识搜索的收敛效度评估

通过对知识搜索开展验证性因子分析，得到知识搜索构念2个维度所包含的7个条目的因子载荷、复相关系数的平方、组成信度和平均方差萃取率（如表6.4所示）。其中，组织间搜索的因子载荷量为0.742~0.808，均大于0.5；组成信度（CR）为0.828，大于0.6；平均方差萃取率（AVE）为

0.617，大于0.5。组织内搜索的因子载荷为0.790~0.897，均大于0.5；组成信度（CR）为0.911，大于0.6；平均方差萃取率（AVE）为0.720，大于0.5。以上表明知识搜索2个维度组织间搜索与组织内搜索量表符合要求，具有收敛效度。

表6.4 知识搜索的收敛效度分析结果（*N*=309）

变量	题目	参数显著性估计				因子载荷	组成信度	收敛效度
		Unstd.	S.E.	t-value	*P*	Std.	CR	AVE
组织间搜索	组织间搜索1	1.000				0.742	0.828	0.617
	组织间搜索2	1.018	0.084	12.156	***	0.808		
	组织间搜索3	1.098	0.090	12.148	***	0.804		
组织内搜索	组织内搜索1	1.000				0.836	0.911	0.720
	组织内搜索2	1.041	0.056	18.591	***	0.867		
	组织内搜索3	1.110	0.057	19.487	***	0.897		
	组织内搜索4	0.943	0.058	16.186	***	0.790		

2. 干中学的收敛效度评估

通过对干中学进行的验证性因子分析（CFA），得到关于干中学构念3个维度所包含的12个条目的因子载荷、复相关系数的平方、组成信度和平均方差萃取率（如表6.5所示）。标杆瞄准的因子载荷为0.684~0.840，均大于0.5；组成信度（CR）为0.879，大于0.6；平均方差萃取率（AVE）为0.595，大于0.5。试错的因子载荷为0.541~0.836，均大于0.5；组成信度（CR）为0.825，大于0.6；平均方差萃取率（AVE）为0.547，大于0.5；快速响应的因子载荷为0.881~0.956，均大于0.5；组成信度（CR）为0.942，大于0.6；平均方差萃取率（AVE）为0.845，大于0.5。以上表明干中学3个维度标杆瞄准、试错与快速响应量表符合要求，具有收敛效度。

表6.5　干中学的收敛效度分析结果（N=309）

变量	题目	参数显著性估计				因子载荷	组成信度	收敛效度
		Unstd.	S.E.	T-value	P	Std.	CR	AVE
标杆瞄准	标杆瞄准1	1.000				0.756	0.879	0.595
	标杆瞄准2	1.070	0.074	14.478	***	0.830		
	标杆瞄准3	0.962	0.081	11.801	***	0.684		
	标杆瞄准4	1.077	0.074	14.642	***	0.840		
	标杆瞄准5	1.032	0.081	12.728	***	0.734		
试错	试错1	1.000				0.760	0.825	0.547
	试错2	1.136	0.085	13.367	***	0.836		
	试错3	0.981	0.076	12.936	***	0.786		
	试错4	0.711	0.080	8.910	***	0.541		
快速响应	快速响应1	1.000				0.920	0.942	0.845
	快速响应2	1.050	0.036	29.431	***	0.956		
	快速响应3	0.939	0.038	24.467	***	0.881		

3. 市场适应性的收敛效度评估

通过对国际市场适应性开展验证性因子分析，得到国际市场适应性构念2个维度所包含的6个条目的因子载荷、复相关系数的平方、组成信度和平均方差萃取率（如表6.6所示）。市场反应性的因子载荷为0.683~0.883，均大于0.5；组成信度（CR）为0.842，大于0.6；平均方差萃取率（AVE）为0.643，大于0.5。市场绩效的因子载荷为0.831~0.890，均大于0.5；组成信度（CR）为0.903，大于0.6；平均方差萃取率（AVE）为0.757，大于0.5。以上表明市场适应性2个维度市场反应性与市场绩效量表符合要求，具有收敛效度。

表6.6　市场适应性的收敛效度分析结果（N=309）

变量	题目	参数显著性估计				因子载荷	组成信度	收敛效度
		Unstd.	S.E.	T-value	P	Std.	CR	AVE
市场反应性	市场反应性1	1.000				0.683	0.842	0.643
	市场反应性2	1.416	0.116	12.229	***	0.826		
	市场反应性3	1.529	0.126	12.153	***	0.883		

续表

变量	题目	参数显著性估计				因子载荷	组成信度	收敛效度
		Unstd.	S.E.	T-value	*P*	Std.	CR	AVE
市场绩效	市场绩效1	1.000				0.890	0.903	0.757
	市场绩效2	0.948	0.051	18.503	***	0.831		
	市场绩效3	1.023	0.051	20.041	***	0.888		

4. 资源约束的收敛效度评估

通过对资源约束开展验证性因子分析，得到资源约束变量所包含的4个条目的因子载荷、复相关系数的平方、组成信度和平均方差萃取率（如表6.7所示）。其中，资源约束的因子载荷为0.591~0.787，均大于0.5；组成信度（CR）为0.802，大于0.6；平均方差萃取率（AVE）为0.506，大于0.5。以上表明资源约束的量表符合要求，具有收敛效度。

表6.7　资源约束的收敛效度分析结果（*N*=309）

变量	题目	参数显著性估计				因子载荷	组成信度	收敛效度
		Unstd.	S.E.	T-value	*P*	Std.	CR	AVE
资源约束	资源约束1	1.000				0.697	0.802	0.506
	资源约束2	1.105	0.103	10.774	***	0.754		
	资源约束3	1.048	0.096	10.972	***	0.787		
	资源约束4	0.876	0.099	8.893	***	0.591		

5. 制度复杂性的收敛效度评估

通过对制度复杂性开展验证性因子分析，得到制度复杂性变量所包含的3个条目的因子载荷、复相关系数的平方、组成信度和平均方差萃取率（如表6.8所示）。其中，制度复杂性的因子载荷为0.744~0.910，均大于0.5；组成信度（CR）为0.852，大于0.6；平均方差萃取率（AVE）为0.659，大于0.5。以上表明制度复杂性的量表符合要求，具有收敛效度。

表6.8　制度复杂性的收敛效度分析结果（N=309）

变量	题目	参数显著性估计				因子载荷	组成信度	收敛效度
		Unstd.	S.E.	T-value	P	Std.	CR	AVE
制度复杂性	制度复杂性1	1.000				0.744	0.852	0.659
	制度复杂性2	1.305	0.097	13.473	***	0.910		
	制度复杂性3	1.065	0.081	13.123	***	0.772		

（二）区别效度

参照Fornell和Larcker（1981）所使用的方法和标准，本书对知识搜索、干中学、国际市场适应性、资源约束与制度复杂性各变量之间的区别效度进行了分析（如表6.9所示）。从表中可以看出，知识搜索、干中学、国际市场适应性、资源约束与制度复杂性的AVE值平方根大于该变量与其他各变量之间的相关系数，表明各测量变量之间具有较好的区别效度。

表6.9　整体模型中变量的区别效度分析结果（N=309）

变量	AVE	1	2	3	4	5	6	7	8	9
制度复杂性	0.659	0.812								
资源约束	0.506	−0.150	0.711							
市场绩效	0.757	0.574	−0.329	0.870						
市场反应性	0.643	0.375	−0.154	0.459	0.802					
快速响应	0.845	0.461	−0.224	0.517	0.255	0.919				
试错	0.547	0.733	−0.194	0.554	0.444	0.409	0.740			
标杆瞄准	0.595	0.691	−0.293	0.619	0.452	0.443	0.736	0.771		
组织内搜索	0.720	0.685	−0.258	0.592	0.439	0.513	0.662	0.759	0.849	
组织间搜索	0.617	0.552	−0.364	0.655	0.341	0.529	0.609	0.685	0.703	0.785

第三节　实证分析

本节主要采取实证分析的方法，对第四章所提出的研究假设进行检验，并在此基础上对假设关系进行汇总。

一、研究模型分析

（一）相关性分析

1. 整体模型中变量间相关性分析

通过采用皮尔逊相关性分析（Pearson）对变量间的相关性进行初步检验，结果显示知识搜索、干中学、国际市场适应性、资源约束与制度复杂性之间两两相关（如表6.10所示）。

表6.10　整体模型中变量间相关性系数

变量	1	2	3	4	5	6	7	8	9	10	11	12
企业性质	1											
成立时间	0.230**	1										
国际化年限	-0.044	0.144*	1									
组织间搜索	0.172**	0.274**	-0.070	1								
组织内搜索	0.124*	0.186**	-0.090	0.609**	1							
标杆瞄准	0.078	0.193**	-0.034	0.593**	0.683**	1						
试错	0.063	0.178**	-0.058	0.501**	0.561**	0.614**	1					
快速响应	0.197**	0.215**	-0.106	0.476**	0.469**	0.410**	0.343**	1				
市场反应性	0.027	0.071	-0.112	0.278**	0.382**	0.384**	0.369**	0.222**	1			
市场绩效	0.136*	0.170**	-0.070	0.569**	0.540**	0.560**	0.462**	0.476**	0.411**	1		
资源约束	-0.083	-0.374**	-0.068	-0.303**	-0.224**	-0.253**	-0.150**	-0.217**	-0.119*	-0.294**	1	
制度复杂性	0.115*	0.112*	-.172*	0.467**	0.609**	0.604**	0.622**	0.403**	0.336**	0.506**	-0.139*	1

注：*N*=309，** 表示 $P<0.01$，* 表示 $P<0.05$（双尾检验）。

第一，中国跨国企业知识搜索的组织间搜索与国际市场反应性（β=0.278，$P<0.01$）、市场绩效（β=0.569，$P<0.01$）具有显著的正相关关系，中国跨国企业知识搜索的组织内搜索与市场反应性（β=0.382，$P<0.01$）、市场绩效（β=0.540，$P<0.01$）具有显著的正相关关系，假设1得到了初步验证。

第二，中国跨国企业知识搜索的组织间搜索与标杆瞄准（β=0.593，$P<0.01$）、试错（β=0.501，$P<0.01$）、快速响应（β=0.476，$P<0.01$）具有显著的正相关关系，中国跨国企业知识搜索的组织内搜索与标杆瞄准（β=0.683，

$P<0.01$)、试错($\beta=0.561$,$P<0.01$)、快速响应($\beta=0.469$,$P<0.01$)具有显著的正相关关系,假设2得到了初步验证。

第三,中国跨国企业干中学的标杆瞄准与市场反应性($\beta=0.384$,$P<0.01$)、市场绩效($\beta=0.560$,$P<0.01$)具有显著的正相关关系,中国跨国企业干中学的试错与市场反应性($\beta=0.369$,$P<0.01$)、市场绩效($\beta=0.462$,$P<0.01$)具有显著的正相关关系,中国跨国企业干中学的快速响应与市场反应性($\beta=0.222$,$P<0.01$)、市场绩效($\beta=0.476$,$P<0.01$)具有显著的正相关关系,假设3得到了初步验证。

2. 各变量间的相关性分析

为进一步准确检验各变量间的关系,本书采用AMOS 24.0统计分析软件来分析中国跨国企业知识搜索、干中学与国际市场适应性之间的关系。本书参照Thomopson(2004)提出的"两步走"的模式,在进行结构方程模型(SEM)分析之前,针对测量模型进行验证性因子分析(CFA),因为测量模型可以正确地反映研究的构念或因素,良好的模型配适度是结构方程分析的必要条件(Byrne,2010),配适度愈好即代表模型矩阵与样本矩阵愈接近。本书配适度指标参考Jackson等人(2009)和Schreiber(2008)的意见,挑选x^2检定、x^2与自由度的比值(CMIN/DF)、比较配适度指标(CFI)、配适度指标(GFI)、调整后的配适度指针(AGFI)和平均近似误差均方根(RMSEA)进行模型适配度评估。

(1)知识搜索—国际市场适应性的相关性分析。本书首先对知识搜索与国际市场适应性的关系模型进行验证性拟合度检验(如表6.11所示)。统计分析结果表明,该模型的配适度达到了良好拟合。具体而言,知识搜索—市场反应性(模型1)的配适度评估数据为:$x^2/df=1.289$,CFI=0.995,GFI=0.975,AGFI=0.957,RMSEA=0.031;知识搜索—市场绩效(模型2)的配适度评估数据为:$x^2/df=1.268$,CFI=0.996,GFI=0.975,AGFI=0.958,RMSEA=0.030。通过模型拟合指标与评估标准比对可知,该模型可以被接受。在此基础上本书对知识搜索与国际市场适应性具体维度的相关性进行了检验(如图6.1和图

6.2所示）。具体而言：第一，中国跨国企业组织间搜索对市场反应性的作用关系不显著（β=0.06，P>0.05），假设1a未得到验证性支持；第二，中国跨国企业组织间搜索对市场绩效有显著的正向影响（β=0.40，P<0.001），假设1b得到验证性支持；第三，中国跨国企业组织内搜索对市场反应性有显著的正向影响（β=0.47，P<0.001），假设1c得到验证性支持；第四，中国跨国企业组织内搜索对市场绩效有显著的正向影响（β=0.26，P<0.01），假设1d得到验证性支持。

表6.11 知识搜索—国际市场适应性结构方程模型的拟合指标一览表（N=309）

拟合指数	x^2	df	x^2/df	CFI	GFI	AGFI	RMSEA
良好拟合	—	—	（0，2]	>0.95	>0.95	>0.90	<0.05
可以接受	—	—	（2，3]	>0.90	>0.90	>0.85	<0.08
模型1	41.259	32	1.289	0.995	0.975	0.957	0.031
模型2	40.588	32	1.268	0.996	0.975	0.958	0.030

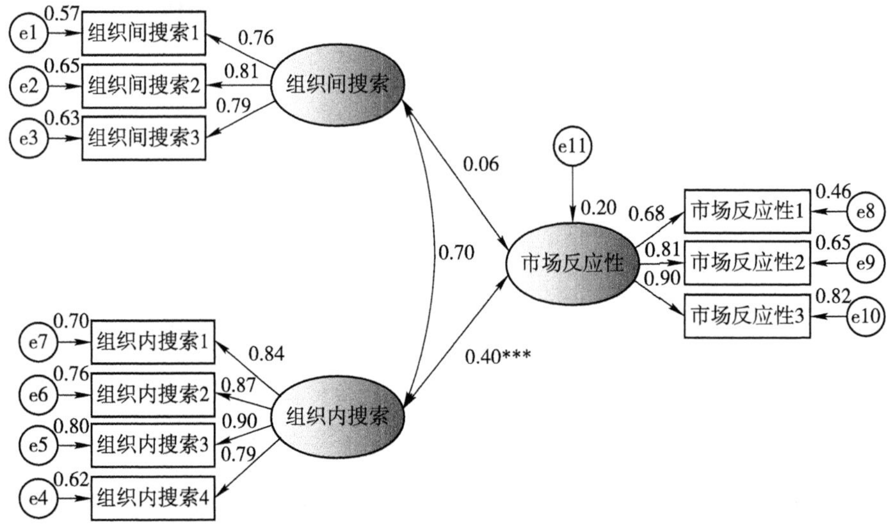

图6.1 知识搜索对市场反应性的结构方程模型图（模型1）

注：***表示P<0.001，**表示p<0.01，*表示p<0.05。

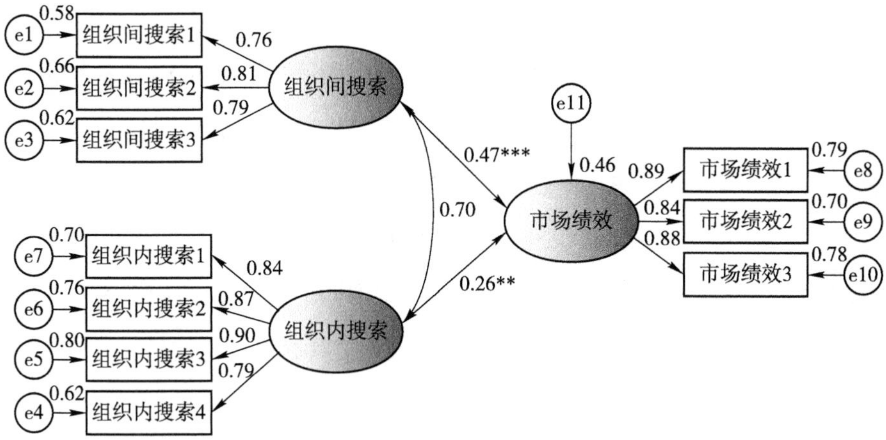

图6.2　知识搜索对市场绩效的结构方程模型图（模型2）

注：*** 表示 P<0.001，** 表示 p<0.01，* 表示 p<0.05。

（2）知识搜索—干中学的相关性分析。本书首先对知识搜索与干中学的关系模型进行验证性拟合度检验（如表6.12所示）。统计分析结果表明，该模型的配适度可以接受。具体而言，知识搜索—标杆瞄准（模型3）的配适度评估数据为：x^2/df=1.653，CFI=0.986，GFI=0.958，AGFI=0.936，RMSEA=0.046；知识搜索—试错（模型4）的配适度评估数据为：x^2/df=1.946，CFI=0.980，GFI=0.955，AGFI=0.928，RMSEA=0.055；知识搜索—快速响应（模型5）的配适度评估数据为：x^2/df=1.858，CFI=0.988，GFI=0.964，AGFI=0.939，RMSEA=0.053。通过模型拟合指标与评估标准比对可知，该模型可以被接受。

表6.12　知识搜索—干中学结构方程模型的拟合指标一览表（*N*=309）

拟合指数	x^2	df	x^2/df	CFI	GFI	AGFI	RMSEA
良好拟合	—	—	（0，2]	>0.95	>0.95	>0.90	<0.05
可以接受	—	—	（2，3]	>0.90	>0.90	>0.85	<0.08
模型3	84.328	51	1.653	0.986	0.958	0.936	0.046
模型4	79.772	41	1.946	0.980	0.955	0.928	0.055
模型5	59.455	32	1.858	0.988	0.964	0.939	0.053

在此基础上本书对知识搜索与干中学具体维度的相关性进行了检验（如图6.3~图6.5所示）。具体而言：第一，中国跨国企业组织间搜索对标杆瞄准有显著的正向影响（β=0.30，P<0.001），假设2a得到验证性支持；第二，中

国跨国企业组织内搜索对标杆瞄准有显著的正向影响（β=0.55，P<0.001），假设2b得到验证性支持；第三，中国跨国企业组织间搜索对试错有显著的正向影响（β=0.29，P<0.001），假设2c得到验证性支持；第四，中国跨国企业的组织内搜索对试错有显著的正向影响（β=0.45，P<0.001），假设2d得到验证性支持；第五，中国跨国企业组织间搜索对快速响应有显著的正向影响（β=0.33，P<0.001），假设2e得到验证性支持；第六，中国跨国企业组织内搜索对快速响应有显著的正向影响（β=0.28，P<0.001），假设2f得到验证性支持。

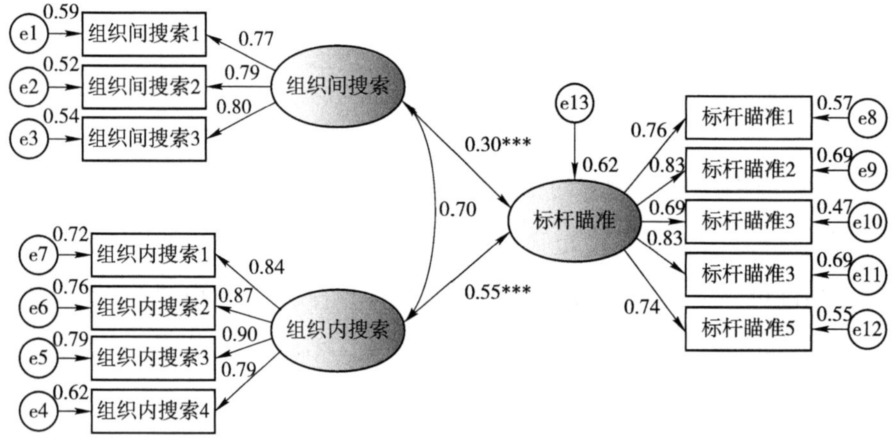

图6.3　知识搜索对标杆瞄准的结构方程模型图（模型3）

注：*** 表示 P<0.001，** 表示 p<0.01，* 表示 p<0.05。

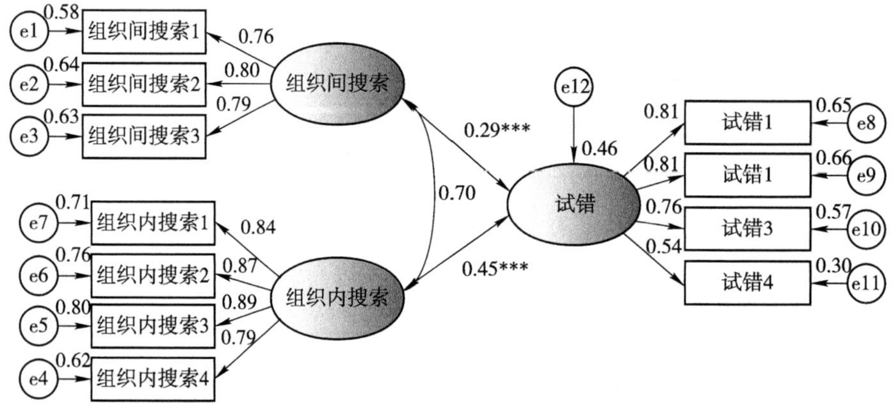

图6.4　知识搜索对试错的结构方程模型图（模型4）

注：*** 表示 P<0.001，** 表示 p<0.01，* 表示 p<0.05。

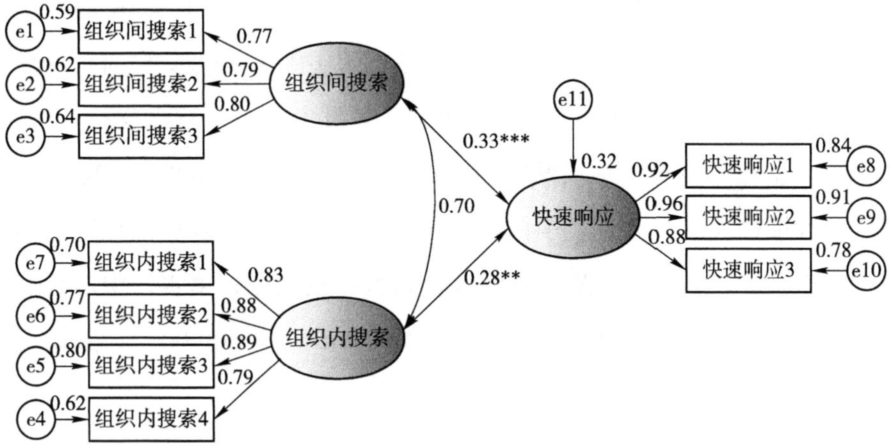

图6.5 知识搜索对快速响应的结构方程模型图（模型5）

注：*** 表示 $P<0.001$，** 表示 $p<0.01$，* 表示 $p<0.05$。

（3）干中学—国际市场适应性的相关性分析。本书首先对干中学与国际市场适应性的关系模型进行验证性拟合度检验（如表6.13所示）。统计分析结果表明，该模型的配适度可以接受。具体而言，干中学—市场反应性（模型6）的配适度评估数据为：x^2/df=1.292，CFI=0.991，GFI=0.956，AGFI=0.937，RMSEA=0.031；干中学—市场绩效（模型7）的配适度评估数据为：x^2/df=1.342，CFI=0.991，GFI=0.953，AGFI=0.933，RMSEA=0.033。通过模型拟合指标与评估标准比对可知，该模型可以被接受。

表6.13 干中学—国际市场适应性结构方程模型的拟合指标一览表（N=309）

拟合指数	x^2	df	x^2/df	CFI	GFI	AGFI	RMSEA
良好拟合	—	—	（0，2]	>0.95	>0.95	>0.90	<0.05
可以接受	—	—	（2，3]	>0.90	>0.90	>0.85	<0.08
模型6	108.503	84	1.292	0.991	0.956	0.937	0.031
模型7	112.745	84	1.342	0.991	0.953	0.933	0.033

在此基础上本书对知识搜索与干中学具体维度的相关性进行了检验（如图6.6和图6.7所示）。具体而言：第一，中国跨国企业标杆瞄准对市场反应性有显著的正向影响（β=0.27，P<0.01），假设3a得到验证性支

持；第二，中国跨国企业标杆瞄准对市场绩效有显著的正向影响（$\beta=0.38$，$P<0.001$），假设3b得到验证性支持；第三，中国跨国企业试错对市场反应性有显著的正向影响（$\beta=0.23$，$P<0.05$），假设3c得到验证性支持；第四，中国跨国企业试错对市场绩效影响不显著（$\beta=0.15$，$P>0.05$），假设3d没有得到验证性支持；第五，中国跨国企业快速响应对市场反应性影响不显著（$\beta=0.04$，$P>0.05$），假设3e没有得到验证性支持；第六，中国跨国企业快速响应对市场绩效有显著的正向影响（$\beta=0.29$，$P<0.001$），假设3f得到验证性支持。

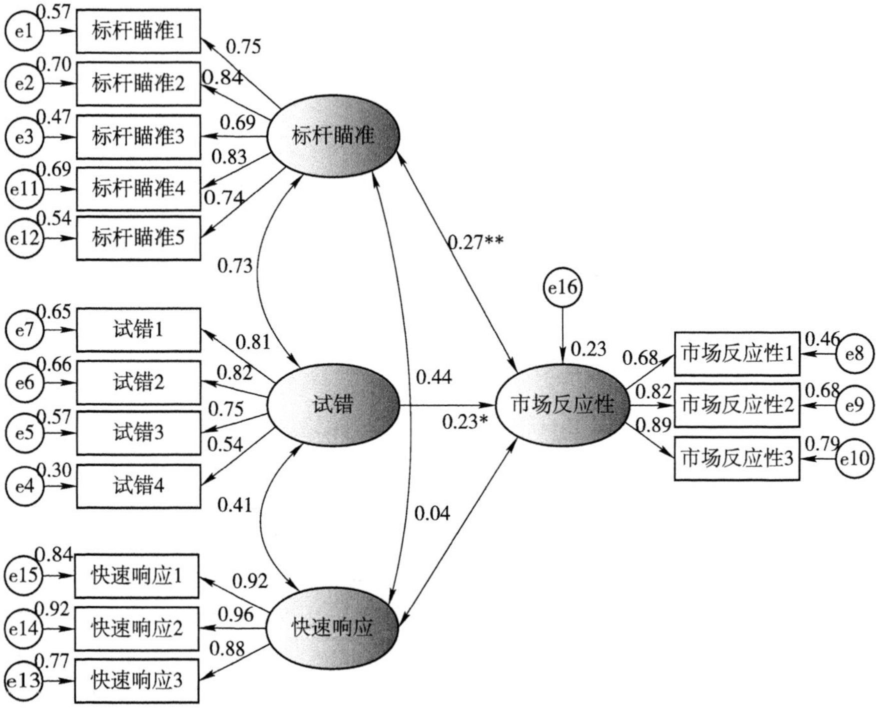

图6.6 干中学对市场反应性的结构方程模型图（模型6）

注：***表示P<0.001，**表示p<0.01，*表示p<0.05。

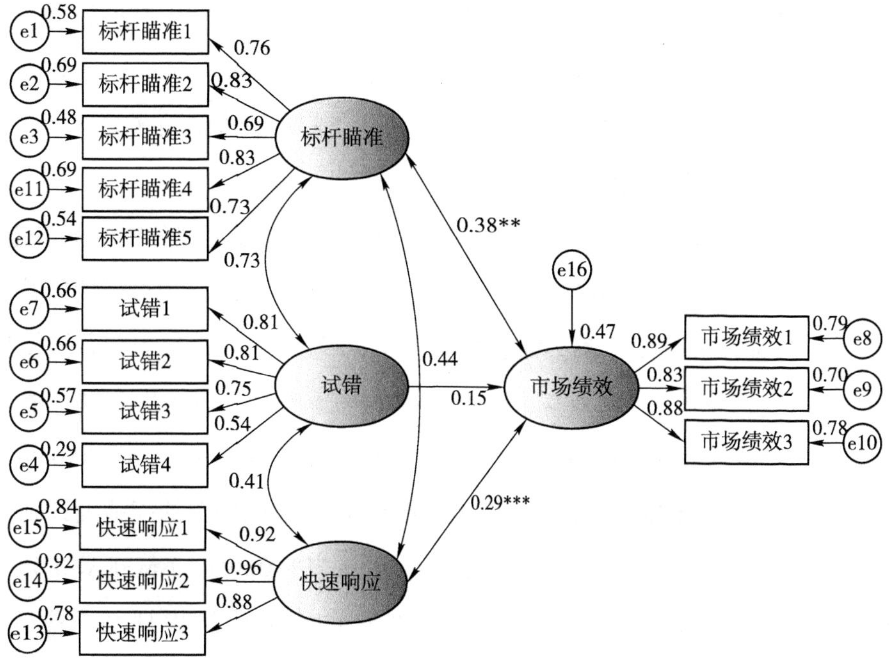

图6.7 干中学对市场绩效的结构方程模型图（模型7）

注：*** 表示 P<0.001，** 表示 p<0.01，* 表示 p<0.05。

（二）干中学的中介作用分析

在中介效应检验方法的选取上，大部分研究采用的是Baron和Kenny（1986）提出的因果逐步回归的检验方法，这种方法在评估多中介模型时存在弊端。评估中介作用时最重要的是评估中介变量特定的间接效果（Brown，1997），但因果逐步回归的检验方法依赖于对单个路径的一组测试，而不是测试特定的间接效果，并且不产生中介效果的点估计或标准误。随后，也有学者推荐可以直接检验中介效应的Sobel检验，但是Sobel检验的有效性仍存在较大的弊端，且因果逐步回归的检验方法和Sobel检验方法更适用于一个中介的模型检验（Holbert and Stephenson，2003），而本书属于多中介模型检验，更适用于采取结构方程模型进行中介效应分析（Dillard，2002）。

因此，本书参照MacKinnon（1998，2002）的意见，用Taylor和MacKinnon（2008）提出的Bootstrapping检验方法，通过计算上下界置信区间检验间接效应是否显著（Preacher and Hayes，2008），对干中学在路径“知识搜索→国际市场适应性”所起的中介效应进行检验，如果Percentile Method和Bias-corrected Percentile Method在95%置信度下间接效应信赖区间均不包含零，则可认为中介效应显著。

在进行中介效应分析之前，本书依然遵循结构方程模型分析“两步走”的原则（Thomopson，2004），对知识搜索、干中学与国际市场适应性的关系模型进行验证性拟合度检验（如表6.14所示）。统计分析结果表明，该模型的配适度可以接受。具体而言，组织间搜索—干中学—市场反应性（模型8）的配适度评估数据为：x^2/df=1.672，CFI=0.973，GFI=0.929，AGFI=0.907，RMSEA=0.047；组织间搜索—干中学—市场绩效（模型9）的配适度评估数据为：x^2/df=1.879，CFI=0.968，GFI=0.918，AGFI=0.891，RMSEA=0.053；组织内搜索—干中学—市场反应性（模型10）的配适度评估数据为：x^2/df=1.743，CFI=0.972，GFI=0.920，AGFI=0.896，RMSEA=0.049；组织内搜索—干中学—市场绩效（模型11）的配适度评估数据为：x^2/df=1.684，CFI=0.976，GFI=0.922，AGFI=0.899，RMSEA=0.047。通过模型拟合指标与评估标准比对可知，该模型可以被接受。

表6.14　干中学中介作用结构方程模型的拟合指标一览表（N=309）

拟合指数	x^2	df	x^2/df	CFI	GFI	AGFI	RMSEA
良好拟合	—	—	（0，2]	>0.95	>0.95	>0.90	<0.05
可以接受	—	—	（2，3]	>0.90	>0.90	>0.85	<0.08
模型8	215.665	129	1.672	0.973	0.929	0.907	0.047
模型9	242.453	129	1.879	0.968	0.918	0.891	0.053
模型10	254.534	146	1.743	0.972	0.920	0.896	0.049
模型11	245.833	146	1.684	0.976	0.922	0.899	0.047

（1）干中学对组织间搜索与市场反应性中介效应检验。本书构建了干中学在路径“组织间搜索→市场反应性”中介效应的模型图（如图6.8所示）。Bootstrapping检验结果表明（如表6.15所示），干中学的三个维度标杆瞄准、试错和快速响应作为中介变量对组织间搜索与市场反应性中介效应检验结果如下。

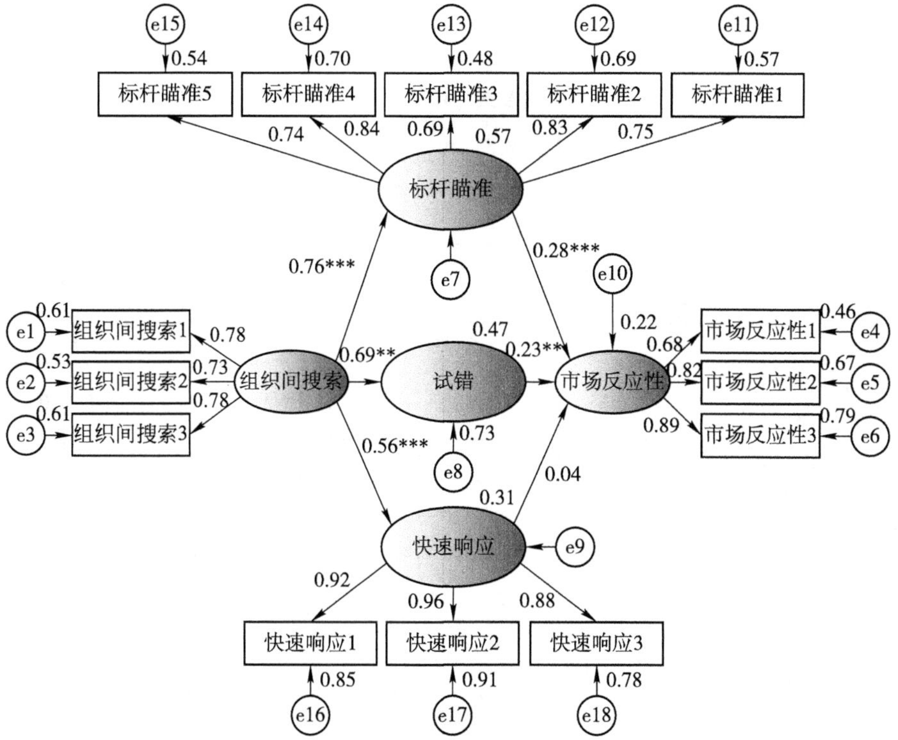

图6.8 干中学对组织间搜索与市场反应性的中介效应分析（模型8）

注：***表示P<0.001，**表示p<0.01，*表示p<0.05。

第一，在以标杆瞄准为中介变量的组织间搜索和市场反应性的相互作用关系中，组织间搜索对市场反应性的间接效应点估计值的Z值为2.646，大于1.96，Percentile Method和Bias-corrected Percentile Method在95%置信度下间接效应信赖区间均不包含零，表明“组织间搜索→标杆瞄准→市场反应性”的中介效应显著，因组织间搜索对市场反应性没有显著的直接效应，故标杆瞄准对组织间搜索与市场反应性有完全中介效应。

第二，在以试错为中介变量的组织间搜索和市场反应性的相互作用关系中，组织间搜索对市场反应性的间接效应点估计值的Z值为2.366，大于1.96，Percentile Method和Bias-corrected Percentile Method在95%置信度下间接效应信赖区间均不包含零，表明“组织间搜索→试错→市场反应性”的中介效应显著，因组织间搜索对市场反应性没有显著的直接效应，故试错对组织间搜索与市场反应性有完全中介效应。

表6.15　干中学对组织间搜索与市场反应性中介效应检验报告表

路径	点估计值	系数相乘积（Product of Coefficients）		自助法（Bootstraping）			
				BC 95% CI		Percentile 95% CI	
		SE	Z	Lower	Upper	Lower	Upper
中介效果							
组织间搜索→标杆瞄准→市场反应性	0.127	0.048	2.646	0.043	0.23	0.036	0.223
组织间搜索→试错→市场反应性	0.097	0.041	2.366	0.024	0.186	0.023	0.184
组织间搜索→快速响应→市场反应性	0.013	0.026	0.500	−0.036	0.066	−0.037	0.065
TOTAL	0.238	0.042	5.667	0.163	0.33	0.16	0.325
差异性比较							
标杆瞄准—试错	0.03	0.078	0.385	−0.123	0.181	−0.128	0.178
试错—快速反应	0.084	0.053	1.585	−0.016	0.191	−0.014	0.193
标杆瞄准—快速反应	0.114	0.058	1.966	0.007	0.236	0.001	0.229

注：5000次Bootstraping；BC为Bias-corrected的缩写；N=309。

第三，在以快速响应为中介变量的组织间搜索和市场反应性的相互作用关系中，组织间搜索对市场反应性的间接效应点估计值的Z值为0.500，小于1.96，Percentile Method和Bias-corrected Percentile Method在95%置信度下间接效应信赖区间均不包含零，表明“组织间搜索→快速响应→市场反应性”的中介效应不显著。

此外，本书还对存在中介效应的变量标杆瞄准与试错的差异性进行了比较，标杆瞄准与试错的点估计值的Z值为0.385，小于1.96，Percentile Method和Bias-corrected Percentile Method在95%置信度下间接效应信赖区间均不包含零，表明标杆瞄准与试错之间的中介效应没有显著差异。

（2）干中学对组织间搜索与市场绩效中介效应检验。本书构建了干中学在路径“组织间搜索→市场绩效”中介效应的模型图（如图6.9所示）。

Bootstrapping检验结果如表6.16所示，干中学的三个维度标杆瞄准、试错和快速响应作为中介变量对组织间搜索与市场绩效中介效应检验结果如下。

第一，在以标杆瞄准为中介变量的组织间搜索和市场绩效的相互作用关系中，组织间搜索对市场绩效的间接效应点估计值的Z值为3.646，大于1.96，Percentile Method和Bias-corrected Percentile Method在95%置信度下间接效应信赖区间均不包含零，表明“组织间搜索→标杆瞄准→市场绩效”的中介效应显著，因组织间搜索对市场绩效有显著的直接效应，故标杆瞄准对组织间搜索与市场绩效具有部分中介效应。

第二，在以试错为中介变量的组织间搜索和市场绩效的相互作用关系中，组织间搜索对市场绩效的间接效应点估计值的Z值为1.739，小于1.96，Percentile Method和Bias-corrected Percentile Method在95%置信度下间接效应信赖区间均不包含零，表明“组织间搜索→试错→市场绩效”的中介效应不显著。

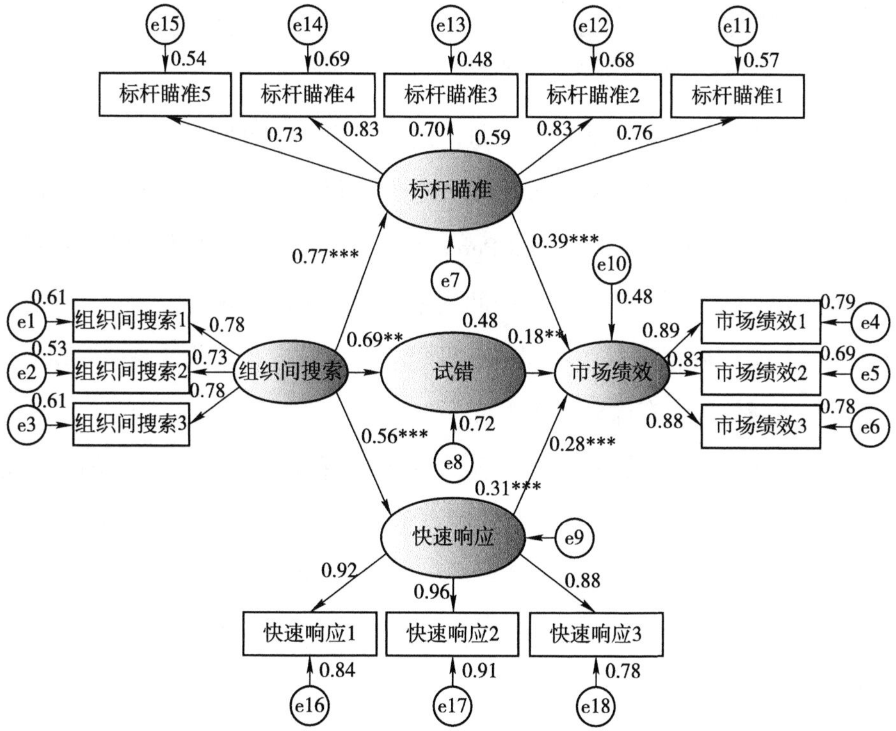

图6.9 干中学对组织间搜索与市场绩效的中介效应分析（模型9）

注：***表示P<0.001，**表示p<0.01，*表示p<0.05。

表6.16　干中学对组织间搜索与市场绩效中介效应检验报告表

路径	点估计值	系数相乘积（Product of Coefficients）		自助法（Bootstraping）			
				BC 95% CI		Percentile 95% CI	
		SE	*Z*	Lower	Upper	Lower	Upper
中介效果							
组织间搜索→标杆瞄准→市场绩效	0.288	0.079	3.646	0.152	0.472	0.144	0.457
组织间搜索→试错→市场绩效	0.12	0.069	1.739	−0.008	0.262	−0.01	0.261
组织间搜索→快速响应→市场绩效	0.148	0.042	3.524	0.076	0.244	0.071	0.237
TOTAL	0.555	0.06	9.250	0.443	0.676	0.443	0.676
差异性比较							
标杆瞄准—试错	0.168	0.133	1.263	−0.083	0.444	−0.089	0.438
试错—快速反应	−0.028	0.082	−0.341	−0.19	0.133	−0.187	0.137
标杆瞄准—快速反应	0.139	0.1	1.390	−0.041	0.357	−0.046	0.348

注：5000次Bootstraping；BC为Bias-corrected的缩写；*N*=309。

第三，在以快速响应为中介变量的组织间搜索和市场绩效的相互作用关系中，组织间搜索对市场绩效的间接效应点估计值的*Z*值为3.524，大于1.96，Percentile Method和Bias-corrected Percentile Method在95%置信度下间接效应信赖区间均不包含零，表明“组织间搜索→快速响应→市场绩效”的中介效应显著，因组织间搜索对市场绩效有显著的直接效应，故快速响应对组织间搜索与市场绩效间具有部分中介效应。

此外，本书还对存在中介效应的变量标杆瞄准与快速响应的差异性进行了比较，标杆瞄准与快速响应的点估计值的*Z*值为1.390，小于1.96，Percentile Method和Bias-corrected Percentile Method在95%置信度下间接效应信赖区间均不包含零，表明标杆瞄准与快速响应之间的中介效应没有显著差异。

（3）干中学对组织内搜索与市场反应性中介效应检验。本书构建了干中学在路径“组织内搜索→市场反应性”中介效应的模型图（如图6.10所示）。Bootstrapping检验结果如表6.17所示，干中学的三个维度标杆瞄准、试错和快速响应作为中介变量对组织内搜索与市场反应性中介效应检验结果如下。

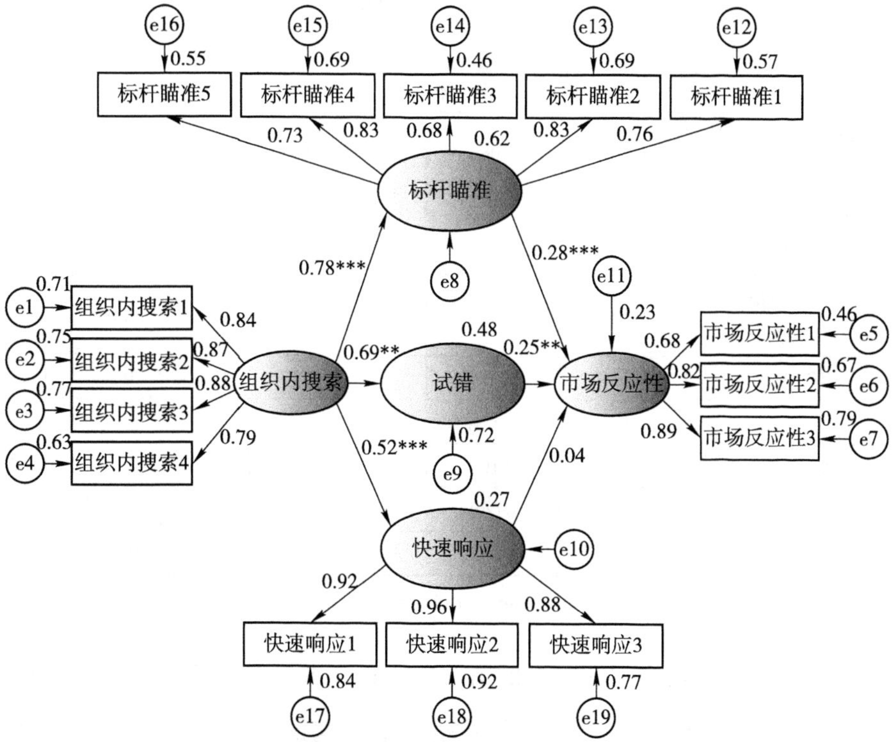

图6.10 干中学对组织内搜索与市场反应性的中介效应分析（模型10）

注：***表示P<0.001，**表示p<0.01，*表示p<0.05。

第一，在以标杆瞄准为中介变量的组织内搜索和市场反应性的相互作用关系中，组织内搜索对市场反应性的间接效应点估计值的Z值为2.538，大于1.96，Percentile Method和Bias-corrected Percentile Method在95%置信度下间接效应信赖区间均不包含零，表明“组织内搜索→标杆瞄准→市场反应性”的中介效应显著，因组织内搜索对市场反应性有显著的直接效应，故标杆瞄准对组织内搜索与市场反应性间具有部分中介效应。

表6.17 干中学对组织内搜索与市场反应性中介效应检验报告表

路径	点估计值	系数相乘积（Product of Coefficients）		自助法（Bootstraping）			
			BC 95% CI		Percentile 95% CI		
		SE	Z	Lower	Upper	Lower	Upper
中介效果							
组织内搜索→标杆瞄准→市场反应性	0.165	0.065	2.538	0.051	0.306	0.044	0.3
组织内搜索→试错→市场反应性	0.128	0.056	2.286	0.033	0.252	0.032	0.249
组织内搜索→快速响应→市场反应性	0.015	0.03	0.500	−0.042	0.074	−0.046	0.072
TOTAL	0.309	0.054	5.722	0.214	0.428	0.21	0.424
差异性比较							
标杆瞄准—试错	0.037	0.104	0.356	−0.176	0.234	−0.179	0.232
试错—快速反应	0.113	0.069	1.638	−0.007	0.268	−0.009	0.263
标杆瞄准—快速反应	0.15	0.078	1.923	0.006	0.317	0.004	0.314

注：5000次Bootstraping；BC为Bias-corrected的缩写；N=309。

第二，在以试错为中介变量的组织内搜索和市场反应性的相互作用关系中，组织内搜索对市场反应性的间接效应点估计值的Z值为2.286，大于1.96，Percentile Method和Bias-corrected Percentile Method在95%置信度下间接效应信赖区间均不包含零，表明“组织内搜索→试错→市场反应性”的中介效应显著，因组织内搜索对市场反应性有显著的直接效应，故试错对组织内搜索与市场反应性具有部分中介效应。

第三，在以快速响应为中介变量的组织内搜索和市场反应性的相互作用关系中，组织内搜索对市场反应性的间接效应点估计值的Z值为0.500，小于1.96，Percentile Method和Bias-corrected Percentile Method在95%置信度下间接效应信赖区间均不包含零，表明“组织内搜索→快速响应→市场反应性”的中介效应不显著。

此外，本书还对存在中介效应的变量标杆瞄准与试错的差异性进行了比较，标杆瞄准与试错的点估计值的Z值为0.356，小于1.96，Percentile Method和Bias-corrected Percentile Method在95%置信度下间接效应信赖区间均不包含零，表明标杆瞄准与试错之间的中介效应没有显著差异。

（4）干中学对组织内搜索与市场绩效中介效应检验。本书构建了干中学在路径“组织内搜索→市场绩效”中介效应的模型图（如图6.11所示）。Bootstrapping检验结果如表6.18所示，干中学的三个维度标杆瞄准、试错和快速响应作为中介变量对组织内搜索与市场绩效中介效应检验结果如下。

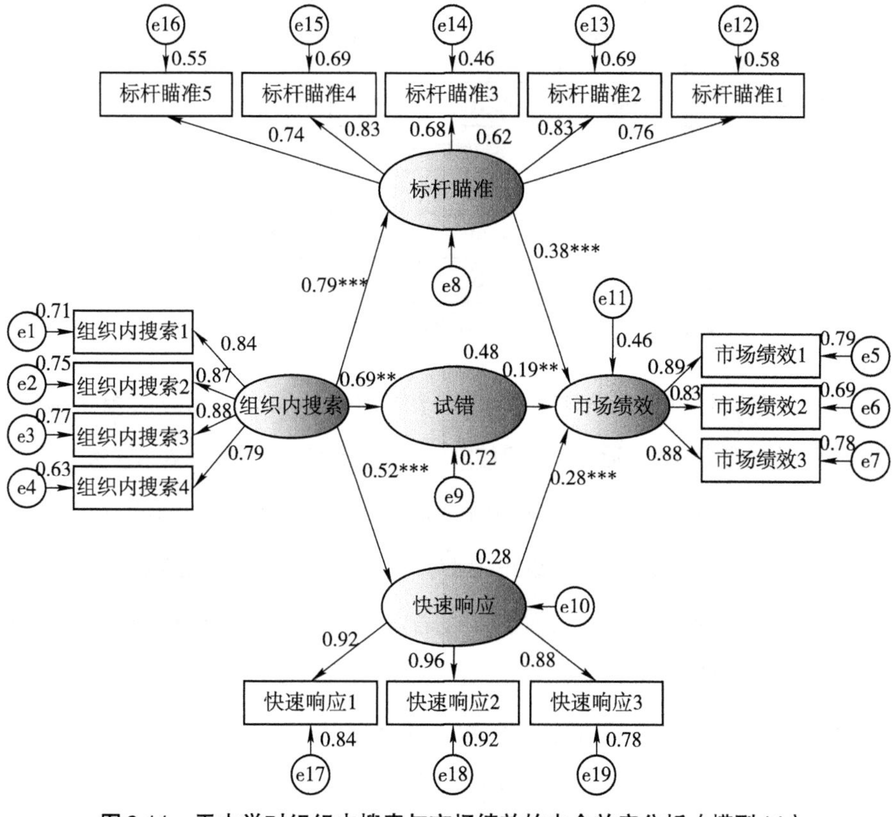

图6.11　干中学对组织内搜索与市场绩效的中介效应分析（模型11）

注：***表示P<0.001，**表示p<0.01，*表示p<0.05。

表6.18 干中学对组织内搜索与市场绩效中介效应检验报告表

路径	点估计值	系数相乘积（Product of Coefficients）		自助法（Bootstraping）			
				BC 95% CI		Percentile 95% CI	
		SE	Z	Lower	Upper	Lower	Upper
中介效果							
组织内搜索→标杆瞄准→市场绩效	0.351	0.096	3.656	0.169	0.549	0.168	0.549
组织内搜索→试错→市场绩效	0.155	0.088	1.761	-0.006	0.339	-0.007	0.338
组织内搜索→快速响应→市场绩效	0.176	0.049	3.592	0.093	0.287	0.09	0.282
TOTAL	0.683	0.078	8.756	0.539	0.847	0.541	0.849
差异性比较							
标杆瞄准—试错	0.196	0.166	1.181	-0.143	0.508	-0.14	0.513
试错—快速反应	-0.021	0.101	-0.208	-0.216	0.179	-0.21	0.182
标杆瞄准—快速反应	0.175	0.119	1.471	-0.055	0.414	-0.055	0.414

注：5000次Bootstraping；BC为Bias-corrected的缩写；N=309。

第一，在以标杆瞄准为中介变量的组织内搜索和市场绩效的相互作用关系中，组织内搜索对市场绩效的间接效应点估计值的Z值为3.656，大于1.96，Percentile Method和Bias-corrected Percentile Method在95%置信度下间接效应信赖区间均不包含零，表明“组织内搜索→标杆瞄准→市场绩效”的中介效应显著，因组织内搜索对市场绩效有显著的直接效应，故标杆瞄准对组织内搜索与市场绩效具有部分中介效应。

第二，在以试错为中介变量的组织内搜索和市场绩效的相互作用关系中，组织内搜索对市场绩效的间接效应点估计值的Z值为1.761，小于1.96，Percentile Method和Bias-corrected Percentile Method在95%置信度下间接效应信赖区间均不包含零，表明“组织内搜索→试错→市场绩效”的中介效应不显著。

第三，在以快速响应为中介变量的组织内搜索和市场绩效的相互作用关系中，组织内搜索对市场绩效的间接效应点估计值的Z值为3.592，大于1.96，

Percentile Method和Bias-corrected Percentile Method在95%置信度下间接效应信赖区间均不包含零，表明“组织内搜索→快速响应→市场绩效”的中介效应显著，因组织内搜索对市场绩效有显著的直接效应，故快速响应对组织内搜索与市场绩效具有部分中介效应。

此外，本书还对存在中介效应的变量标杆瞄准与快速响应的差异性进行了比较，标杆瞄准与快速响应的点估计值的Z值为0.208，小于1.96，Percentile Method和Bias-corrected Percentile Method在95%置信度下间接效应信赖区间均不包含零，表明标杆瞄准与快速响应之间的中介效应没有显著差异。

（三）资源约束的调节作用分析

本书采取阶层式的调节回归分析方法对资源约束调节效果进行检验，为了降低中介效应模型分析过程中的多重共线性的影响，本书参照Cohen等人（2003）的意见，将知识搜索、资源约束和干中学的所有变量进行标准化处理，然后把调节效果所涉及的自变量、因变量与乘积交互项纳入分析模型中，检验各变量间的作用关系。

1.资源约束对知识搜索与标杆瞄准的调节效果检验

在资源约束对知识搜索与标杆瞄准之间调节作用过程中，使用阶层式的调节回归分析方法。具体而言：步骤1，控制效应检验，将企业成立时间、国际化年限两个控制变量放入模型中进行回归分析；步骤2，主效应检验，将组织间搜索、组织内搜索、资源约束三个解释变量放入模型中进行回归分析；步骤3，调节效果检验，将变量的乘积交互项“资源约束 × 组织间搜索”“资源约束 × 组织内搜索”放入模型中进行回归分析。据分析结果可知（如表6.19所示），资源约束与组织间搜索的乘积交互项对标杆瞄准的作用关系不显著（β=0.017，P>0.05），因此，资源约束对组织间搜索与标杆瞄准之间的关系没有显著的调节作用，假设5a未能得到验证性支持；资源约束与组织内搜索的乘积交互项对标杆瞄准的作用关系不显著（β=−0.038，P>0.05），因此，资源约束对组织内搜索与标杆瞄准之间的关系没有显著的调节作用，假设5d未能得到验证性支持。

表6.19　资源约束对知识搜索与标杆瞄准关系的调节效果

因变量	因变量：标杆瞄准					
	步骤1：控制效应		步骤2：主效应		步骤3：调节效果	
	β	t	β	t	β	t
控制变量						
企业性质	0.097	1.322	0.007	0.138	0.006	0.117
成立时间	0.004	2.442**	0.001	0.460	0.001	0.477
国际化年限	–0.015	–0.782	0.007	0.573	0.007	0.575
解释变量						
组织间搜索	–	–	0.223	3.806***	0.219	3.583***
组织内搜索	–	–	0.575	9.835***	0.575	9.653***
资源约束	–	–	–0.071	–1.477	–0.069	–1.408
交互项						
组织内搜索 × 资源约束	–	–	–	–	0.017	0.298
组织间搜索 × 资源约束	–	–	–	–	–0.038	–0.688
R^2	0.053		0.595		0.596	
调整后 R^2	0.039		0.582		0.579	
F	3.690**		86.982***		0.253	

注：N=309；*** 表示 P<0.001，** 表示 P<0.01，* 表示 P<0.05。

2. 资源约束对知识搜索与试错的调节效果检验

在资源约束对知识搜索与试错之间调节作用过程中，使用阶层式的调节回归分析方法。具体而言：步骤1，控制效应检验，将企业成立时间、国际化年限两个控制变量放入模型中进行回归分析；步骤2，主效应检验，将组织间搜索、组织内搜索、资源约束三个解释变量放入模型中进行回归分析；步骤3，调节效果检验，将变量的乘积交互项"资源约束 × 组织间搜索""资源约束 × 组织内搜索"放入模型中进行回归分析。据分析结果可知（如表6.20所示），资源约束与组织间搜索的乘积交互项对试错的作用关系具有显著的正向影响作用（β=0.172，P<0.05），因此，资源约束对组织间搜索与试错之间的关系有显著的正向调节作用，假设5b得到验证性支持；资源约束与组织内搜索的乘积交互项对试错的作用关系具有显著的负向影响作用（β=–0.213，P<0.01），因此，资源

约束对组织内搜索与试错之间的关系有显著的负向调节作用，假设5e得到验证性支持。

表6.20　资源约束对知识搜索与试错关系的调节效果

因变量	因变量：试错					
	步骤1：控制效应		步骤2：主效应		步骤3：调节效果	
	β	t	β	t	β	t
控制变量						
企业性质	0.059	0.767	−0.029	−0.458	−0.028	−0.450
成立时间	0.004	1.919	0.001	0.890	0.002	1.196
国际化年限	−0.022	−1.073	−0.002	−0.093	−0.001	−0.058
解释变量						
组织间搜索			0.264	3.554***	0.217	2.883**
组织内搜索			0.435	5.880***	0.456	6.184***
资源约束			0.079	1.302	0.084	1.402
交互项						
组织内搜索 × 资源约束					0.172	2.376*
组织间搜索 × 资源约束					−0.213	−3.156**
R^2	0.032		0.385		0.416	
调整后 R^2	0.017		0.366		0.392	
F	2.155		37.393***		5.088**	

注：N=309；*** 表示 P<0.001，** 表示 P<0.01，* 表示 P<0.05。

3. 资源约束对知识搜索与快速响应的调节效果检验

在资源约束对知识搜索与试错之间调节作用过程中，使用阶层式的调节回归分析方法。具体而言：步骤1，控制效应检验，将企业成立时间、国际化年限两个控制变量放入模型中进行回归分析；步骤2，主效应检验，将组织间搜索、组织内搜索、资源约束三个解释变量放入模型中进行回归分析；步骤3，调节效果检验，将变量的乘积交互项“资源约束 × 组织间搜索”“资源约束 × 组织内搜索”放入模型中进行回归分析。据分析结果可知（如表6.21所示），资源约束与组织间搜索的乘积交互项对快速响应的作用关系具有显著的正向影响作用（β=0.164，P<0.05），因此，资源约束对组织间搜索与快速响应

之间的关系有显著的正向调节作用，假设5c得到验证性支持；资源约束与组织内搜索的乘积交互项对快速响应的作用关系具有显著的正向影响作用（β=-0.154，P<0.05），因此，资源约束对组织内搜索与快速响应之间的关系有显著的正向调节作用，假设5f得到验证性支持。

表6.21　资源约束对知识搜索与快速响应关系的调节效果

因变量	因变量：快速响应					
	步骤1：控制效应		步骤2：主效应		步骤3：调节效果	
	β	t	β	t	β	t
控制变量						
企业性质	0.242	3.354***	0.179	2.835**	0.184	2.922**
成立时间	0.003	1.791	0.000	0.150	0.001	0.458
国际化年限	−0.032	−1.674	−0.017	−1.043	−0.017	−1.018
解释变量						
组织间搜索	—	—	0.197	2.610**	0.152	1.969*
组织内搜索	—	—	0.325	4.325***	0.348	4.613***
资源约束	—	—	−0.081	−1.304	−0.082	−1.332
交互项						
组织内搜索 × 资源约束	—	—	—	—	0.164	2.216*
组织间搜索 × 资源约束	—	—	—	—	−0.154	−2.225*
R^2	0.103		0.336		0.356	
调整 R^2	0.090		0.316		0.330	
F	7.594***		22.812***		3.008*	

注：根据本书整理，N=309；***表示P<0.001，**表示P<0.01，*表示P<0.05。

（四）制度复杂性的调节作用分析

1. 制度复杂性对干中学与市场反应性的调节效果检验

在制度复杂性对干中学与市场反应性之间调节作用过程中，使用阶层式的调节回归分析方法。具体而言：步骤1，控制效应检验，将企业成立时间、国际化年限两个控制变量放入模型中进行回归分析；步骤2，主效应检验，将标杆瞄准、试错、快速响应、制度复杂性四个解释变量放入模型中进行回归分析；步骤3，调节效果检验，将变量的乘积交互项“制度复杂性 × 标杆瞄准”“制度复杂性 × 试错”“制度复杂性 × 快速响应”放入模型中进行回归分析。据分析结果可知（如表6.22所示），制度复杂性与标杆瞄准的乘积交互项对市场反应性的作用关系不显著（β=–0.066，P>0.05），因此，制度复杂性对标杆瞄准与市场反应性之间的关系没有显著的调节作用，假设6a未能得到验证性支持；制度复杂性与试错的乘积交互项对市场反应性的作用关系不显著（β=0.132，P>0.05），因此，制度复杂性对试错与市场反应性之间的关系没有显著的调节作用，假设6c未能得到验证性支持；制度复杂性与快速响应的乘积交互项对市场反应性的作用关系不显著（β=–0.044，P>0.05），因此，制度复杂性对快速响应与市场反应性之间的关系没有显著的调节作用，假设6e未能得到验证性支持。

表6.22 制度复杂性对干中学与市场反应性关系的调节效果

因变量	因变量：市场反应性					
	步骤1：控制效应		步骤2：主效应		步骤3：调节效果	
	β	t	β	t	β	t
控制变量						
企业性质	0.006	0.086	–0.020	–0.281	–0.024	–0.336
成立时间	0.001	0.286	–0.001	–0.448	–0.001	–0.474
国际化年限	–0.031	–1.614	–0.021	–1.115	–0.019	–0.998
解释变量						
标杆瞄准	—	—	0.098	1.022	0.080	0.766
试错	—	—	–0.022	–0.266	–0.012	–0.143
快速响应	—	—	0.170	1.796	0.222	2.242*
制度复杂性	—	—	–0.115	–1.226	–0.093	–0.944
交互项						
制度复杂性 × 标杆瞄准	—	—	—	—	–0.066	–0.887
制度复杂性 × 试错	—	—	—	—	0.132	1.975
制度复杂性 × 快速响应	—	—	—	—	–0.044	–0.563
R^2	0.013		0.123		0.141	
调整 R^2	0.002		0.091		0.096	
F	0.892		6.036***		1.329	

注：根据本书整理，N=309；***表示P<0.001，**表示P<0.01，*表示P<0.05。

2. 制度复杂性对干中学与市场绩效的调节效果检验

在制度复杂性对干中学与市场绩效之间调节作用过程中，使用阶层式的调节回归分析方法。具体而言：步骤1，控制效应检验，将企业成立时间、国际化年限两个控制变量放入模型中进行回归分析；步骤2，主效应检验，将标杆瞄准、试错、快速响应、制度复杂性四个解释变量放入模型中进行回归分析；步骤3，调节效果检验，将变量的乘积交互项“制度复杂性 × 标杆瞄准”“制度复杂性 × 试错”“制度复杂性 × 快速响应”放入模型中进行回归分析。据分析结果可知（如表6.23所示），制度复杂性与标杆瞄准的乘积交互项对市场绩效的作用关系显著（β=–0.130，P<0.05），因此，制度复杂性对标杆瞄准与市场绩效之间的关系有显著的调节作用，假设6b得到验证性支持；制度复杂性与试错的乘积交互项对市场绩效的作用关系显著（β=0.263，P<0.001），因此，制度复杂性对试错与市场绩效之间的关系有显著的调节作用，假设6d得到验证性支持；制度复杂性与快速响应的乘积交互项对市场绩效的作用关系不显著（β=–0.136，P<0.05），因此，制度复杂性对快速响应与市场绩效之间的关系有显著的调节作用，假设6f得到验证性支持。

表6.23　制度复杂性对干中学与市场绩效关系的调节效果

因变量	因变量：市场绩效					
	步骤1：控制效应		步骤2：主效应		步骤3：调节效果	
	β	t	β	t	β	t
控制变量						
企业性质	0.162	2.175*	0.055	0.900	0.046	0.787
成立时间	0.002	1.316	0.000	–0.212	0.000	–0.230
国际化年限	–0.021	–1.075	0.002	0.096	0.007	0.465
解释变量						
标杆瞄准	—	—	0.302	3.715***	0.266	3.170**
试错	—	—	0.232	3.382***	0.258	3.869***
快速响应	—	—	0.022	0.273	0.128	1.607
制度复杂性	—	—	–0.195	–2.460	–0.135	–1.701
交互项						

续表

因变量	因变量：市场绩效					
	步骤1：控制效应		步骤2：主效应		步骤3：调节效果	
	β	t	β	t	β	t
制度复杂性 × 标杆瞄准	—	—	—	—	–0.130	–2.161*
制度复杂性 × 试错	—	—	—	—	0.263	4.886***
制度复杂性 × 快速响应	—	—	—	—	–0.136	–2.163*
R^2	0.049		0.401		0.470	
调整 R^2	0.035		0.380		0.442	
F	3.402*		28.395***		8.160***	

注：N=309；*** 表示 P<0.001，** 表示 P<0.01，* 表示 P<0.05。

二、研究假设总结

本节采用实证分析的方法对第四章所发展的研究假设进行了检验，研究结果表明大部分假设得到验证性支持（如表6.24所示）。

表6.24　研究假设结果归纳表

假设内容	结论
假设1：中国跨国企业知识搜索对国际市场适应性具有显著的正向影响	
假设1a：中国跨国企业的组织间搜索正向影响其市场反应性	不支持
假设1b：中国跨国企业的组织间搜索正向影响其市场绩效	支持
假设1c：中国跨国企业的组织内搜索正向影响其市场反应性	支持
假设1d：中国跨国企业的组织内搜索正向影响其市场绩效	支持
假设2：中国跨国企业知识搜索对干中学具有显著的正向影响	
假设2a：中国跨国企业的组织间搜索正向影响干中学过程中的标杆瞄准	支持
假设2b：中国跨国企业的组织内搜索正向影响干中学过程中的标杆瞄准	支持
假设2c：中国跨国企业的组织间搜索正向影响干中学过程中的试错	支持
假设2d：中国跨国企业的组织内搜索正向影响干中学过程中的试错	支持
假设2e：中国跨国企业的组织间搜索正向影响干中学过程中的快速响应	支持
假设2f：中国跨国企业的组织内搜索正向影响干中学过程中的快速响应	支持
假设3：中国跨国企业干中学对国际市场适应性具有显著的正向影响	
假设3a：中国跨国企业的标杆瞄准正向影响其市场反应性	支持

续表

假设内容	结论
假设3b：中国跨国企业的标杆瞄准正向影响其市场绩效	支持
假设3c：中国跨国企业的试错正向影响其市场反应性	支持
假设3d：中国跨国企业的试错正向影响其市场绩效	不支持
假设3e：中国跨国企业的快速响应正向影响其市场反应性	不支持
假设3f：中国跨国企业的快速响应正向影响其市场绩效	支持
假设4：中国跨国企业干中学在知识搜索与国际市场适应性之间有中介作用	
假设4a：干中学在组织间搜索与市场反应性之间存在中介作用	部分支持
假设4b：干中学在组织间搜索与市场绩效之间存在中介作用	部分支持
假设4c：干中学在组织内搜索与市场反应性之间存在中介作用	部分支持
假设4d：干中学在组织内搜索与市场绩效之间存在中介作用	部分支持
假设5：资源约束对中国跨国企业知识搜索与干中学有调节作用	
假设5a：资源约束正向调节组织间搜索与标杆瞄准之间的关系	不支持
假设5b：资源约束正向调节组织间搜索与试错之间的关系	支持
假设5c：资源约束正向调节组织间搜索与快速响应之间的关系	支持
假设5d：资源约束负向调节组织内搜索与标杆瞄准之间的关系	不支持
假设5e：资源约束负向调节组织内搜索与试错之间的关系	支持
假设5f：资源约束负向调节组织内搜索与快速响应之间的关系	支持
假设6：制度复杂性对中国跨国企业干中学与国际市场适应性有调节作用	
假设6a：制度复杂性正向调节标杆瞄准与市场反应性之间的关系	不支持
假设6b：制度复杂性正向调节标杆瞄准与市场绩效之间的关系	支持
假设6c：制度复杂性负向调节试错与市场反应性之间的关系	不支持
假设6d：制度复杂性负向调节试错与市场绩效之间的关系	支持
假设6e：制度复杂性正向调节快速响应与市场反应性之间的关系	不支持
假设6f：制度复杂性正向调节快速响应与市场绩效之间的关系	支持

第一，中国跨国企业知识搜索与国际市场适应性的关系。通过实证检验，本书发现中国跨国企业组织内搜索对国际市场适应性的市场反应性和市场绩效的作用关系得到验证支持（假设1c和1d）；中国跨国企业组织间搜索对市场绩效的作用关系得到验证支持（假设1b），但组织间知识搜索对市场反应性的作用关系不显著（假设1a），原因可能是组织间知识搜索跨越了组织知识禀赋、惯例、技术和区域边界，当中国跨国企业直接将所获取的组织间知识应

用于东道国市场时，未经编码和转化的陌生知识难以获得东道国市场的认同。

第二，中国跨国企业知识搜索与干中学的关系。通过实证检验，本书发现中国跨国企业的知识搜索与干中学过程中标杆瞄准之间的关系得到验证性支持（假设2a和2b）；中国跨国企业的知识搜索与干中学过程中试错之间的关系得到验证性支持（假设2c和2d）；中国跨国企业的知识搜索与干中学过程中快速响应之间的关系得到验证性支持（假设2e和2f），以上证实了中国跨国企业知识搜索与干中学之间的密切联系。

第三，中国跨国企业知识搜索与国际市场适应性的关系。通过实证检验，本书发现中国跨国企业干中学的标杆瞄准对市场反应性和市场绩效的作用关系得到验证支持（假设3a和3b）；中国跨国企业干中学的试错对市场反应性的作用关系得到验证支持（假设3c），但试错对市场绩效的作用关系没有得到验证支持（假设3d），原因可能是试错的过程伴随着成本的损耗，从而弱化了对市场绩效的影响；中国跨国企业干中学的快速响应对市场绩效的作用关系得到验证支持（假设3f），但快速响应对市场反应性的作用关系没有得到验证支持（假设3e）。

第四，干中学对知识搜索与国际市场适应性的中介作用。通过实证检验，本书发现干中学的标杆瞄准和试错在组织间搜索和市场反应性的相互作用关系中具有完全中介效应，快速响应对于组织间搜索与市场反应性的中介效应不显著，假设4a得到部分支持；干中学的标杆瞄准和快速响应在组织间搜索和市场绩效的相互作用关系中具有部分中介效应，试错对于组织间搜索与市场绩效的中介效应不显著，假设4b得到部分支持；干中学的标杆瞄准和试错在组织内搜索和市场反应性的相互作用关系中具有部分中介效应，快速响应对于组织内搜索与市场反应性的中介效应不显著，假设4c得到部分支持；干中学的标杆瞄准和快速响应在组织内搜索和市场绩效的相互作用关系中具有部分中介效应，试错对于组织内搜索与市场绩效的中介效应不显著，假设4d得到部分支持。通过对干中学中介效应的检验可以发现，干中学对于知识搜索与国际市场适应性的中介作用影响呈现差异性特点。

第五，资源约束对知识搜索与干中学的调节作用。通过实证检验，本书发现资源约束对组织间搜索与干中学的试错和快速响应调节作用得到验证性支持（假设5b和5c），但对组织间搜索与干中学的标杆瞄准调节作用不显著（假设5a）；资源约束对组织内搜索与干中学的试错和快速响应调节作用得到验证性支持（假设5e和5f），但对组织内搜索与干中学的标杆瞄准调节作用不显著（假设5d）。一方面，说明了资源约束情境对知识搜索与干中学之间关系的影响存在很大差异性；另一方面，可以发现中国跨国企业干中学的标杆瞄准并不受到资源约束的影响，这可能是因为中国跨国企业开展学习行为是必要手段。

第六，制度复杂性对知识搜索与干中学的调节作用。通过实证检验，本书发现制度复杂性对干中学与市场反应性之间的调节作用不显著（假设6a、假设6c和6e）；制度复杂性对干中学与绩效之间的调节作用得到验证性支持（假设6b、假设6d和6f），说明制度复杂性对中国跨国企业国际市场适应性的实现有着差异性的影响。

第七章
研究结论与展望

在系统收集、整理并提炼中国跨国企业相关理论和研究设计的基础上，考虑到中国跨国企业在国际市场拓展时所面临的资源和制度情境，本书将研究问题分解为三个方面的子研究问题，对中国跨国企业的知识搜索、干中学与国际市场适应性的关系进行深入的探讨。在理论基础和文献综述部分，本书梳理了现有研究的研究脉络，为案例分析与实证检验提供了坚实的理论基础，并归纳分析了现有研究的理论缺口；在案例分析部分，本书遵循复制逻辑，提炼了“知识搜索—干中学—国际市场适应性”的理论分析框架；在实证分析部分，本书引入了资源约束和制度复杂性两个关键的情境变量，在理论的指引下对整体模型构建的逻辑和研究设计进行了阐述，并形成相应的研究假设；最后，本书通过大样本实证分析方法，对研究模型中相关变量之间的相关性、中介效应、调节效果等作用关系进行系统性的检验，为研究结论的提炼提供可靠的分析依据。本章将对上述章节的理论推导过程、多案例研究及大样本实证检验所得到的结论进行总结，提炼本书的理论贡献与实践启示，最后指出研究的局限性和未来研究方向。

第一节　研究结论与管理启示

本节内容主要对案例分析和实证分析所得到的结论进行系统性的梳理和阐述，并根据研究结论有针对性地提炼本书的理论贡献与实践启示。

一、研究结论

通过案例分析与实证检验，本书的研究结论主要包含以下四个方面内容。

结论一：知识搜索为中国跨国企业实现国际市场适应性提供了必要的知识资源，组织内搜索和组织间搜索对于国际市场适应性的作用存在差异性。

跨国企业的一个关键竞争力来源又在全球范围内获取和利用知识（Cantwell and Mudambi，2005，2011；Ramamurti and Williamson，2019）。通过案例分析，本书发现关键性和必要性优势资源的缺失表现在中国跨国企业所拥有的知识基与在全球市场竞争中所需的至关重要的新知识之间的差距，具体表现为技术知识、市场知识和管理知识的差距。在面临知识差距的情况下，会触发中国跨国企业通过组织间搜索和组织内搜索寻求问题的解决方案，以获取分散在全球运营网络中的知识来增加企业知识存量，弥补自有知识基中存在的漏洞。具体而言，中国跨国企业通过组织间搜索可以扫描和监测不同组织的技术动态和市场趋势，拓宽企业知识的选择和接触范围，促进中国跨国企业从组织外部获取互补性的技术知识、市场知识和管理知识，弥补企业的知识缺口，为知识结构重组提供更多的可能性；通过组织内搜索，能够提升企业对于潜在价值知识和错误知识的警觉性，规避无效的搜索步骤并降低搜索成本，帮助中国跨国企业解构复杂知识结构中知识要素的因果联系。基于此，面对国际市场拓展过程中的知识差距，组织间搜索和组织内搜索为中国跨国企业国际市场适应性的实现提供了必要的资源支撑和保障。

然而，通过大样本的实证检验，本书发现组织间搜索和组织内搜索对于中国跨国企业国际市场适应性不同维度的作用存在差异性。具体而言，组织内知识搜索对国际市场适应性的市场反应性和市场绩效具有显著的正向影响，但组织间搜索仅对市场绩效有显著的正向影响，对市场反应性的作用不显著。这是因为组织内搜索能够规避国际市场拓展过程中可能出现的风险，降低知识搜索的成本，所获取的知识与企业既有知识基的关联性较高，易于被吸收和整合，在内部存储与转移上比通过外部市场更有效率（Kogut，2000；Kogut and Zander，1992）。尤其是对于中国跨国企业而言，由于组织惯性的存在，其在海外市场拓展的过程中更加熟悉如何运用组织内知识来激发市场的反应性，并带来市场绩效的提升。而组织间搜索通常跨越了组织知识禀赋、惯例、技术和区域边界（Nelson and Winter，1982；Katila and Ahuja，2002），如果奉行“拿来主义”，直接将组织间搜索所获取的知识应用于海外市场，则尽管会在短时间内获得较好的市场绩效，但是可能被扣上“模仿者”“抄袭者”的帽子，从而难以获取良好的市场反应。

结论二：中国跨国企业通过干中学的方式将知识搜索所获取的知识快速内化到企业的知识基中，干中学在知识搜索与国际市场适应性之间起着重要的中介作用。

知识搜索为中国跨国企业国际市场适应性的实现提供了“资源池”。但知识搜索所获取的知识通常具有无序性、复杂性、重叠性等特点，这种未被编码的知识与中国跨国企业原有知识惯例存在一定的差异性，很难被中国跨国企业直接转化、吸收（Meyer and Peng，2016；Demirbag et al.，2009）。通过案例分析，本书发现干中学是中国跨国企业知识搜索与国际市场适应性的内在作用机制，也是导致不同企业国际市场适应性呈现差异性特点的关键因素。在受到时间约束的情况下，中国跨国企业无法像发达市场跨国企业一样在知识储备充足以后才进行编码和转化，而是在知识整合的过程中呈现出干中学的特点，即不会拖延到找到最优或最合适的解决方案才采取行动，而是在应对约束和回应机会的过程中不断修正企业行为。进一步说，本书基于过程视角，将干中学划分为标杆瞄准、试错和快速响应三个方面。在干中学的过程中，标杆瞄准使中国跨国企业能够对行业领军企业的最佳经营实践进行追踪和模仿，以跳过市场调研、竞争分析以及目标需求预测等标准化的国际市场开发流程；试错使中国跨国企业可以通过标杆瞄准所获取的信息来确定优先级，并专注于解决问题和升级功能；而快速响应则通过在最短的时间内实现企业、利益相关者以及客户之间的有效互动，能够对试错过程中所确定的解决方案予以验证，并回馈于新一轮的标杆瞄准，在标杆瞄准、试错和快速响应的动态迭代中完成干中学知识的转化。

通过大样本的实证检验，本书进一步检验了干中学对知识搜索与国际市场适应性具体的中介作用，发现干中学过程中的标杆瞄准、试错和快速响应对知识搜索与国际市场适应性之间的中介作用具有较大的差异性。一方面，干中学中的标杆瞄准和试错对组织间搜索和市场反应性的关系具有完全中介效应，但快速响应的中介效应不显著。干中学的标杆瞄准和快速响应对组织内搜索和市场反应性的关系具有部分中介效应，但试错的中介效应不显著。这进一步验证了干中学对知识搜索尤其是组织间搜索所获取的知识资源的转化作用。但是值得注意的是，以市场反应性为基准，干中学对组织间搜索和组织内搜索所获取的知识转化作用有所不同。对于组织间搜索所获取的知识，通过干中学的标杆瞄准和试错能够提升中国跨国企业在海外市场的市场反应性。对于组织内搜索所获取的知识，通过干中学的标杆瞄准和快速反应能够更好地作用于市场反应性。另一方面，干中学中的标杆瞄准和快速响应对知识搜索（组织间搜索和组织内搜索）和市场绩效的关系具有部分中介效应，但试错的中介效应不显著。因此，当以市场绩效为基准时，无论是组织间搜索还是组织内搜索所获取的知识，通过干中学的标杆瞄准和快速响应都能很好地作用于中国跨国企业的市场绩效。

结论三：资源约束是中国跨国企业国际市场拓展的内生性情境，在知识搜索与干中学之间具有重要的调节效果且呈现出较大的差异性。

中国跨国企业国际化起步较晚，因而难以具备传统发达市场跨国企业可以转移的企业特定优势，导致其在国际市场拓展过程中面临着较强的资源约束（Hernandez，2018；Luo and Zhang，2016；Buckley et al.，2018；Kumar and Steenkamp，2013；Nair et al.，2015）。在面临着资源约束的情况下，中国跨国企业的国际市场拓展并不能简单重复传统跨国企业的发展路径，而是要对国际市场机会保持高度的警觉性，以期在不确定和竞争激烈的市场环境中寻求成长空间。面对资源约束，传统的资源基础逻辑认为，资源约束会掣肘企业的发展并影响企业的国际化进程，但通过实证检验，本书发现资源约束对知识搜索不同维度与干中学之间的调节作用有着极大的差异性，中国跨国企业需要根据资源约束情境来动态调整企业的知识搜索策略。

具体而言，在资源约束较强的情况下，中国跨国企业更愿意通过干中学的试错和快速响应对组织间搜索所获取的知识进行转化。通过搜索和引进行业领军企业的关键技术、与拥有卓越知识的企业结成战略联盟、并购持有所需知识的发达国家竞争对手等方式所获取的组织间知识，通常与既有知识差异较大，很难被中国跨国企业直接转化和吸收，而干中学能够通过重复性实验、持续性改进和适应性行动，对不同来源、不同结构的知识进行选择、配置和激活，使中国跨国企业逐渐辨别完成任务的最佳方式，从而提高中国跨国企业行动和决策的效率。尽管资源约束会刺激组织间搜索与干中学的互动效应，但是却弱化了组织内搜索与干中学的试错和快速响应之间的关系。在资源约束较强的情况下，中国跨国企业组织内搜索所获取的知识不倾向于以干中学的试错和快速响应的方式进行转化，这也说明了中国跨国企业的干中学并不贯穿国际市场拓展过程，而是针对不同的知识来源发挥差异性的作用。此外，值得注意的是，中国跨国企业知识搜索与干中学标杆瞄准之间的关系始终没有受到资源约束情境的影响，这也侧面验证了中国跨国企业在海外市场适应性实现过程中标杆瞄准的基础性作用。

结论四：制度复杂性是中国跨国企业国际市场拓展的外生性情境，在干中学与国际市场适应性之间具有重要的调节效果且呈现出较大的差异性。

制度复杂性是指在高度动荡或动态的制度环境下，正式规则（法律、法规、专业标准和程序）和非正式约束（习俗、规范和文化）交叉波动所形成的复杂制度结构（Kolstad and Wiig，2012；Lu et al.，2014；Wu and Chen，2014）。鉴于东道国的制度环境可能与其母国截然不同，因此国际扩张对于中国跨国企业而言是一个充满困难的过程（Guler and Guillen，2010），因为制度效应往往更加复杂，不仅存在多个方面，而且每个方面在不同时间阶段产生的影响也不同，即使在高度规范的制度环境中，政府效率、政治稳定、法律保护、公共服务和腐败寻租都会对企业的投资行为和日后面临的复杂环境产生不同的影响。从一般意义上而言，复杂的制度环境可能会抑制跨国企业的适应能力，从而导致其需求与所嵌入的业务系统不一致，因为在制度复杂性较高时，盲目的国际市场扩张会给跨国企业带来极大的风险。本书发现对于制度复杂性的影响不能“一刀切”，制度复杂性对于中国跨国企业干中学的不同维度与国际市场适应性之间的影响存在极大差异性。

通过大样本数据的实证检验，本书发现制度复杂性对于中国跨国企业的干中学与市场反应性之间的调节效果不显著，但是对于干中学与市场绩效之间的调节效果显著且具有较大差异性。第一，制度复杂性对于干中学的标杆瞄准与市场绩效有正向的调节作用，即当中国跨国企业的海外市场拓展面临的制度环境的复杂性越高时，中国跨国企业越愿意以标杆瞄准的形式实现绩效的增长。标杆瞄准可以使中国跨国企业寻求获取卓越绩效的行业最佳实践，从而改善从生产到销售的运营过程并提升企业绩效，尤其是在复杂的制度环境中，标杆瞄准可以使中国跨国企业规避制度风险，以减少触碰东道国市场“游戏规则”禁区所付出的代价。第二，制度复杂性对干中学的试错与市场绩效有负向的调节作用，即在复杂的制度环境下，试错与市场绩效之间的作用关系会被减弱，这是因为试错是在对错误知识和无用知识逐渐剔除的过程中，重新构造一个不包含已剔除知识的新知识基。试错的过程伴随着成本损耗与风险累积，在制度复杂性较高时，试错所产生的负面效应会被无限放大，尤其是当中国跨国企业误触东道国市场主体的利益时，会带来监管障碍，加剧外来者劣势。第三，制度复杂性对干中学的快速响应与市场绩效有正向的调节作用，即中国跨国企业在海外市场拓展时面临的制度环境复杂性越高，中国跨国企业越愿意以快速响应的形式实现绩效的增长。因为快速响应能够使中国跨国企业在短时间内实现企业与利益相关者、客户等东道国市场行为主体之间的有效互动，并提升对国际市场不确定性环境中机会和风险识别的警觉性。面对复杂的制度环境，快速响应能够使中国跨国企业捕捉到制度机会并进行套利。

二、理论贡献

针对研究结论，本书的理论贡献主要体现在以下四个方面。

理论贡献一：对于知识搜索与干中学交互下中国跨国企业的国际市场适应性实现机制的研究，解释了在面对资源与制度双重约束的情境下，中国跨国企业如何通过知识搜索与干中学的迭代提升国际市场适应性，拓宽了传统国际商务理论框架的解释边界。

本书根据中国跨国企业特有的资源优势以及在国际市场拓展过程中所表现出来的现实特点，基于效果逻辑构建并检验了"知识搜索—干中学—国际市场适应性"的理论框架，揭示了中国跨国企业国际市场适应性实现的内在机理，解释了中国跨国企业激进的国际市场扩张背后的理论逻辑。从Vernon的产品生命周期理论（Vernon，1966），到Johanson和Vahlne的国际化进程理论（Johanson and Vahlne，1977），从Dunning的国际生产折衷理论（Dunning，1977），到Rugman的CSA-FSA理论（Rugman，1981），国际商务的传统理论都是建立在对欧美等发达市场跨国企业观察基础之上的。尽管这些理论对企业国际化现象进行了有益的解释，但以中国为代表的新兴市场跨国企业所处的制度环境、自身的资源优势以及国际化成长路径具有极大差异性，其国际市场扩张并没有将缺乏知识和经验作为国际扩张的重大障碍，也未通过逐渐增加心理距离来进入和开发新市场，而是在国际市场扩张过程中表现得更具侵略性、主动性和冒险性（Kothari et al.，2013；Kotabe and Kothari，2016）。

本书认为中国跨国企业激进的国际市场扩张背后所体现的是与欧美发达市场跨国企业的"底层逻辑"差异。与欧美等发达市场跨国企业"风险规避"逻辑不同的是，作为全球市场的后发者，中国跨国企业更加强调"机会寻求"，在这种底层逻辑下，OLI理论所强调的传统的所有权优势或CSA-FSA理论所强调的企业特殊优势需要被重新定义（Luo and Tung，2007，2018；Mathews，2006，2017；Meyer and Thaijongrak，2013），即对于中国跨国企业的研究，以技术资源、品牌资产来衡量其是否具有所有权优势或企业特殊优势的理论认知是偏视的，事实上，中国跨国企业快速定位并搜索知识的能力，利用干中学的方式整合知识的能力，所体现的是有别于传统意义上的企业特殊优势，这使得中国跨国企业在国际市场扩张过程中能够打破资源与制度束缚，实现快速追赶。本书的理论观点响应了Ramamurti（2012，2016，2018）关于重新定义中国跨国企业竞争优势的呼吁，在一定程度上也是对Luo和Tung（2007，2017）研究所提到的“跳板理论”的补充。此外，本书对于中国跨国企业国际市场适应性实现机理的研究，解释了在面对资源与制度双重约束的情境下，中国跨国企业如何利用知识搜索获取国际市场拓展所需的关键知识，挖掘了干中学快速整合知识并作用于国际市场适应性的作用机理，能够弥补现有研究过于强调对跨国企业进入国际市场前的影响机制探讨而忽视跨国企业进入国际市场后的整合过程或运营管理问题所造成的研究缺口（吴小节等，2019；Ramamurti and Singh，2009；Guillén and García-Canal，2009）。

理论贡献二：基于中国跨国企业资源优势的组织间搜索与组织内搜索研究，分析了中国跨国企业知识搜索的动因与模式以及对国际市场适应性的作用，在一定程度上弥补了知识搜索理论合理性与本土适应性考虑不足所造成的理论缺口。

现有关于知识搜索的研究主要以发达市场跨国企业为主体展开（Nelson and Winter，1982；Katila and Ahuja，2002；Laursen and Salter，2006；Laursen，2012），但由于制度体制、运营环境以及发展水平的差异，传统建构于发达市场跨国企业的知识搜索模式的本土适用性有待检验（Mathews，2006；叶江峰等，2020；Ramamurti，2009）。本书通过对中国跨国企业知识搜索的研究发现，知识搜索受到内部知识基与外部复杂环境的交互驱动，即知识搜索源于企业在面临外部复杂环境变化时，内部知识基出现结构性空洞，促使企业去寻求知识以缩小知识差距，解决问题并适应复杂剧烈的国际市场环境变化，在一定程度上弥补了现有研究对于中国跨国企业知识搜索动因考量过于模糊所造成的缺口（Todo and Shimizutani，2008；Hennart，2012）。同时，以往研究更多地关注知识搜索对于企业创新的重要作用（Li，2010；Narula，

2012），而本书探索了知识搜索与国际市场适应性的关系，发现中国跨国企业通过知识搜索所获取的知识可以对企业欠缺的知识进行补充，引发对企业既有惯例的评价甚至修正，促进知识的重组和交叉效应，从而提高国际市场适应性，拓宽了知识搜索理论对于中国跨国企业国际化的解释范畴（Ramamurti and Singh，2009；Narula，2012；Ramamurti and Williamson，2018）。

此外，本书通过探索性多案例研究，将知识搜索划分为组织间搜索和组织内搜索两种类型。对于组织间搜索的研究，本书发现组织间搜索能够帮助企业扫描和监测不同组织的技术动态和市场趋势，拓宽企业知识的选择和接触范围，促进中国跨国企业从组织外部获取互补性的技术知识、市场知识和管理知识，为知识结构提供更多重组的可能性，验证了Chittoor等（2009）、Kedia等（2012）、Hennart（2012）、Ramamurti和Williamson（2019）等学者关于中国跨国企业知识搜索的研究论断。值得注意的是，中国跨国企业的组织间知识搜索对于东道国市场主体的市场反应性可能并不能产生很好的影响，这在一定程度上为理解中国跨国企业的组织间搜索提供了有益的参考。此外，现有的对于中国跨国企业知识搜索的研究更多地强调组织间知识搜索的重要作用，例如，搜索和引进行业领军企业的关键技术（Cuervo-Cazurra and Rui，2017；Awate，2015）、与拥有卓越知识的企业结成战略联盟（He et al.，2016）、并购持有所需知识的发达国家竞争对手（Luo and Tung，2007；谢洪明等，2019；范黎波等，2016）等，但组织内搜索并没有得到国际商务领域学者的足够重视。事实上，尽管组织间搜索对中国跨国企业实现快速追赶起到了至关重要的作用，但是本书发现组织内搜索通过规避无效的搜索步骤并降低搜索成本，帮助中国跨国企业解构复杂知识结构中知识要素的因果联系，对于中国跨国企业在国际市场参与竞争时所发挥的作用不容小觑，本书在一定程度上弥补了中国跨国企业组织内搜索与国际市场拓展研究不足所带来的缺口。

理论贡献三：对于中国跨国企业干中学的研究，解释了中国跨国企业如何快速转化通过知识搜索所获取的知识并作用于国际市场适应性，基于过程

观视角，提炼干中学在标杆瞄准、试错和快速响应三方面的内容表现，推动了干中学理论向国际商务领域的迁移与深化。

干中学的理论研究，早期是用来解释组织内的生产效率问题，即在生产中所形成的尝试解决问题的实践将会极大促进生产的发展（Levinthal and March，1993；Schank et al.，1999），随着时间的推移以及生产数量的增加，使企业可以更有效地完成任务，降低生产额外产品单位的成本，并在减少缺陷过程中提高效率（Macher and Mowery，2003）。本书对于中国跨国企业干中学的研究，基于流程观视角，打开了中国跨国企业干中学的“黑箱”，并发现干中学不仅仅局限于组织内部知识的转化，对于知识搜索所获取的组织间知识的整合起到非常重要的作用。本书对于干中学的理论研究，突破了“狭义”的干中学所强调的通过组织内部流程降低生产成本并提高效率的理论观点（Arrow，1962；Jain，2013；Weigelt，2009），将干中学的理论研究由组织内拓展到组织间，在一定程度上进一步拓展了干中学理论的解释范畴（Rui et al.，2016；Thompson，2010）。

此外，本书检验了干中学对知识搜索与国际市场适应性之间重要的桥梁作用。现有研究认为，中国跨国企业在国际市场拓展过程中，所面临的一个关键挑战是将在海外获得的资源在国内进行转移、传播和整合的技能很弱（Luo and Tung，2017；Meyer and Peng，2016；Clarke等，2012），导致获取先进技术和品牌（尤其是来自发达经济目标的资源）充满了风险（Madhok and Keyhani，2012；Ramamurti and Williamson，2019）。本书对于干中学的研究认为，在面对资源约束的情境下，中国跨国企业的知识吸收方式是以干中学的形式完成的，弥补了现有研究对于中国跨国企业如何整合战略资产寻求获取资源的考量不足所造成的研究缺口。同时，本书对于中国跨国企业干中学的探讨，重新定义了有别于渐进式学习（Banerjee et al.，2015；Barkema and Drogendijk，2007；Johanson and Vahlne，1977）、直接学习（Liu and Li，2002；Rongping，2009；Sun，2009）等学习方式的“学习规则”，响应了Rui（2016）将干中学理论向国际商务领域迁移与深化的呼吁，能够为后续研究应用组织学习理论解释中国跨国企业国际市场拓展问题提供一个新的研究视角。

理论贡献四：对于资源约束和制度复杂性情境的研究，解释了不同情境下中国跨国企业知识搜索、干中学与国际市场适应性的差异，将抽象的情境因素予以量化检验，纠正了对中国跨国企业国际市场拓展情境因素考量不足所造成的理论偏视。

对于中国跨国企业国际化情境的探讨，现有研究从基于对称性假设的外来者劣势（Zhou and Guillén，2015；Ramachandran and Pant，2010）、基于时序性假设的后发者劣势（Buckley et al.，2015；Madhok and Keyhani，2012）以及基于身份性假设的来源国劣势（Marano et al.，2017；魏江、杨洋，2018）等方面进行了有益的探讨。从外来者劣势的角度看，理论界关注的是中国跨国企业跨地理边界到不熟悉的场域参与竞争，在陌生的竞争环境中与东道国本土企业相比处于劣势地位，这种劣势表现在信息缺失（Denk et al.，2012）、市场环境的错位（Luo and Zhang，2016）以及利益相关者排外等方面（Amankwah-Amoah and Debrah，2017）；从后发者劣势的角度看，理论界关注的是相比于发达市场跨国企业，中国跨国企业在时序空间上起步较晚，通常采取模仿先发企业的方式寻求快速成长（Luo et al.，2011；Kothari et al.，2013），但长期的跟随导致企业发展路径被锁定（Pisano et al.，2015），陷入“追赶—落后—再追赶—再落后”的后来者“怪圈”（Christensen，2013；吴晓波等，2019）；从来源国劣势的角度看，来源国劣势强调“来源国身份”对企业的限制，尤其是母国制度环境的不透明性影响东道国利益相关者对中国跨国企业的评价与合法性感知（Marano et al.，2017；魏江、杨洋，2018）。尽管理论界对中国跨国企业国际化所面临的情境提出了一系列有益的见解，但更多的研究仅仅将其视为一种背景引入条件，较少深入探讨情境差异性对其国际市场拓展的影响。

本书对于资源约束情境与制度复杂性情境的研究，将抽象的研究情境量化到资源层面和制度层面，考量了不同约束情境对中国跨国企业国际市场拓展行为的影响，响应了国内外学者加深情境因素考量的呼吁（吴小节等，

2019；毛基业和苏芳，2019；Li and Zhang，2014；Ramamurti and Williamson，2019；Luo and Zhang，2016）。本书对于资源约束情境差异性影响的研究，回应了资源管理学派和创业学派关于资源约束影响的争论（Barney，1991；Nguyen and Rugman，2015；Baker and Nelson，2005；Salunke et al.，2013）。本书认为对于资源约束影响的研究不能“一刀切”，尽管资源约束的情境会使企业参与国际市场的竞争手段受到掣肘，但也能够激发企业对于外部机会的警觉性和反应性。通过对制度复杂性情境影响的研究，本书发现复杂的制度环境确实会对中国跨国企业的国际市场拓展产生负向影响，验证了传统的制度理论观点（Scott 1987，2001；Barley and Tolbert，1997；Wright et al.，2005），但本书也发现了制度因素对中国跨国企业国际市场拓展的正向刺激作用，即制度复杂性较高的时候，中国跨国企业可能会获得更好的绩效，这突破了制度复杂性只会阻碍企业国际化进程的传统理论认知，也解释了Boisot和Meyer（2008）、Cuervo-Cazurra和Genc（2008）、Luo和Zhang（2016）、Buckley（2018）等学者发现的中国跨国企业“制度套利”现象背后的原因。

三、实践启示

针对研究结论，本书的实践启示主要包括以下三个方面。

实践启示一：审视企业资源优势，在国际市场拓展过程中发挥知识搜索的“杠杆”撬动作用。

面对日益激烈的国际市场竞争环境，中国跨国企业要通过不断审视自身的资源优势来定位知识差距，并以此为基准选择合适的方式获取所需的知识。值得注意的是，在国际化的早期阶段，通过“市场换技术”的方式，中国企业能够在发达市场跨国企业有限的技术知识溢出中完成初期的知识积累，但这些知识资源大多数为相对落后或面临淘汰的知识，不足以支撑中国跨国企业由全球价值链低端向高端跃迁。随着中国跨国企业国际化进程的深入，尤其是以出口模式向绿地投资和跨国并购的方式进行转型，国际市场运营所面临的挑战更为多元和复杂，这就要求中国跨国企业增强知识搜索的宽度和深度，以减缓知识差距给企业带来的挑战。一方面，中国跨国企业要积极与东道国市场行为主体（如政府、科研机构、分销商、代理商等）建立稳健的连接关系，以保证组织间知识的获取。值得注意的是，中国跨国企业必须转变仅注重技术知识获取的僵化思维，要拓宽知识搜索的类型，通过引进先进的管理理念、搜索成熟的市场经验，完成产品设计、管理流程、市场运营方式等方面的迭代更新。另一方面，中国跨国企业要注意组织内部知识资源的获取，知识搜索的惯性会导致企业在面临国际市场运营挑战的时候，往往过度依靠于组织外部知识寻求问题解决的捷径，这容易使中国跨国企业陷入“引进—落后—再引进—再落后”的“怪圈”。因此，中国跨国企业要注重组织内部知识的获取，这就要打破僵化的组织结构，促进不同部门、上下级之间知识流通效率的提升，但也要合理权衡组织内搜索与组织间搜索的关系，积极发挥知识搜索的撬动作用，避免落入“核心刚性”陷阱。

实践启示二：重新定义企业学习规则，在国际市场拓展过程中合理激发干中学对知识整合的作用。

随着中国跨国企业国际化进程从“走出去”阶段逐渐向“走进去”“走上去”阶段跃迁，其所面临的国际市场运营环境将更为复杂、投资区位的空间分离程度更大且目标客户的消费习惯也更为多元化，中国跨国企业创新追赶所依赖的路径在一定程度上遭到破坏。在欧美等发达市场的传统跨国企业以及印度等其他新兴市场跨国企业的围追堵截下，中国跨国企业要想在这场竞争博弈中占据优势，就不能简单重复传统发达市场跨国企业的发展路径，而是要跟随外部环境的变化实现自身学习能力的提升，尤其是要巧用干中学的方式完成知识的吸收与转化。首先，要对行业领军企业进行持续和系统的评估，以确定代表最佳实践和合理绩效目标的业务和工作流程，以此为基准在法律和道德标准内对其方法或策略进行调整，专注于问题解决方案的改进；其次，中国跨国企业要通过重复性实验、持续性改进和适应性行动等试错的方式，对国际基准进行反复测试，实现内外部可用资源模块（如质量、价格、设计、服务等）的有效整合；最后，中国跨国企业要通过快速响应的方式，在最短的时间内实现与利益相关者以及客户之间的有效互动，在相同的时间区间内保持更高的行动效率和知识产出，以完成问题解决方案的迭代升级。

实践启示三：重视复杂制度环境所带来的风险，在国际市场拓展过程中识别并捕获制度机会。

逆全球化现象、逐渐抬头的单边主义和保护主义冲击了国际秩序和多边贸易体制，世界经济整体增速放缓，新冠肺炎疫情、澳洲火灾、东非大火等突变事件频发，全球政治、经济、法律、金融、文化、宗教等各类正式和非正式的制度风险加快积聚。在这种情况下，盲目的国际市场扩张会给中国跨国企业带来极大的风险，主要表现在一旦中国跨国企业违背了东道国正式或非正式的制度规则，可能会因此付出高昂的代价，包括严格的监管障碍、东道国利益持有者的排斥甚至严厉的制度制裁。因此，面临复杂的制度环境时，中国跨国企业要积极地通过知识搜索，对比母国与东道国制度环境、制度体制和制度规则的差异性，不仅要能够识别、防范和控制常规风险，更需增加在非常规、突变情境下对风险的有效识别与分析能力，以提升企业国际化经营中风险控制的适应性反应能力。此外，面对复杂的制度环境，中国跨国企业可以利用干中学的方式快速解构制度复杂性所产生的机会，尤其是要注意标杆瞄准和快速响应对于捕获复杂制度环境中发展机会的重要作用。此外，要同时提升对母国和东道国制度机会的警觉性，利用母国政府所提供的制度跳板（如税收减免、融资激励、出口扶持政策等），与东道国利益主体建立强连接关系，提升在东道国的国际市场适应性。

第二节　研究局限与未来展望

本节主要对研究过程中研究方法、理论视角、研究内容、数据收集以及数据分析的不足之处进行阐述，提炼本书的局限之处，并为未来研究提供可供参考的方向。

一、研究的局限性

本书的局限性主要包括如下三个方面。

第一，本书对于东道国国别因素的影响考量不足。本书的研究对象为中国跨国企业，在数据收集时主要选取从事国际化经营业务的中国跨国企业作为分析单元，但在数据收集的过程中并未考虑到将中国跨国企业在哪些国家从事国际经营业务内容涵盖到问卷的题项中。事实上，在进行案例回访的时候，本书发现中国跨国企业在不同国家的市场进入战略、经营决策以及运营管理上存在一定的差异性，以适应东道国不同的政治、经济、社会环境，这就涉及在东道国国别因素的影响下，知识搜索与干中学的侧重点可能会有所差异。本书没有对这些差异进行检验，未来研究有待将东道国国别因素纳入理论框架中予以考量，以更好地解释中国跨国企业在不同国家的国际市场拓展过程中所表现出的差异性特征。

第二，本书对母公司和子公司没有进行严格划分。为了保证研究数据的真实性和准确性，本书耗费了大量的精力并通过多种途径来收集调研问卷。尽管本书收集到一些子公司的样本数据，但这在整体的样本数据中只占很少一部分，这限制了本书将母公司和子公司进行区别检验以验证理论框架的合理性，事实上，本书认为中国跨国企业母公司和海外子公司的战略聚焦点以及市场拓展手段可能存在一定的差异性。未来研究需要将这种差异性涵盖进来进行系统的理论推演与实证检验。此外，尽管本书测量量表的选取遵循了科学的研究流程并不断进行修正，但由于被调查者的主观评分，不可避免会造成测量误差，因此未来研究应该纳入客观的横截面数据，进一步保证研究结论的可靠性和准确性。

第三，本书对情境因素的考量范围仍然有限。本书根据中国跨国企业自身的资源优势和在国际市场运营中的现实特点，选择资源约束和制度复杂性两个对于中国跨国企业国际市场适应性影响最为直接的情境变量进行考量。事实上，中国跨国企业在国际市场拓展过程中，由于其跨国界、跨文化等方面的特殊性，所面临的情境因素是非常多且复杂的，然而，受篇幅限制，本书没有对这些情境进行拓展和检验。此外，在案例分析的过程中，本书发现随着中国跨国企业国际化进程的深入，其所面临的资源情境和制度情境也在不断发生变化，但本书没有展开时间序列分析，因此也无法考究这些环境的动态变化是否会对中国跨国企业知识搜索、干中学与国际市场适应性之间的关系产生不同的影响。未来的研究应该从更为动态的视角考量情境变化与企业战略调整的共演关系。

二、未来研究方向与展望

针对上述局限，未来研究方向与展望主要包括以下三个方面。

第一，充分考量国别因素对于中国跨国企业知识搜索、干中学与国际市场适应性的影响。未来研究可以将国别因素分为三类来考量：第一类是中国跨国企业进入欧美等发达市场；第二类是中国跨国企业进入印度、巴西等新兴市场；第三类是中国跨国企业进入非洲等欠发达市场。一方面，要对比中国跨国企业在不同的国别市场中在知识搜索上所表现出来的差异性，要对知识搜索模式以及所搜索知识类型的变化尤为关注。另一方面，要考量和检验中国跨国企业干中学在不同国别市场的作用体现是否有所差异，并分析知识搜索与干中学之间的迭代关系是否发生变化。此外，要注意对国际市场适应性衡量标准的考量，依据国别差距来延伸市场适应性的衡量范围，可以拓展至制度、文化等多个视角的适应，而不再仅仅是局限于能够对市场信号、潜在的市场机遇与威胁作出应对的狭义市场适应。

第二，充分考量中国跨国企业母公司和子公司知识搜索、干中学与国际市场适应性的差异性。在数据收集上，扩大样本的收集范围，尤其是要加强对于中国跨国企业海外子公司样本数据的收集，并在保障数据质量的情况下进行分析。一方面，要充分考虑中国跨国企业母公司和子公司资源优势、组织架构与战略动机的差异性，分析母公司和子公司在知识搜索的侧重点上是否存在差异性，尤其是在组织间搜索和组织内搜索的平衡问题上要予以更多的关注。同时，对母公司和子公司知识搜索的类型进行对比。本书对于知识搜索所获取的知识类型是按照知识属性进行划分的，研究还可以采用更为多元的标准予以划分，以便做出更清晰的对比。另一方面，对母公司和子公司的干中学行为进行对比分析，事实上，在案例分析的过程中，本书发现中国跨国企业在不同发展阶段的不同业务环节并不都是以干中学的方式完成知识积累的。因此，未来研究可以比较不同类型学习方法的相对有效性，以及多种方法如何支持不同层次的母公司和子公司去克服资源端与制度端的约束。

第三，拓宽中国跨国企业知识搜索、干中学与国际市场适应性情境因素的考量。本书考量了资源层面和制度层面情境因素对于中国跨国企业知识搜索、干中学与国际市场适应性的影响，但为了保证研究主线的核聚性和清晰性，仍有诸多情境因素没有得以涵盖。未来研究要进一步基于中国跨国企业在国际市场拓展中的现实特点，对中国跨国企业国际市场拓展所面临的情境因素进行提炼，如组织层面的情境因素（组织连通性、组织敏捷性等）和环境层面的因素（环境不确定性、环境动荡性等），考量在不同情境下中国跨国企业国际市场拓展行为的差异性。此外，未来研究要突破静态单一情境的影响，考量动态交互情境下，中国跨国企业知识搜索、干中学与国际市场适应性关系的变化，并扩大样本的收集范围，以检验本书所提炼的理论框架能否推广应用到不同层次、不同行业甚至不同属性的中国跨国企业研究中，提升研究结论的应用价值。

参考文献

［1］蔡灵莎.双元学习、知识整合与对外直接投资绩效研究[J].软科学，2020，34（02）：59–65.

［2］程聪，谢洪明，池仁勇.中国企业跨国并购的组织合法性聚焦：内部，外部，还是内部+外部?[J].管理世界，2017（04）：158–173.

［3］杜晓君，蔡灵莎.组织学习、投资区域与外来者劣势研究——以中国上市公司为例[J].经济管理，2016，38（03）：181–191.

［4］范黎波，马聪聪，周英超.中国企业跨国并购学习效应的实证研究——经验学习和替代学习的视角[J].财贸经济，2016（10）：102–116.

［5］范黎波，武天兰，翟正男.资源相关性与企业并购成败的关系——以中国制造业企业为例[J].技术经济，2018，37（05）：71–80.

［6］冯永春，许晖.国际企业市场知识开发对其市场适应性的作用机制研究——基于营销双元视角的分析[J].营销科学学报，2015，11（4）：129–143.

［7］郭蓉，文巧甜.成功、失败和灰色地带的抉择：业绩反馈与企业适应性战略变革[J].南开管理评论，2017，20（6）：28–41.

［8］胡畔，于渤. 追赶企业的本地搜索能力重构与创新绩效[J]. 科研管理，2017（7）：72–80.

［9］李辉，吴晓云.文化距离视角下中国跨国企业的全球适应性战略[J].商业研究，2015（9）：108–115.

［10］李欠强，陈衍泰，范彦成.中国企业海外研发组合结构与创新绩效研究

[J].科研管理，2019，40（06）：19–28.

［11］李雪灵，李玎玎，刘京，等.创业拼凑还是效果逻辑？理论适用条件与未来展望[J].外国经济与管理，2020，42（1）：17–29.

［12］罗胜强，姜嬿.管理学问卷调查研究方法[M].重庆：重庆大学出版社，2014.

［13］吕鸿江，程明，刘洪.企业复杂适应性影响因素的实证研究：不同环境特征和战略选择的作用[J].科学学与科学技术管理，2012，33（5）：130–142.

［14］毛基业，苏芳.质性研究的科学哲学基础与若干常见缺陷——中国企业管理案例与质性研究论坛（2018）综述[J].管理世界，2019，35（2）：115–120.

［15］世建.试析效果逻辑的理论溯源、核心内容与发展走向[J].外国经济与管理，2012，34（1）：10–17.

［16］唐宜红，俞峰，王晓燕.全球知识搜索与企业创新：东道国选择之困[J].科研管理，2019，40（4）：213–223.

［17］汪涛，贾煜，王康，等.中国企业的国际化战略：基于新兴经济体企业的视角[J].中国工业经济，2018（5）：175–192.

［18］汪涛，万健坚.西方战略管理理论的发展历程、演进规律及未来趋势[J].外国经济与管理，2002（03）：7–12.

［19］汪玥琦.企业知识搜索二元性的前因与创新绩效效应研究[D].杭州：浙江大学，2016.

［20］王巍，孙笑明，崔文田，等.知识宽度与深度对内部知识搜索的影响：结构洞的调节作用[J].科技进步与对策，2019，36（23）：119–128.

［21］王燕梅，简泽.参与产品内国际分工模式对技术进步效应的影响——基于中国4个制造业行业的微观检验[J].中国工业经济，2013（10）：134–146.

［22］王永贵，洪傲然.营销战略研究：现状、问题与未来展望[J].外国经济与管理，2019，41（12）：74–93.

［23］王永贵，王娜.逆向创新有助于提升子公司权力和跨国企业的当地公民行为吗？——基于大型跨国企业在华子公司的实证研究[J].管理世界，2019，35

（04）：145–159.

［24］魏江，王丁，刘洋. 来源国劣势与合法化战略——新兴经济企业跨国并购的案例研究[J]. 管理世界，2020，36（03）：101–120.

［25］魏江，杨洋. 跨越身份的鸿沟：组织身份不对称与整合战略选择[J]. 管理世界，2018，34（6）：140–156，188.

［26］吴冰，阎海峰，杜子琳. 外来者劣势：理论拓展与实证分析[J]. 管理世界，2018，34（06）：110–126，187–188.

［27］吴航，陈劲. 企业外部知识搜索与创新绩效：一个新的理论框架[J]. 科学学与科学技术管理，2015，36（4）：143–151.

［28］吴先明. 跨国企业：自 Hymer 以来的研究轨迹[J]. 外国经济与管理，2019，41（12）：135–160.

［29］吴小节，谭晓霞，汪秀琼，等. 新兴市场跨国企业国际扩张：知识框架与研究综述[J]. 南开管理评论，2019，22（6）：99–113，199.

［30］吴晓云，陈怀超. 制度距离在国际商务中的应用：研究脉络梳理与未来展望[J]. 管理评论，2013，25（04）：12–22.

［31］吴增源，谌依然，伍蓓. 跨界搜索的内涵、边界与模式研究述评及展望[J]. 科技进步与对策，2015，32（19）：153–160.

［32］武常岐，钱婷，张竹，等. 中国国有企业管理研究的发展与演变[J]. 南开管理评论，2019，22（04）：69–79，102.

［33］谢洪明，章俨，刘洋，等. 新兴经济体企业连续跨国并购中的价值创造：均胜集团的案例[J]. 管理世界，2019，35（05）：161–178，200.

［34］熊莎莎，汪涛，赵鹏. 跨国品牌本土化适应中的文化混搭现象：研究回顾与展望[J]. 外国经济与管理，2018，40（07）：113–128.

［35］许晖，单宇，冯永春. 新兴经济体跨国企业研发国际化过程中技术知识如何流动?——基于华为公司的案例研究[J]. 管理案例研究与评论，2017，10（5）：433–448.

［36］许晖，单宇. 打破资源束缚的魔咒：新兴市场跨国企业机会识别与资源

"巧"配策略选择[J].管理世界，2019，35（3）：127-141+168+207.

[37] 许晖，单宇.新兴经济体跨国企业子公司网络嵌入演化机理研究[J].管理学报，2018，15（11）：1591-1600.

[38] 许晖，范雅楠，王琳.中国跨国企业海外子公司市场适应性演化研究[J].管理学报，2017，14（12）：1757-1766.

[39] 阎海峰，程鹏，关涛，等.本土企业学习效应影响因素的实证研究[J].管理学报，2010，7（06）：814-818.

[40] 阎海峰，程鹏.吸收能力研究评述[J].管理评论，2009，21（08）：95-103.

[41] 杨勃.新兴经济体跨国企业国际化双重劣势研究[J].经济管理，2019，41（1）：56-70.

[42] 杨志勇，王永贵.母子公司互动、知识创造与突破性创新——基于中国中材集团的探索性案例研究[J].管理学报，2016,13（06）：811-820.

[43] 叶广宇，黄胜.中国制度环境下的国际化战略[J].北大商业评论，2016（02）：46-53.

[44] 叶江峰，陈珊，郝斌.知识搜索如何影响企业创新绩效？——研究述评与展望.外国经济与管理，2020,42（03）：17-34.

[45] 张海军.跨界搜索、知识整合能力对制造业企业服务创新的影响机制研究[D].天津：南开大学，2017.

[46] 张亚娟.适应性企业战略协同机制研究[D].哈尔滨：哈尔滨工程大学，2010.

[47] 张玉利，田新，王瑞.创业决策：Effectuation理论及其发展[J].研究与发展管理，2011，23（2）：48-57.

[48] 赵健宇，王铁男.基于"刺激—反应"原理的战略联盟知识空间适应性演化[J].系统管理学报，2019，28（01）：13-24，33.

[49] 中国经济增长与宏观稳定课题组.干中学、低成本竞争和增长路径转变[J].经济研究，2006（4）：4-14.

[50] 周楠.跨国企业国际市场营销中的跨文化研究[J].现代营销：下旬刊，2019（09）：23-24.

[51] ACEMOGLU D, ROBINSON J. Why nations fail: The origins of power, prosperity, and poverty[M]. Crown Books, 2012.

[52] ADLER P S, CLARK K B. Behind the learning curve: a sketch of the learning process[J]. Management Science, 1991, 37（3）: 267-281.

[53] AFUAH A, TUCCI C L. Crowdsourcing as a solution to distant search[J]. Academy of Management Review, 2012, 37（3）: 355-375.

[54] AGMON A T. The international success of developing country firms: role of government-directed comparative advantage[J]. Mir Management International Review, 1990, 30（2）: 163-180.

[55] AHUJA G, KATILA R. Where do resources come from? The role of idiosyncratic situations[J]. Strategic Management Journal, 2004, 25（8-9）: 887-907.

[56] ALCHIAN A. Reliability of progress curves in airframe production[J]. Econometrica, 1963, 31（4）: 679-693.

[57] ALEXY O, GEORGE G. Category divergence, straddling, and currency: Open innovation and the legitimation of illegitimate categories[J]. Journal of Management Studies, 2013, 50（2）: 173-203.

[58] ALMEIDA P, PHENE A. Subsidiaries and knowledge creation: the influence of the MNC and host country on innovation [J]. Strategic Management Journal, 2004, 25（8-9）: 18.

[59] ALMEIDA, PAUL. Knowledge sourcing by foreign multinationals: Patent citation analysis in the U. S. semiconductor industry[J]. Strategic Management Journal, 1996, 17（S2）: 155-165.

[60] ARGOTE L, EPPLE D. Learning curves in manufacturing[J]. Science, 247（4945）: 920-924.

[61] ARGOTE L. Organizational learning: creating, retaining and transferring

knowledge[M]. Norwell, MA: Kluwer Academic Publishers, 1999.

[62] AUDIA PINO G, GONCALO JACK A. Past success and creativity over time: a study of inventors in the hard disk drive industry. [J]. Management Science, 2007, 53 (1): 1–15.

[63] AUH S, MENGUC B. Balancing exploration and exploitation: The moderating role of competitive intensity[J]. Journal of Business Research, 2005, 58 (12): 1652–1661.

[64] AWATE S, LARSEN M M, Mudambi R. Accessing vs sourcing knowledge: A comparative study of R&D internationalization between emerging and advanced economy firms[J]. Journal of International Business Studies, 2015, 46 (1): 63–86.

[65] BALOFF N. Startups in machine–intensive production systems[J]. Journal of Industrial Engineerin, 1966, 31: 679–693.

[66] BANERJEE S, PRABHU J C, CHANDY R K. Indirect learning: how emerging–market firms grow in developed markets[J]. Journal of Marketing, 2015, 79 (1): 10–28.

[67] BARKEMA H G, BELL J H J, PENNINGS J M. Foreign entry, cultural barriers, and learning[J]. Strategic Management Journal, 1996, 17 (2): 151–166.

[68] BARLEY S R, TOLBERT P S. Institutionalization and Structuration: Studying the Links between Action and Institution[J]. Organization Studies, 1997, 18 (1): 93–117.

[69] BARON R M, KENNY D A. The moderator–mediator variable distinction in social psychological research: conceptual, strategic, and statistical considerations[J]. Journal of personality and social psychology, 1986, 51 (6): 1173.

[70] BARTLETT C A, GHOSHAL S. Going global: Lessons from late movers[J]. Harvard Business Review, 2000, 78 (2): 132–142.

[71] BAUMOL W J, LITAN R E, SCHRAMM C J. Good capitalism, bad capitalism and the economics of growth and prosperity[M]. Yale University Press, 2007.

[72] BELDERBOS R, VAN ROY V, DUVIVIER, F. International and domestic

technology transfers and productivity growth: firm level evidence[J]. Industrial and Corporate Change, 2013, 22(1): 1-12.

[73] BHAUMIK S K, DRIFFIELD N, ZHOU Y. Country specific advantage, firm specific advantage and multinationality – Sources of competitive advantage in emerging markets: Evidence from the electronics industry in China[J]. International Business Review, 2015, 25 (1): 165-176.

[74] BJÖRKMAN W, BARNER-RASMUSSEN, L LI. Managing knowledge transfer in MNCs: The impact of headquarters control mechanisms[J]. Journal of International Business Studies, 2004, 35 (5): 443-455

[75] BOH W F, EVARISTO R, OUDERKIRK A. Balancing breadth and depth of expertise for innovation: A 3M story[J]. Research Policy, 2014, 43 (2): 349-366.

[76] BOISOT M, MEYER M W. Which way through the open door? Reflections on the internationalization of chinese firms[J]. Management & Organization Review, 2008, 4 (3): 349-365.

[77] BRUTON G D, AHLSTROM D. An institutional view of china's venture capital industry: explaining the differences between china and the west[J]. Journal of Business Venturing, 2003, 18 (2): 233-259.

[78] BUCKLEY, PETER J, CLEGG, et al. The determinants of Chinese outward foreign direct investment[J]. Journal of International Business Studies, 2007, 38 (4): 499-518.

[79] BUCKLEY, PETER J, VOSS H, et al. A retrospective and agenda for future research on Chinese outward foreign direct investment[J]. Journal of International Business Studies, 2018, 49 (1): 4-23.

[80] BYRNE B B. Structural equation modeling using AMOS. Basic concepts, applications, and prgramming[M]. New York: Routledge, 2010.

[81] CANTWELL J A, MUDAMBI R. Physical attraction and the geography of knowledge sourcing in multinational enterprises[J]. Global Strategy Journal, 2011, 1 (3-

4): 206–232.

[82] CANTWELL J, MUDAMBI R. MNE competence–creating subsidiary mandates[J]. Strategic Management Journal, 2005, 26 (12): 1109–1128

[83] CASILLAS, JOSÉ C, ACEDO F J. Speed in the internationalization process of the firm[J]. Social ence Electronic Publishing, 2013, 15 (1): 15–29.

[84] CASSIMAN B, VEUGELERS R. In search of complementarity in innovation strategy: internal R&D and external knowledge acquisition[J]. Management Ence, 2006, 52 (1): 68–82.

[85] CAVES R E. International corporations: the industrial economics of foreign direct investment[J]. Economica, 1971, 38 (1): 1–27.

[86] CAVUSGIL S T, CAVUSGIL E. Reflections on international marketing: Destructive regeneration and multinational firms[J]. Journal of the Academy of Marketing Science, 2012, 40 (2): 202–217.

[87] CHAN H L. Chinese investment in hong kong: issues and problems[J]. Asian Survey, 1995, 35 (10): 941–954.

[88] CHANDRA, YANTO. A time–based process model of international entrepreneurial opportunity evaluation[J]. Journal of International Business Studies, 2017, 48 (4): 423–451.

[89] CHARI M D R, DAVID P. Sustaining superior performance in an emerging economy: An empirical test in the Indian context[J]. Strategic Management Journal, 2012, 33 (2): 217–229.

[90] CHILD J, RODRIGUES S. The internationalization of Chinese firms: A case for theoretical extension? [J]. Management and Organization Review, 2005, 1 (3): 381–410.

[91] CHUANG Y C. Learning by doing, technology gap and growth[J]. International Economic Review, 1993, 39 (3): 697–721.

[92] CHURCHILL G A, JR. A paradigm for developing better measures of

marketing constructs[J]. Journal of Marketing Research, 1979, 16 (1): 64–73.

[93] CLARK BRUCE H. Managerial perceptions of marketing performance: efficiency, adaptability, effectiveness and satisfaction[J]. Journal of Strategic Marketing, 2000, 8 (1): 3–25.

[94] CLARKE J E, TAMASCHKE R, LIESCH P W. International experience in international business research: a conceptualization and exploration of key themes[J]. International Journal of Management Reviews, 2013, 15 (3): 265–279.

[95] CLISSOLD T. Mr. China[M]. London: Robinson, 2004.

[96] COHEN J, COHEN P, WEST SG, et al. Applied multiple regression/correlation analysis for the behavioral sciences. 3rd[M]. Erlbaum: Mahwah, NJ, 2003.

[97] COHEN W, LEVINTHAL D. Absorptive capacity: A new perspective on learning and innovation[J]. Administrative Science Quarterly, 1990, 35 (1): 128–152.

[98] COHEN W, LEVINTHAL D. Innovation and learning: The two faces of R and D[J]. Economic Journal, 1989, 99 (397): 569–596.

[99] CRISCUOLO C, MARTIN R. Multinationals and US productivity leadership: Evidence from Great Britain[J]. Review of Economics and Statistics, 2009, 91 (2): 263–281.

[100] CUERVO–CAZURRA A. Extending theory by analyzing developing country multinational companies: Solving the Goldilocks debate[J]. Global Strategy Journal, 2012, 2 (3): 153–167.

[101] CUERVO–CAZURRA A, GENC M. Transforming disadvantages into advantages: developing–country MNEs in the least developed countries[J]. Journal of International Business Studies, 2008, 39 (6): 957–979.

[102] Cuervo-Cazurra A, Ramamurti R. Understanding multinationals from emerging markets[M]. Cambridge, U.K.: Cambridge University Press, 2014.

[103] CUI L, MEYER K E, HU H W. What drives firms' intent to seek strategic assets by foreign direct investment? A study of emerging economy firms [J]. Journal of World Business, 2014, 49 (4): 488–501.

[104] CYERT R M, G J. A behavioral theory of the firm. [J]. Social Science Electronic Publishing, 1963, 17 (S2): 93–107.

[105] DAHLANDER L, GANN D M. How open is innovation?[J]. Research policy, 2010, 39 (6): 699–709.

[106] DAU L A. Pro–market reforms and developing country multinational corporations[J]. Global Strategy Journal, 2012, 2 (3): 262–276.

[107] DAY G S. An outside–in approach to resource–based theories[J]. Journal of the Academy of Marketing Science, 2014, 42 (1): 27–28.

[108] DAY G S. Closing the Marketing Capabilities Gap[J]. Journal of Marketing, 2011, 75 (4): 183–195.

[109] DE LA TORRE, et al. Learning by doing: the first spanish nuclear plant[J]. Business History Review, 2018, 92(1): 29–55.

[110] DEMIRBAG M, TATOGLU E, GLAISTER K W. Equity–based entry modes of emerging country multinationals: Lessons from Turkey[J]. Journal of World Business, 2009, 44 (4): 445–462.

[111] DENG P. Chinese outward direct investment research: theoretical integration and recommendations[J]. Management and Organization Review, 2013, 9 (3): 573–539.

[112] DENG P. Why do Chinese firms tend to acquire strategic assets in international expansion? [J]. Journal of World Business, 2009, 44 (1): 74–84.

[113] DJANKOV R, LA PORTA F. Lopez–de–Silanes, A. Shleifer. The regulation of entry[J]. Quarterly Journal of Economics, 2002, 117, (1): 1–37.

[114] DOH J, RODRIGUES S, SAKA–HELMHOUT A, et al. International business responses to institutional voids[J]. Journal of International Business Studies, 2017, 48 (3): 293–307.

[115] DORROH J R, GULLEDGE T R, WOMER N K. Investment in knowledge: a generalization of learning by experience[J]. Management Science, 1994, 40.

[116] DOSI G, GRAZZI M, MATHEW N. The cost–quantity relations and the

diverse patterns of "learning by doing": Evidence from India[J]. Research Policy, 2017, 46 (10): 1873–1886.

[117] DOUGLAS H Y. When innovations meet institutions: edison and the design of the electric light[J]. Administrative Science Quarterly, 2001, 46 (3): 476–501.

[118] DOZ Y, SANTOS, WILLIAMSON P. From global to metanational: How companies win in the knowledge economy[M]. Boston, MA: Harvard Business Press, 2001.

[119] DRIFFIELD N, LOVE J. Linking FDI motivation and host economy productivity effects: Conceptual and empirical analysis[J]. Journal of International Business Studies, 2007, 38 (3): 460–473.

[120] DUNNING J H. The eclectic paradigm of international production: A restatement and some possible extensions[J]. Journal of International Business Studies, 1988, 19 (1): 1–31.

[121] DUNNING JOHN H. The eclectic (OLI) paradigm of international production: past, present and future[J]. International Journal of the Economics of Business, 2001, 8 (2): 173–190.

[122] DUTTON J M, THOMAS A. Treating progress functions as a managerial opportunity[J]. Academy of Management Review, 1984, 9 (2): 235–247.

[123] EISENHARDT K M, Furr N R, Bingham C B. Microfoundations of performance: Balancing efficiency and flexibility in dynamic environments[J]. Organization Science, 2010, 21 (6): 1263–1273.

[124] ELANGO B, PATTNAIK C. Building capabilities for international operations through networks: a study of Indian firms[J]. Journal of International Business Studies, 2007, 38 (4): 541–555.

[125] ELIA S, SANTANGELO G D. The evolution of strategic asset-seeking acquisitions by emerging market multinationals [J]. 2017, 26 (5): 855–866.

[126] EPPLE D, ARGOTE L, DEVADAS R. Organizational learning curves: A method for investigating intra-planet transfer of knowledge acquired through learning by

doing[J]. Organization Science, 1991, 2 (1): 58–70.

[127] EVANS J S. Strategic flexibility for high technology maneuvers: A conceptual framework[J]. Journal of Management Studies, 1991, 28 (1): 69–89.

[128] FANG E, ZOU S. Antecedents and consequences of marketing dynamic capabilities in international joint ventures[J]. Journal of International Business Studies, 2009, 40 (5): 742–761.

[129] FANG ERIC. The effect of strategic alliance knowledge complementarity on new product innovativeness in China[J]. Organization Science, 2011, 22 (1): 158–172.

[130] FARH J L Cannella A A Jr, Lee C. Approaches to scale development in chinese management research[J]. Management and Organization Review. 2006, 2 (3): 301–308.

[131] FERRERAS–MÉNDEZ J L, Newell S, Fern ά ndez–Mesa A, et al. Depth and breadth of external knowledge search and performance: The mediating role of absorptive capacity[J]. Industrial Marketing Management, 2015, 47: 86–97.

[132] FORNELL C, LARCKER D F. Evaluating structural equation models with unobservable variables and measurement error[J]. Journal of Marketing Research, 1981, 18 (1): 39–50.

[133] FOSS N, PEDERSEN T. Organizing knowledge processes in the multinational corporation: an introduction[J]. Journal of International Business Studies, 2004, 35 (5): 340–349.

[134] FULMER , William E, et al. Shaping the adaptive organization[J]. Journal of leadership Studies, 2000,7 (2): 116–116.

[135] GARUD R, JAIN S. Entrepreneurship in the large corporation: a longitudinal study of how established firms create breakthrough inventions [J]. Strategic Management Journal, 2001, 22 (6–7): 521–543.

[136] GARUD R, AHLSTROM D. Technology assessment: A socio–cognitive perspective[J]. Journal of Engineering and Technology Management, 1997, 14 (1):

25–48.

[137] GARUD R, JAIN S. The embeddedness of technological systems[J]. Advances in Strategic Management, 1996, 13: 389–408.

[138] GE G L, DING D Z. A strategic analysis of surging Chinese manufacturers: The case of Galanz[J]. Asia Pacific journal of management, 2008, 25 (4): 667–683.

[139] GIBSON C, GIBBS J. Unpacking the concept of virtuality: The effects of geographic dispersion, electronic dependence, dynamic structure, and national diversity on team innovation[J]. Administrative Science Quarterly, 2006, 51 (3): 451–495.

[140] GOH S, RICHARDS G. Benchmarking the learning capability of organizations[J]. European Management Journal, 1997, 15 (5): 575–583.

[141] GUPTA A K,GOVINDARAJAN V. Knowledge Flows within Multinational Corporations[J]. Strategic Management Journal, 2000, 21 (4): 473–496.

[142] GRANT R M. Prospering in dynamically–competitive environments: organizational capability as knowledge integration[J]. Organization Science, 1996, 7 (4): 375–387.

[143] GREWAL R, TANSUHAJ P. Building Organizational capabilities for managing economic crisis: the role of market orientation and strategic flexibility[J]. Journal of Marketing, 2001, 65 (2): 67–80.

[144] GRIFFITH R, HARRISON R, VAN REENEN J. How special is the special relationship? Using the impact of US R and D spillovers on UK firms as a test of technology sourcing[J]. American Economic Review, 2006, 96 (5): 1859–1875.

[145] GUBBI S, ELANGO B. Resource deepening vs. resource extension: Impact on asset–seeking acquisition performance[J]. Management International Review, 2016, 56 (3): 353–384.

[146] GUILLEN M F, GARCIA–CANAL E. The American model of the multinational firm and the new multinationals from emerging economies[J]. Academy of Management Perspectives, 2009, 23 (2): 23–35.

［147］GUPTA A，GOVINDARAJAN V. Knowledge flows within multinational corporations[J]. Strategic Management Journal，2000，21（4）：473–496.

［148］HAIR J F，TATHAM R L，Anderson R E，et al. Multivariate data analysis with readings，5thed[M]. Upper Saddle River，New Jersey：Prentice Hall，1998.

［149］HANSEN M T，LØVÅS B. How do multinational companies leverage technological competencies? Moving from single to interdependent explanations[J]. Strategic Management Journal，2004，25（8–9）：801–822.

［150］HATCH N W，MOWERY D C. Process innovation and learning by doing in semiconductor manufacturing[J]. Management Science，1998，44（11）：1461–1477

［151］HEDLUND U. A model of knowledge management and the N–form Corporation[J]. strategic management journal，2010，15（S2）：73–90.

［152］HENNART J F. Emerging market multinationals and the theory of the multinational enterprise[J]. Global Strategy Journal，2012，2（3）：168–187.

［153］HENRYSSON S. Correction of item–total correlations in item analysis[J]. Psychometrika，1963，28（2）：211–218.

［154］HENTTONEN K，RITALA P，JAUHIAINEN T. Exploring open search strategies and their perceived impact on innovation performance–Empirical evidence[J]. International Journal of Innovation Management，2011，15（3），525–541.

［155］HERMELO F. D，VASSOLO R. Institutional development and hypercompetition in emerging economies[J]. Strategic Management Journal，2010，31（13）：1457–1473.

［156］HIRSCH W Z. Manufacturing progress functions[J]. Review of Economics and Statistics，1952，34（2）：143–155.

［157］HOLBERT R L，STEPHENSON M T. The importance of indirect effects in media effects research：testing for mediation in structural equation modeling[J]. Journal of Broadcasting & Electronic Media，2003，47（4）：556–572.

［158］HOLBURN G L F，ZELNER B A. Political capabilities，policy risk，and international investment strategy：Evidence from the global electric power generation industry[J]. Strategic Management Journal, 2010, 31 (12): 1290–1315.

[159] HOLLENDER, LINA, ZAPKAU, et al. SME foreign market entry mode choice and foreign venture performance: The moderating effect of international experience and product adaptation[J]. International Business Review, 2017, 26 (2): 250–263.

[160] HSU C W, LIEN Y C, CHEN H. International ambidexterity and firm performance in small emerging economies[J]. Journal of World Business, 2013, 48 (1): 10.

[161] HUBER G P. Organizational Learning: The contributing processes and the literatures[J]. Organization science, 1991,2 (1): 88–115.

[162] HYMER S. The international operations of national firms[M]. Cambridge, MA: MIT Press, 1960.

[163] ILABOYA O J, OHIOKHA I F. Firm age, size and profitability dynamics: a test of learning by doing and structural inertia hypotheses[J]. Business & Management Research, 2016, 5 (1): 29–39.

[164] IURKOV V, BENITO G R G. Domestic alliance networks and regional strategies of MNEs: A structural embeddedness perspective[J]. Journal of International Business Studies, 2017 (1): 1–27.

[165] JABER, MOHAMAD Y, BEATRICE MARCHI, AND SIMONE ZANONI. Learning–by–doing may not be enough to sustain competitiveness in a market[J]. Applied Mathematical Modelling, 2019 (75): 627–639.

[166] JACKSON D L, GillASPY J A, PURC–STEPHENSON R. Reporting practices in confirmatory factor analysis: An overview and some recommendations[J]. Psychological methods, 2009, 14 (1): 6–23.

[167] JAE CHEOL KIM. The political economy of chinese investment in north korea: a preliminary assessment[J]. Asian Survey, 2006, 46 (6): 898–916.

[168] JAIN A. Learning by doing and the locus of innovative capability in biotechnology research[J]. Organization Science, 2013, 24 (6): 1683–170.

[169] JOHANSON J, VAHLNE J E. The internationalization process of the firm: A

model of knowledge development and increasing foreign market commitments[J]. Journal of International Business Studies, 1977, 8 (1): 25–34.

[170] JOHANSON J, VAHLNE J. The Uppsala internationalization process model revisited: From liability of foreignness to liability of outsidership[J]. Journal of International Business Studies, 2009, 40 (9): 1411–1431.

[171] JOSEPH SARKIS. Benchmarking for agility[J]. Benchmarking An International Journal, 2001, 8 (2): 88–107.

[172] KAISER H. An index of factorial simplicity [J]. Psychometrika, 1974, 39 (1): 31–36.

[173] KALMAN KALOTAY, ASTRIT SULSTAROVA. Modelling Russian outward FDI[J]. Journal of International Management, 2010, 16 (2): 131–142.

[174] KATILA R, AHUJA G. Something old, something new: A longitudinal study of search behavior and new product introduction[J]. Academy of Management Journal, 2002, 45 (6): 1183–1194.

[175] KEDIA B, GAFFNEY N, CLAMPIT J. EMNEs and knowledge-seeking FDI[J]. Management International Review, 2012, 52 (2): 155–173.

[176] KHANNA T, PALEPU K. Why focused strategies may be wrong for emerging markets[J]. Harvard Business Review, 1997, 75: 41–48.

[177] KIM C, PARK J H. Explorative search for a high-impact innovation: the role of technological status in the global pharmaceutical industry[J]. R&D Management, 2013, 43 (4): 394–406.

[178] KITTSTEINER T, OCKENFELS A. Market design: A selective review[J]. Zeitschrift f ü r Betriebswirtschaft, 2006, 5: 121–143.

[179] KOGUT B, ZANDER U. Knowledge of the firm, combinative capabilities, and the replication of technology[J]. Organization Science, 1992, 3 (3): 383–397.

[180] KOGUT B. The network as knowledge: Generative rules and the emergence of structure[J]. Strategic Management Journal, 2000, 21 (3): 405–425.

[181] KÖHLER C, SOFKA W, GRIMPE C. Selective search, sectoral patterns, and the impact on product innovation performance[J]. Research Policy, 2012, 41 (8): 1344–1356.

[182] KOHNEN J B. Business process benchmarking: finding and implementing best practices[J]. Quality Management Journal, 1995, 3 (1): 10–11.

[183] KOLSTAD I, WIIG A. What determines Chinese outward FDI?[J]. Journal of World Business, 2012, 47 (1): 26–34.

[184] KOSTOVA T. Transnational transfer of strategic organizational practices: a contextual perspective[J]. Academy of Management Review, 1999, 24 (2): 308–324.

[185] KOTABE M, KOTHARI T. Emerging market multinational. companies' evolutionary paths to building a competitive advantage from emerging markets to developed countries[J]. Journal of World Business, 2016, 51 (5): 729–743.

[186] KOTHARI T, KOTABE M, MURPHY P. Rules of the game for emerging market multinational companies from China and India[J]. Journal of International Management, 2013, 19 (3): 276–299.

[187] KRISHNAN V, ULRICH K. Product development decisions: A review of the literature[J]. Management Sci, 2001, 47 (1): 1–21.

[188] KRUG B, HENDRISCHKE H. Market design in Chinese market places[J]. Asia Pacific Journal of Management, 2012, 29 (3): 525–546.

[189] KUMARASWAMY A, MUDAMBI R, SARANGA H, et al. Catch-up strategies in the Indian auto components industry: Domestic firms' responses to market liberalization[J]. Journal of International Business Studies, 2012, 43 (4): 368–395.

[190] KYRIAKOPOULOS K, MOORMAN C. Tradeoffs in marketing exploitation and exploration strategies: The overlooked role of market orientation[J]. Social Science Electronic Publishing, 2004, 21 (3): 0–240.

[191] LATTEMANN C, ALON I, CHANG J, et al. The globalization of chinese enterprises[J]. Thunderbird International Business Review, 2012, 54 (2): 145–153.

[192] LAURSEN K, SALTER A. Openfor innovation: The role of openness in explaining innovation performance among Uk manufacturing firms[J]. Strategic Management Journal, 2006, 27 (2): 131–50.

[193] LAURSEN K. Keep searching and you'll find: What do we know about variety creation through firms' earch activities for innovation?[J]. Industrial and Corporate Change, 2012, 21 (5): 1181–220.

[194] LEIPONEN A, HELFAT C E. Location, decentralization, and knowledge sources for innovation[J]. Organization Science, 2011, 22(3): 641–658.

[195] LEONARD–BARTON D. Core capabilities and core rigidities: A paradox in managing new product development[J]. Strategic management journal, 1992, 13 (S1): 111–125.

[196] LEVINTHAL D A. Adaptation on rugged landscapes[J]. Management science, 1997, 43 (7): 934–950.

[197] LEVINTHAL DANIEL A, MARCH JAMES G. The myopia of learning[J]. Strategic Management Journal, 1993, 14 (S2): 95–112.

[198] LEVI–STRAUSS C. The savage mind[M]. Chicago, IL: University of Chicago Press, 1967.

[199] LI J, CHEN D, SHAPIRO D M. product innovations in emerging economies: the role of foreign knowledge access channels and internal efforts in Chinese firms[J]. Management & Organization Review, 2010, 6 (2): 243–266.

[200] LI J, LI Y, SHAPIRO D. Knowledge seeking and outward fdi of emerging market firms: the moderating effect of inward FDI[J]. Global Strategy Journal, 2012, 2 (4): 277–295.

[201] LI F, D Z DING. The effect of institutional isomorphic pressure on the internationalization of firms in an emerging economy: evidence from China[J]. Asia Pacific Business Review, 2013, 19 (4): 506–525.

[202] LIESCH P W, WELCH L S, BUCKLEY P J. Risk and uncertainty

in internationalisation and international entrepreneurship studies[J], Management International Review, 2011, 51 (6): 851-873.

[203] LINGELBACH D C, SRIRAM V, MERSHA T, et al. The innovation process in emerging economies: An effectuation perspective[J]. International Journal of Entrepreneurship & Innovation, 2015, 16 (1): 5-17.

[204] LIPPARINI L A. The leveraging of interfirm relationships as a distinctive organizational capability: a longitudinal study[J]. Strategic Management Journal, 1999, 20 (4): 317-338.

[205] LIU C L, GHAURI P N, SINKOVICS R R. Understanding the impact of relational capital and organizational learning on alliance outcomes[J]. Journal of World Business, 2010, 45 (3): 237-249.

[206] LIU X, BUCK T, SHU C. Chinese economic development, the next stage: Outward FDI? [J]. International Business Review, 2005, 14 (1): 97-115.

[207] LO A W. Reconciling efficient markets with behavioral finance: the adaptive markets hypothesis[J]. Journal of Investment Consulting, 2005, 7 (2): 21-44.

[208] LU J, LIU X, WRIGHT M, et al. International experience and FDI location choices of Chinese firms: The moderating effects of home country government support and host country institutions[J]. Journal of International Business Studies, 2014, 45 (4): 428-449.

[209] LUO Y, BU J. Contextualizing international strategy by emerging market firms: A composition-based approach[J]. Journal of World Business, 2018, 53 (3): 337-355.

[210] LUO Y, WANG S L. Foreign direct investment strategies by developing country multinationals: A diagnostic model for home country effects[J]. Global Strategy Journal, 2012, 2 (3): 244-261.

[211] LUO Y, XUE Q, HAN B. How emerging market governments promote outward FDI: Experience from China[J]. journal of world business, 2010, 45 (1):

68–79.

[212] LUO Y, ZHANG H. Emerging market mnes: qualitative review and theoretical directions[J]. Journal of International Management, 2016, 22 (4).

[213] LUO Y, TUNG R L. A general theory of springboard MNEs[J]. Journal of International Business Studies, 2018, 49 (2): 129–15.

[214] LUO Y, BU J. When are emerging market multinationals more risk taking?[J]. Global Strategy Journal, 2018, 8 (4): 635–664.

[215] LYLES M, LI D, YAN H. Chinese outward foreign direct investment performance: The role of learning[J]. Management and Organisation Review, 2014, 10 (3): 411–437.

[216] MACHER J T, MOWERY D C. Managing learning by doing: An empirical study in semiconductor manufacturing[J]. Journal of Product Innovation Management, 2003, 20 (5): 391–410.

[217] MADHOK A, KEYHANI M. Acquisitions as entrepreneurship: Asymmetries, opportunities, and the internationalization of multinationals from emerging economies[J]. Global Strategy Journal, 2012, 2 (1): 26– 40.

[218] MAKINO S, LAU C M, YEH R S. Asset–Exploitation Versus asset–seeking: implications for location choice of foreign direct investment from newly industrialized economies[J]. Journal of International Business Studies, 2002, 33 (3): 403–421.

[219] MARANO V, TASHMAN P, KOSTOVA T. Escaping the iron cage: liabilities of origin and csr reporting of emerging market multinational enterprises[J]. Journal of International Business Studies, 2017, 48 (3): 386–408.

[220] MARCH J G. Exploration, exploitation in organizational learning[J]. Organization Science, 1991, 2 (1): 71–87.

[221] MATHEWS J A. Competitive advantages of the latecomer firm: a resource–based account of industrial catch–up strategies[J]. Asia Pacific Journal of Management, 2002, 19 (4): 467–488.

［222］MATHEWS J A，HU M C，WU C Y. Fast-follower industrial dynamics：The case of Taiwan's emergent solar photovoltaic industry[J]. Industry and Innovation，2011，18（02）：177-202.

［223］MATHEWS J A. Dragon multinationals：New players in 21st century globalization[J]. Asia Pacific Journal of Management，2006，23（1）：5-27.

［224］MATHEWS J A. Dragon multinationals powered by linkage，leverage and learning：A review and development[J]. Asia Pacific Journal of Management，2017，34（4）：769-775.

［225］MCGAUGHEY S L. Strategic interventions in intellectual asset flows[J]. Academy of Management Review，2002，27（2）：248-274.

［226］MCGRATH R G. The end of competitive advantage：How to keep your strategy moving as fast as your business[J]. Harvard Business Review Press，2013.

［227］MEYER K E，PENG M W. Theoretical foundations of emerging economy business research[J]. Journal of International Business Studies，2016，47（1）：3-22.

［228］MEYE K E，THAIJONGRAK O. The dynamics of emerging economy MNEs：How the internationalization process model can guide future research[J]. Asia Pacific Journal of Management，2013，30（4），1125-1153.

［229］MIDDLETON K A. Wartime productivity changes in the airframe industry[J]. Monthly Labor Review，1945，61（2）：215-225.

［230］MINA A，BASCAVUSOGLU-MOREAU E，HUGHES A. Open service innovation and the firm's search for external knowledge[J]. Research Policy，2014，43（5）：853-866.

［231］MITTELSTAEDT R E. Benchmarking：How to learn from best-in-class practices[J]. National Productivity Review，1992，11（3）：301-315.

［232］MOGHADDAM K，SETHI D，WEBER T，et al. The smirk of emerging market firms：a modification of the Dunning's typology of internationalization motivations[J]. Journal of International Management，2014，20（3）：359-374.

[233] MONTEIRO L F, ARVISSON N, BIRKINSHAW J. Knowledge flows within multinational corporations: Explaining subsidiary isolation and its performance implications[J]. Organization Science, 2008, 19(1): 90–106.

[234] MONTGOMERY F J. Increased productivity in construction of Liberty vessels[J]. Monthly Labor Review, 1943, 57 (11): 861–864.

[235] MORCK R, YEUNG B, ZHAO M. Perspectives on China's outward foreign direct investment[J]. Journal of International Business Studies, 2008, 39 (3): 337–350.

[236] MUDAMBI R, NAVARRA P. Is knowledge power? Knowledge flows, subsidiary power and rent–seeking within MNCs[J]. Journal of International Business Studies, 2004, 35(5): 385–406.

[237] NAIR S R, DEMIRBAG M, MELLAHI K. Reverse Knowledge Transfer from Overseas Acquisitions: A Survey of Indian MNEs[J]. Management International Review, 2015, 55 (2): 277–301.

[238] NARULA R. Do we need different frameworks to explain infant MNEs from developing countries?[J]. Global Strategy Journal, 2012, 2 (3): 188–204.

[239] NELSON R R, WINTER S G. An evolutionary theory of economic change[M]. Cambridge, MA: The Belknap Press of Harvard University Press, 1982.

[240] NERKAR, ATUL. Old is gold? The value of temporal exploration in the creation of new knowledge[J]. Management Science, 2003, 49 (2): 211–229.

[241] NIETO M, RODRIGUEZ A. Offshoring of R and D: Looking abroad to improve innovation performance[J]. Journal of International Business Studies, 2011, 42 (3): 345–361.

[242] NORTH D C. Economic performance through time[J]. American Economic Review, 1994, 84 (3): 359–368.

[243] O'REILLY CHARLES, TUSHMAN MICHAEL. Organizational ambidexterity: Past, present and future[J]. The Academy of Management Perspectives, 2013, 27 (4): 2013–2025.

[244] OLIVER C. Sustainable competitive advantage: Combining institutional and resource-based views[J]. Strategic Management Journal, 1997, 18 (9): 697–713.

[245] OXLEY J E, SAMPSON R C. The scope and governance of international R and D alliances[J]. Strategic Management Journal, 2004, 25 (8–9): 723–749.

[246] PALMER D A, JENNINGS P D AND ZHOU X. Late adoption of the multidivisional form by US corporations: Institutional, political, and economic accounts[J]. Administrative Science Quarterly, 1993, 38: 100–131.

[247] PAUL ALMEIDA, et al. Startup size and the mechanisms of external learning: Increasing opportunity and decreasing ability?[J]. Research Policy, 2003, 32 (2): 301–315.

[248] PENG M W. The global strategy of emerging multinationals from China[J]. Global Strategy Journal, 2012, 2 (2): 97–107.

[249] PENG M W, HEATH P S. The growth of the firm in planned economies in transition: Institutions, organizations, and strategic choice[J]. The Academy of Management Review, 1996, 21 (2): 492–528.

[250] PENG M, SUN S, PINKHAM B, CHEN C. Institution-based view as a third leg for a strategy tripod [J]. Academy of Management Perspectives, 2009, (1): 63–81.

[251] PENG M, WANG D, JIANG Y. An institution-based view of international business strategy: A focus on emerging economies [J]. Journal of International Business Studies, 2008, 39 (3): 920–936.

[252] PENNER-HAHN J, SHAVER M. Does international research and development increase patent output? An analysis of Japanese pharmaceutical firms[J]. Strategic Management Journal, 2005, 26 (2): 121–140.

[253] PEREZ-BATRES L A, EDEN L. Is there a liability of localness? How emerging market firms respond to regulatory punctuations[J]. Journal of International Management, 2008, 14 (3): 232–251.

[254] PETERSON R A. A meta-analysis of cronbach's coefficient alpha [J]. Journal

of Consumer Research, 1994, 94 (2): 381–391.

[255] PHENE A, FLADMOE–LINDQUIST K, MARSH L. Break through innovations in the US biotechnology industry: The effects of technological space and geographic origin[J]. Strategic Management Journal, 2006, 27 (4): 369– 388.

[256] PIEZUNKA H, DAHLANDER L. Distant search, narrow attention: How crowding alters organizations'filtering of suggestions in crowdsourcing[J]. Academy of Management Journal, 2015, 58 (3): 856–880.

[257] PORTER M E. Competition in global industries[M]. Boston: Harvard Business School Press, 1986.

[258] POWELL D M W. The iron cage revisited: Institutional isomorphism and collective rationality in organizational fields[J]. American Sociological Review, 1983, 48 (2): 147–160.

[259] POWERS T L, LOYKA J J. Adaptation of marketing mix elements in international markets[J]. Journal of Global Marketing, 2010, 23 (1): 65–79.

[260] PRABHU J, JAIN S. Innovation and entrepreneurship in India: Understanding jugaad[J]. Asia Pacific Journal of Management, 2015, 32 (4): 843–868.

[261] PREACHER K J, HAYES A F. Asymptotic and resampling strategies for assessing and comparing indirect effects in multiple mediator models[J]. Behavior Research Methods, 2008, 40 (3): 879–891.

[262] RAISCH S, BIRKINSHAW J, PROBST G, et al. Organizational ambidexterity: Balancing exploitation and exploration for sustained performance[J]. Organization Science, 2009, 20 (4): 685–695.

[263] RAISCH S, BIRKINSHAW J. Organizational ambidexterity: Antecedents, outcomes, and moderators[J]. Journal of Management, 2008, 34 (3): 375–409.

[264] RAMAMURTI R, WILLIAMSON P J. Rivalry between emerging–market MNEs and developed–country MNEs: Capability holes and the race to the future[J]. Business Horizons, 2019, 62 (2): 157–169.

[265] RAMAMURTI R, SINGH J V. Emerging multinationals in emerging markets[M]. Cambridge: Cambridge University Press, 2009.

[266] RAMAMURTI R. What is really different about emerging market multinationals? [J]. Global Strategy Journal, 2012, 2 (1): 41–47.

[267] RAO H, DRAZIN R. Overcoming resource constraints on product innovation by recruiting talent from rivals: A study of the mutual fund industry, 1986–1994[J]. Academy of Management Journal, 2002, 45 (3): 491–507.

[268] RATTRAY J, JONES M C. Essential elements of questionnaire design and development[J]. Journal of clinical nursing, 2007, 16 (2): 234–243.

[269] RAY P K, RAY S, KUMAR V. Internationalization of latecomer firms from emerging economies–The role of resultant and autonomous learning[J]. Asia Pacific Journal of Management, 2017, 34 (4): 851–873.

[270] RERUP C, FELDMAN M S. Routines as a source of change in organizational schemata: The role of trial–and–error learning[J]. Academy of Management Journal, 2011, 54 (3): 577–610.

[271] RODRÍGUEZ A, NIETO M J. The internationalization of knowledge–intensive business services: The effect of collaboration and the mediating role of innovation[J]. The Service Industries Journal, 2012, 32 (7): 1057–1075.

[272] ROLSTADÅS A. Benchmarking—theory and practice[M]. Springer, 2013.

[273] ROMER, PAUL M. Increasing returns and long–run growth[J]. Journal of Political Economy, 1986, 94 (5): 1002–1037.

[274] ROSENKOPF L, NERKAR A. Beyond local search: Boundary–spanning, exploration, and impact in the optical disk industry[J]. Strategic Management Journal, 2001, 22 (4): 287–306.

[275] RUGMAN A M, NGUYEN Q T K, WEI Z. Chinese multinationals and public policy[J]. International Journal of Emerging Markets, 2014, 9 (2): 205–215.

[276] RUGMAN A M, LI J. Will China's multinationals succeed globally or

regionally? [J]. European Management Journal, 2007, 25 (5): 333–343.

[277] RUI H, CUERVO–CAZURRA A, ANNIQUE UN C. Learning–by–doing in emerging market multinationals: Integration, trial and error, repetition, and extension[J]. Journal of World Business, 2016, 51 (5): 686–699.

[278] RUI H , YIP G S. Foreign acquisitions by Chinese firms: A strategic intent perspective[J]. Journal of World Business, 2008, 43 (2): 213–226.

[279] ZAHEER S. Overcoming the liability of foreignness[J]. Academy of Management Journal, 1995, 38 (2): 341–363.

[280] SALUNKE S, WEERAWARDENA J, MCCOLL–KENNEDY J R. Competing through service innovation: The role of bricolage and entrepreneurship in project–oriented firms[J]. Journal of Business Research, 2013, 66 (8): 1085–1097.

[281] SARASVATHY S D, DEW N. New market creation through transformation[J]. Journal of Evolutionary Economics, 2005, 15 (5): 533–565.

[282] SATTA G, PAROLA F, PERSICO L. Temporal and spatial constructs in service firms' internationalization patterns: The determinants of the accelerated growth of emerging MNEs[J]. Journal of International Management, 2014, 20.

[283] SAVINO T, MESSENI PETRUZZELLI A, ALBINO V. Search and recombination process to innovate: A review of the empirical evidence and a research agenda[J]. International Journal of Management Reviews, 2015, 19 (1): 1–22.

[284] SCHREIBER J B. Core reporting practices in structural equation modeling[J]. research in social & administrative pharmacy, 2008, 4 (2): 83–97.

[285] SCOTT W R. The adolescence of institutional theory[J]. Administrative Science Quarterly, 1987, 32 (4): 493–511.

[286] SCOTT W R. Institutions and organizations[M]. New York: Sage, 2001.

[287] SCOTT W R. Institutions and organizations: Ideas, interests and identities[M]. Thousand Oaks, CA: Sage, 2014.

[288] SENYARD J, BAKER T, STEFFENS P, et al. Bricolage as a path to

innovativeness for resource-constrained new firms[J]. Journal of product innovation management, 2014, 31 (2): 211-230.

[289] SIDHU J S, COMMANDEUR H R, VOLBERDA H W. The multifaceted nature of exploration and exploitation: Value of supply, demand, and spatial search for innovation[J]. Organization Science, 2007, 18 (1), 20-38.

[290] SIMON H A. Rational decision-making in business organizations[J]. American Economic Review, 1973, 69 (4): 495-501.

[291] SINCLAIR G, KLEPPE S, COHEN W. What's experience got to do with it? Sources of cost reduction in a large specialty chemical's producer[J]. Management Science, 2000, 46 (1): 28-45.

[292] SNOW C, SNELL S, DAVISON S, et al. Use transnational teams to globalize your company[J]. Organizational Dynamics, 1996, 24(4): 50-67.

[293] SOFKA W, GRIMPE C. Specialized search and innovation performance-Evidence across Europe[J]. R&D Management, 2010, 40 (3): 310- 323.

[294] SONG J, SHIN J. The paradox of technological capabilities: What determines knowledge sourcing from host countries of overseas R and D operations[J]. Journal of International Business Studies, 2008, 39(2): 291-303.

[295] SU C, YANG Z, ZHUANG G, et al. Interpersonal influence as an alternative channel communication behavior in emerging markets: The case of China[J]. Journal of International Business Studies, 2009, 40 (4): 668-689.

[296] SUN L, SUNNY. Internationalization strategy of MNEs from emerging economies: The case of Huawei[J]. Multinational Business Review, 2009, 17 (2): 129-156.

[297] SUN S L, PENG M W, REN B, et al. A comparative ownership advantage framework for cross-border M&As: The rise of Chinese and Indian MNEs[J]. Journal of world business, 2012, 47 (1): 4-16.

[298] TAYLOR A B, MACKINNON D P, TEIN J Y. Tests of the threepath mediated effect[J]. Organizational Research Methods, 2008, 11 (2): 241-269.

[299] THOMPSON P. How much did the liberty shipbuilders learn? New evidence for an old case study[J]. Journal of Political Economy, 2001, 109 (1): 103–137.

[300] THOMPSON B. Exploratory and confirmatory factor analysis: Understanding concepts and applications[J]. Applied Psychological Measurement, 2007, 31 (3): 245–248.

[301] TODO Y, SHIMIZUTANI S. Overseas R and D activities and home productivity growth: Evidence from Japanese firm-level data[J]. Journal of Industrial Economics, 2008, 56 (4): 752–777.

[302] TOLENTINO P E. Home country macroeconomic factors and outward FDI of China and India[J]. Journal of International Management, 2010, 16 (2): 102–120.

[303] TORTORIELLO M, MCEVILY B, KRACKHARDT D. Being a catalyst of innovation: The role of knowledge diversity and network closure[J]. Organization Science, 2015, 26 (2): 423–438.

[304] TSANG E W K. Acquiring knowledge by foreign partners from international joint ventures in a transition economy: learning-by-doing and learning myopia[J]. Strategic Management Journal, 2002, 23 (9): 835–854.

[305] VERBEKE A, KANO L. The new internalization theory and multinational enterprises from emerging economies: A business history perspective[J]. Business History Review, 2015, 89 (3): 415–445.

[306] VILLANI E, LINDER C, GRIMALDI R. Effectuation and causation in science-based new venture creation: A configurational approach[J]. Journal of Business Research, 2018, 83: 173–185.

[307] VOLKOV V. Violent entrepreneurs. Ithaca, NY: Cornell University Press, 2002.

[308] VON ZEDTWITZ M, GASSMAN O. Market versus technology drive in R and D internationalization: Four different patterns of managing research and development[J]. Research Policy, 2002, 31(4): 569–588.

[309] VORHIES D W, ORR L M, BUSH V D. Improving customer-focused marketing

capabilities and firm financial performance via marketing exploration and exploitation[J]. Journal of the Academy of Marketing Science, 2011, 39 (5): 736–756.

[310] VOSS G B, VOSS Z G. Strategic ambidexterity in small and medium-sized enterprises: Implementing exploration and exploitation in product and market domains[J]. Organization Science, 2013, 24 (5): 1459–1477.

[311] WANG C, HONG J, KAFOUROS M, et al. What drives outward FDI of Chinese firms? Testing the explanatory power of three theoretical frameworks[J]. International Business Review, 2012, 21 (3): 0–438.

[312] WANG L C, AHLSTROM D, NAIR A AND HANG R Z. Creating globally competitive and innovative products: China's next olympic challenge[J]. SAM Advanced Management Journal, 2008, 73 (3): 4–14.

[313] WILLIAMS, CHRISTOPHER, SOO HEE LEE. Knowledge flows in the emerging market MNC: The role of subsidiary HRM practices in Korean MNCs[J]. International Business Review, 2016, 25 (1): 233–243.

[314] WILLIAMSON O E. The economic institutions of capitalism[M]. New York: Free Press, 1985.

[315] WITELL L, GEBAUER H, JAAKKOLA E, et al. A bricolage perspective on service innovation[J]. Journal of Business Research, 2017, 79: 290–298.

[316] WITT M A, LEWIN A Y. Outward foreign direct investment as escape response to home country institutional constraints[J]. Journal of International Business Studies, 2007, 38 (4): 579–594.

[317] WRIGHT M, FILATOTCHEV I, HOSKISSON R E, et al. Strategy research in emerging economies: Challenging the conventional wisdom[J]. Journal of Management Studies, 2005, 42 (1): 1–33.

[318] WRIGHT T P. Factors affecting the cost of airplanes[J]. Journal of Aeronautical Sciences, 1936, 3 (4): 122–128.

[319] WU J, WU Z. Local and international knowledge search and product

innovation: The moderating role of technology boundary spanning[J]. International Business Review, 2014, 23 (3): 542–551.

[320] WU J. F., SHANLEY M. T. Knowledge stock, exploration, and innovation: Research on the United States electromedical device industry[J]. Journal of Business Research, 2009, (62): 474–483.

[321] WU J, CHEN X. Home country institutional environments and foreign expansion of emerging market firms[J]. International Business Review, 2014, 23 (5): 862–872.

[322] XIE Z, LI J. Selective imitation of compatriot firms: Entry mode decisions of emerging market multinationals incross-border acquisitions[J]. Asia Pacific Journal of Management, 2017, 34 (1): 47–68.

[323] YAMAKAWA Y, PENG M W, DEEDS D. What drives new ventures to internationalize from emerging to developed economies?[J]. Entrepreneurship: Theory and Practice, 2008, 32 (2): 59–82.

[324] YANG X, JIANG Y, KANG R, et al. A comparative analysis of the internationalization of Chinese and Japanese firms[J]. Asia Pacific Journal of Management, 2009, 26 (1): 141–162.

[325] YELLE L E. The learning curve: Historical review and comprehensive survey[J]. Decision Sciences, 1979, 10 (2): 302–328.

[326] YIU D W, LAU C, BRUTON G D. International venturing by emerging economy firms: The effects of firm capabilities, home country networks, and corporate entrepreneurship[J]. Journal of International Business Studies, 2007, 38 (4): 519–540.

[327] YOUNG, ALWYN. Invention and bounded learning by doing[J]. Journal of Political Economy, 1993, 101 (3): 443–472.

[328] ZHANG J, BADEN-FULLER C. The influence of technological knowledge base and organizational structure on technology collaboration[J]. Journal of Management Studies, 2010, 47 (4): 679–704.

附　录

调查问卷

尊敬的先生/女士：

您好！衷心感谢您于百忙之中拨冗参与本次问卷调研。本问卷旨在探讨中国跨国企业国际市场拓展的相关问题。本问卷主要涉及知识搜索、干中学、国际市场适应性、资源约束和制度复杂性等方面的内容，请您根据贵企业实际情况选择与您看法相符或者最为接近的选项。

我们向您郑重承诺：本次调研所获取的数据资料仅用于学术研究，调研过程采取完全匿名的方式，任何涉及您身份或显示企业情况的信息均会被严格保密。

企业基本情况

1．贵公司成立于________年，贵公司目前总员工人数有________人。

2．贵公司是　□国有企业　□民营企业　□其他

3．贵公司主营业务所属行业为________。

4．贵公司已经在国际市场运营________年。

5．贵公司的年销售额大约为________。

a. 100万以下；b. 100万~1000万；c. 1000万~5000万；d. 5000万~1亿；e. 1亿~10亿；f. 10亿以上。

☆ 请在你的选项上打“√”或画“○”，“7”表示程度极高或完全同意，“1”表示程度极低或完全不同意。

1.关于贵公司知识搜索的情况，您同意以下的陈述吗？		完全不同意<---------->完全同意						
01	我们与合作伙伴、客户等利益相关者经常接触并共享信息	1	2	3	4	5	6	7
02	我们从不同来源收集多样性的市场信息和技术动态	1	2	3	4	5	6	7
03	我们在国际范围内扫描和监测产品创新和技术知识	1	2	3	4	5	6	7
04	我们通过与大学、科研单位、咨询公司合作获取新知识	1	2	3	4	5	6	7
05	我们在企业内部寻求应对问题的解决方案	1	2	3	4	5	6	7
06	我们有方法获取企业不同业务部门的知识	1	2	3	4	5	6	7
07	我们根据需要收集和整理集团系统中的信息	1	2	3	4	5	6	7
08	我们非常了解企业不同业务部门的动态变化	1	2	3	4	5	6	7
2.关于贵公司干中学的情况，您同意以下的陈述吗？		完全不同意<---------->完全同意						
01	我们对行业领军企业的目标产品或流程进行学习和转化	1	2	3	4	5	6	7
02	我们通过关注行业领军企业战略变化，不断调整计划和行动	1	2	3	4	5	6	7
03	我们会对行业领军企业的产品、服务或管理实践进行反思	1	2	3	4	5	6	7
04	我们在行业领军企业管理实践的基础上进行二次创新	1	2	3	4	5	6	7
05	我们以先进作业流程为基准，不断审查和调整新产品研发流程	1	2	3	4	5	6	7
06	我们公司愿意通过试错不断改进业务流程	1	2	3	4	5	6	7
07	我们公司愿意通过试错学习新的知识	1	2	3	4	5	6	7
08	我们公司愿意从错误中汲取经验教训	1	2	3	4	5	6	7
09	我们公司愿意将错误进行转化以贡献于未来发展	1	2	3	4	5	6	7
10	我们公司迅速对客户和竞争对手的变化作出反应	1	2	3	4	5	6	7
11	当发现竞争对手的相关活动没有达到预期效果，我们公司会快速作出反应	1	2	3	4	5	6	7
12	当发现需要改进的产品和服务时，我们公司会快速作出反应	1	2	3	4	5	6	7
13	我们公司快速实施针对客户和竞争对手的计划活动	1	2	3	4	5	6	7
3.关于贵公司国际市场适应性的情况，您同意以下的陈述吗？		完全不同意<---------->完全同意						
01	与竞争对手相比，我们的产品/服务更能满足客户的实际需求	1	2	3	4	5	6	7
02	与竞争对手相比，我们的产品/服务更符合客户的文化特征	1	2	3	4	5	6	7

续表

03	与竞争对手相比，我们的营销宣传更能赢得客户的关注	1	2	3	4	5	6	7
04	与竞争对手相比，我们实现了更高的市场份额	1	2	3	4	5	6	7
05	与竞争对手相比，我们的销售增长率更高	1	2	3	4	5	6	7
06	与竞争对手相比，我们的资产收益率更高	1	2	3	4	5	6	7
4.关于贵公司所面临的资源约束情况，您同意以下的陈述吗？		完全不同意<---------->完全同意						
01	我们公司缺乏国际市场运营的研发资源	1	2	3	4	5	6	7
02	我们公司缺乏国际市场运营的品牌资产	1	2	3	4	5	6	7
03	我们公司缺乏国际市场运营的管理经验	1	2	3	4	5	6	7
04	我们公司缺乏国际市场运营的渠道资源	1	2	3	4	5	6	7
5.关于贵公司所面临的制度复杂性情况，您同意以下的陈述吗？		完全不同意<---------->完全同意						
01	我们所处的行业中，存在很多相互冲突或无效的制度	1	2	3	4	5	6	7
02	我们所处的行业中，影响市场运营的制度总是不断变化	1	2	3	4	5	6	7
03	我们所处的行业中，市场运营受到多重制度的交互影响	1	2	3	4	5	6	7
04	我们所处的行业中，制度的变化难以被预测	1	2	3	4	5	6	7

后　记

本书是在我的博士论文的基础上修改而成的。2016—2020年我在南开大学完成博士学业。在新冠肺炎疫情全球肆虐之际，完成博士论文的写作，为我二十三年的求学生涯画上了句号。从初遇南开时的憧憬与向往，到离别之际的不舍与感伤，在南开生活的点点滴滴仿佛就发生在昨日。我仍能感受到接到博士录取通知书时的那份喜悦与向往，感受到初次与导师面谈时的紧张与激动，感受到吟唱南开校歌时的振奋与骄傲，感受到撰写论文时的迷茫与彷徨，感受到在美国访学时的新奇与孤独，感受到重归南开校园时的温暖与感动。南开四年，我从未停止过前行的脚步，时间好像从来都不够用，直到此刻，当一切尘埃落定，才发现我的根已深深地扎入南开的土壤中，难以割舍这里的一草一木、一砖一瓦，更难以割舍在这四年里伴我同行的恩师、同窗与挚友。

漫漫科研路，最应感谢的是我的恩师许晖教授。2016年8月我从冰城哈尔滨来到渤海之滨天津，拜入许晖教授门下，正式开启了学术研究之路。许老师学术造诣深厚，为人和善，处事低调，对待工作兢兢业业。在许老师搭建的平台上，我获得了接触前沿理论和扎根企业实践的机会，既能够与国际顶级营销学者进行对话，倾听Eisenhardt、Gioia等案例研究专家的讲座，也能够走进企业现场，感受高层主管的烦恼与一线员工的困惑。从中国航天项目到南平品牌战略规划项目，从古都西安到羊城广州，在许老师的资助下，我充分体验了什么是“读万卷书，行万里路”。博士四年，无论是在学术上遇到问题，还是在生活上碰到挫折，许老师都会竭尽全力地帮助我、鼓励我，教我学术研究的方法，教我为人处世的道理。在我研究停滞不前时，许老师不厌其烦地与我讨论，一遍一遍地帮我梳理理论框架，给我坚持下去的动力与信心；在我遇挫碰壁时，许老师总是耐心劝导，以自身经验告诉我如何冷静处理，鼓励我抬头向前；在我取得点成绩沾沾自喜时，许老师会提醒我要低调克制，不能自满于眼前，而是要放宽眼界与格局。我很庆幸在我人生最重要的时间节点上遇到许老师，让即将进入而立之年的我积累了一笔宝贵的财富。许老师常开玩笑说我就像笑傲江湖里的令狐冲，不能总在师傅身边呆着，是时候下山闯荡了。我想，这四年在老师身边的所学、所感就是我下山后的保命符与开荒剑。桃李不言，下自成蹊，无论是上山还是下山，我已经深深地打上了许门的烙印，唯有以梦为马，不断向前来报答老师恩情。

读博期间另一位对我影响最大的老师是美国University of Missouri-Columbia大学的邹绍明教授。我与邹老师相识于2017年7月，邹老师来南开讲授“干中学——文献导读与技能训练”课程时，我是他的课程助理。邹老师详细地为我们讲解了SEM方法的基本原理，带领我们一步一步地操作EQS软件，直到我们完全掌握这门技术。这是我第一次没有被复杂的数学公式和数学符号所绕懵。邹老师的授课方式对我后来的学术研究有着重要的影响。2018年9月我以博士生访问学者的身份到美国访学一年，邹老师是我的海外导师。访学期间，邹老师对我格外关照，在学术上不断启发我，在生活上不断帮助我，让孤身在海外求学的我倍感温暖。回国以后，我与邹老师始终保持联系，在我找工作的时候，邹老师认认真真写了满满两页的推荐信，对我说如果有需要他可以给对方单位直接发过去。我与邹老师亦师亦友，性格相近，有着共同的兴趣爱好——篮球。邹老师严谨的治学态度，谦逊的处事风格，豁达的人生格局都深深地影响着我，为我以后的学术生涯树立了一个标杆。疫情期间，我最牵挂的也是邹老师及其家人，希望疫情结束以后，当我以一名学者的身份再次见到邹老师时，能够告诉他我没有辜负他对我的期望。

在南开求学期间，我有幸聆听多位良师的教诲，在他们的指点下不断成长和进步。感谢吴晓云教授、焦媛媛教授在博士论文开题时提出的宝贵意见，为我论文的后续修改与完善指明了方向。吴晓云教授还是我全球营销课的老师，在全球营销领域具有深厚的研究积累。在我的书架上有多本吴老师的专著，对我研究中国企业国际化问题有很大的启发。感谢张玉利教授、王迎军教授、李建标教授、崔连广老师在授课时兢兢业业，张玉利教授视野之高远，王迎军教授学识之丰富，李建标教授积累之深厚，崔连广老师思维之严谨，让我钦佩，他们所传授的知识为我的研究夯实了基础。感谢加拿大Brock University的周连喜教授，多次指导我论文写作。周老师学识渊博，为人和善，是我博士研究生涯中重要的启蒙老师。感谢天津大学的何桢教授、天津财经大学的张英华教授、南开大学的张峰教授和任星耀老师，在疫情期间仍不辞辛苦，参加我的线下论文答辩，帮我把好博士论文的最后一关。此外，还要感谢我的辅导员木琳老师、张玉川老师以及负责研究生教务的吴语老师，感谢他们在疫情期间为了保障我们能够顺利完成博士答辩的辛苦付出。

博士生活虽然清苦，但与同门相处的日子却是苦中带甜、愈久弥香。每遇困难之时，我们就像一支攻坚小队，相互扶持、共渡难关。博士四年，我听着师兄师姐的传奇故事，见证着师弟师妹的茁壮成长。冯永春师兄是我来南开见到的第一位师兄，我的第一篇案例论文就是在永春师兄的指点下完成的，永春师兄在学术研究上所付出的精力与取得的成绩，一直是我学习的榜样；张海军师兄温文尔雅，风度翩翩，经常带我们去改善伙食，他严谨、认真的科研态度一直激励着我；张娜师姐是我们的知心大姐，每每遇到困难，只要找师姐寻求帮助，师姐总是知无不言，言无不尽；邓伟升师兄是与我相处时间最久的师兄，在伟升师兄身上我看到了什么是刚毅卓绝，搞科研时师兄是“拼命三郎”，做项目时师兄是“救火队长”，伟升师兄思维缜密，毅力坚韧，他的精神一直鼓舞着我；薛子超与我同届，我们同一时间入南开求学，子超是我最信赖的朋友，我们一起坐十几个小时的绿皮车去调研，一起在商学院大楼写论文鏖战通宵，一起在陌生的城市探索，与子超携手共进的日子着实令人难以忘怀；张超敏师弟严谨认真，做事有条不紊，做项目时经常充当质检员和把关者，超敏师弟在我博士求学期间对我帮助颇多，我去美国留学前夜，由于行李太多，超敏师弟一直把我送到北京机场，感激之情不言而喻；王亚君师妹思维敏捷，行事果断，一直是我们团队的颜值担当，在学术研究上亚君师妹不为条条框框所限制，总能提出很多新奇的想法，对我启发很大；丁超师弟古灵精怪，风趣幽默，是团队里的段子手，为我们枯燥的研究生活增添了很多乐趣；刘田田师妹认真务实，善良可爱，对真理有着执着的追求，对科研的赤子之心让我敬佩；于超师弟和周琪师妹刚刚开启博一生活，他们天资聪颖，勤勉好学，相信在团队的熏陶下一定能学有所成；还有王紫薇、曹新月、周明月、王丽娟、王一鸣五位可爱的硕士师妹，谢谢你们在我博士求学过程中无私的帮助。此外，还要感谢已经毕业多年的郭净师姐、李巍师兄、李文师姐、许守任师兄、王睿智师兄、范亚楠师姐和王琳师姐，虽见面机会有限，但每次见面都能推心置腹，提供很多真知灼见。

博士四年，能收获几段友谊，实为一件幸事。感谢Honeywell公司的郭文艳和Vinci Smile公司的赍建维，你们见证了我的成长，我也见证了你们的飞跃。我与艳姐相熟于南平项目，当时艳姐还就职于Volvo公司，作为“校外指导小组”成员，与我们一同前往南平调研，本着游山玩水的目的，最后却被我们捆绑成主力战将，从那时起，我与艳姐结下了深厚的革命友谊。我时常打趣艳姐，说她是“业余博士专业户”，她对知识的渴求，对真理的探索甚至超过了我们这些博士生。一直以来，艳姐待我如亲弟弟一般，在我困惑时，无私地与我分享管理经验；在我遇挫时，耐心地帮我出谋划策；在我需要帮助时，毅然决然出手相助。也许是太熟了，我从未当面说过一个谢字，但我心里一直充满感激。与维哥相识时，维哥还在海尔印度分公司工作，因为我研究方向是国际商务，维哥与我分享了很多他在印度工作时的管理体会，即使有时差，也愿意通过电话帮我答疑解惑，助推我学业进步。

此外，还要感谢我的博士同学邓舒婷、郭芝宇、何良兴、李智慧、曹倩、张宇东、张会龙，有幸在南开遇到你们，指点江山、激扬文字，是多么的惬意；感谢我的室友李元祯、章小童，谢谢你们对我的包容，元祯师兄学识渊博，小童师弟纯真善良，与你们一同相处的日子，令人难以忘怀；感谢我的硕士生导师张永强教授以及硕士师弟师妹高延雷、张晓飞、张桂僮、王春棣、周宁、陈晓萌，在我需要帮助时义无反顾地施以援手；感谢我的太极推手教练王振远和师姐刘昕，让我领会了太极文化的魅力；感谢远在美国的博士师姐陈莉、陈逸闻，在我撰写论文停滞不前时为我答疑解惑；感谢在美国访学时所结交的朋友魏晓双、李叶蓓、王宇、杨平园、邓雨桐、李阳，因为有你们，使我在海外求学路上增添了很多温暖。

最后，要感谢我的家人，自高中毕业后，出门求学已有十余载，尤其是读博以后，与家人更是聚少离多。母亲为我一生操劳，教我做人道理，是我能够坚持下来的精神支柱。如今即将步入而立之年，却从未为家里作出过什么实质贡献，实在惭愧。往后余年，不求大富大贵，但求家人安康。最近，回忆南开往事时，耳旁时常回荡起初入南开园时的歌声：

渤海之滨，白河之津，巍巍我南开精神；

汲汲駸駸，月异日新，发煌我前途无垠。

南开，难以离开的是这里的人和故事！

单 宇

2020年12月12日